文明的故事

［英］赫伯特·乔治·威尔斯 著

陶尚芸 译

中国妇女出版社

图书在版编目（CIP）数据

文明的故事 /（英）威尔斯著；陶尚芸译 . –北京：中国妇女出版社，2015. 10（2019.8重印）

（西方青少年人文经典）

ISBN 978 -7 -5127 -1152 -5

Ⅰ. ①文… Ⅱ. ①威… ②陶… Ⅲ. ①世界史—青少年读物 Ⅳ. ①K109

中国版本图书馆 CIP 数据核字（2015）第 206006 号

文明的故事

作　　者：［英］赫伯特·乔治·威尔斯 著　陶尚芸 译
责任编辑：门莹
封面设计：柏拉图
责任印制：王卫东
出版发行：中国妇女出版社
地　　址：北京东城区史家胡同甲 24 号　　邮政编码：100010
电　　话：（010）65133160（发行部）　　65133161（邮购）
网　　址：www.womenbooks.cn
经　　销：各地新华书店
印　　刷：天津画中画印刷有限公司
开　　本：165×235　1/16
印　　张：15. 25
字　　数：250 千字
版　　次：2015 年 10 月第 1 版
印　　次：2019 年 8 月第 3 次
书　　号：ISBN 978 - 7- 5127- 1152- 5
定　　价：38. 00 元

前　言

《文明的故事》就像小说一样简单易懂。本书对我们目前的历史知识进行了最通俗的描述，而非详细阐述与复杂论证。本书图文翔实，内容清晰，栩栩如生。读者可以从书中得知世界历史中整体概况，为以后研究世界历史的某个特定阶段或某个特定地区的具体历史提供一个必要的知识框架。本书也许可以充当内容更为完整、描写更为精确的《世界史纲》的预备读本。但本书的特殊宗旨是满足忙碌中的普通读者的需求，他们希望能够重温人类伟大历史的概念、明晰世界文明历程的轮廓，却无暇详细钻研《世界史纲》中的地图和时间表。《世界史纲》的宗旨要求其内容不可以一再压缩。这是一部重新策划与编写的更为广义的历史故事著作。

——赫伯特·乔治·威尔斯

目　录

第 1 章　空间里的世界

我们对世界历史的认识还远远不够。200 年以前的人们只知道最近 3000 年之内的历史；3000 年之前的历史，只是一个个传说和一段段遐想。我们这个文明世界中的绝大多数人都被这样教导并信服：公元前 4004 年的一天，这个世界突然出现了，至于这一天到底是春天还是秋天，权威人士们众说纷纭。这种近乎荒谬的误解基于希伯来《旧约》的生硬解释，也源于神学式的主观臆断，早已被如今的传教士们摒弃了。人们都普遍认为，就表面看来，我们生存的宇宙早已存在，甚至可以追溯到无限遥远的过去。当然，这些表象也可能存在误差，这就好比将两面镜子放在房间的两头，你看到的房间仿佛永无尽头。然而，那种认为人类生存的宇宙只存在六七千年的观念，已经彻底被抛弃了。

如今，众所周知，地球是一个球体，它呈现出一个稍扁的橙子形状，直径大约为 8000 英里①。大概在 2500 年前，就有少数明智之人意识到地球是一个球体。然而在此之前，人们一直认为地球是一个平面，还对其与天空、恒星、行星之间的关系提出了今天看来十分荒谬的观点。现在我们都知道，地球以地轴（比地球的赤道直径短 24 英里）为中心，每 24 小时自转一周，这就是昼夜交替的原因；同时，地球沿着稍不规则且略有变化的椭圆形轨道，每年绕太阳公转一周。地球与太阳之间的距离在不断变化，最短为 9150 万英里，最长为 9450 万英里。

月亮是绕着地球运行的一个较小球体，它与地球的平均距离为 23.9 万英里。地球和月亮并不是仅有的绕着太阳运行的星球，除此以外，还有水星和金星，它们分别在距离太阳 3600 万英里和 6700 万英里的地方。在地球运行轨道之外，除了无数可以忽略不计的带状小行星之外，还有火星、木星、土星、天

① 本书写于 20 世纪 20 年代，当时的很多数据和历史情况等，跟现在的认识具有较大的差距。

王星和海王星，它们距离太阳分别为 14100 万英里、48300 万英里、177820 万英里和 279300 万英里。这些以百万英里计的宏观数字实在太抽象。如果我们将太阳与行星之间的距离按比例缩小到可以理解的范围，读者可能就很容易接受了。

倘若将地球描绘成一个直径为 1 英寸的小球，太阳就是一个直径为 9 英尺的大球，它们之间的距离就是 323 码，也即约 1/5 英里，步行四五分钟的路程；月球好比一粒距离地球 2.5 英尺的豌豆。在地球和太阳之间，有两颗内行星，即水星和金星，它们距离太阳分别为 125 码和 233 码。这些星球的周围是空旷的宇宙，直到地球之外 175 码的地方，才可以遇到火星。木星大约在 1 英里处，它的直径为 1 英尺；土星的体积稍微小一点，在距离地球 2 英里的地方；天王星在 4 英里处，海王星在 6 英里的地方。再往外围数千英里的范围内，只有细微的尘埃和悬浮的稀薄蒸汽，除此之外，别无他物。按照这种比例计算，距离地球最近的恒星也在 40 万英里之外。

这些数字可能会让人们产生感慨：戏剧人生的舞台是多么空旷与寂寞啊！

在这片浩瀚无垠的茫茫宇宙中，我们真正知道的只是地球表面的生命而已。这些生命中，生活在地下的，最深不超过 3 英里深，可是地表与地心的距离为 4000 英里；同样，生活在地表的，最高不超过 5 英里高。除此之外的茫茫宇宙，空无一物，死气沉沉。

最深的海洋挖掘也仅深入到地下 5 英里。飞机的最高飞行纪录也不过 4 英里而已。曾经有人乘着气球飞到 7 英里的高空，却付出了极大的代价。任何鸟类都不可能飞到 5 英里的高空，有些小鸟和昆虫试图被飞机带到高空，但在远远低于此高度时，就早已失去了知觉。

第 2 章　时间里的世界

最近 50 年来，科学家们对地球的年龄和起源作出了很多精确和有趣的推测。由于这些推测涉及深奥的数学和物理问题，因此我们不能对此进行简单总结。事实上，如今的天文学和物理学太过落后，除了主观推测之外，别无它果。从总的趋势来看，地球的估测年龄越来越长。现在看来，地球可能是一个自我旋转的独立行星，而且绕太阳公转已经 20 多亿年了。也许地球实际的存在时间更悠久，悠久得远远超出了世人的想象。

太阳、地球以及围绕太阳旋转的其他行星早已独立存在很久了，在此之前，它们或许只是凌乱散落在空中的一个大旋涡。通过天文望远镜，我们可以看到广阔的天空中有一些闪闪发光的螺旋状云朵，它们看似在围绕一个中心旋转，这就是“涡状星云”。很多天文学家设想，太阳和它周围的行星也曾经是这样的旋涡，它们如今的形状是凝聚作用的结果。这种凝聚经历了漫长的岁月，正如我们推测的 10 亿年之后，地球和月亮才变得清晰。那时，它们的自转速度比现在快得多，它们距离太阳更近，绕太阳公转的速度也快很多，它们的表面还处于炽热或熔化状态。其中，太阳是宇宙中一个超大的火球。

如果我们回到悠远的过去，追溯地球的最初状态，那么我们就会看到与今天大相径庭的另一番景象：地球更像是熔炉内的炉膛，或是岩浆冷却凝固前的表层。我们看不到液态水，因为所有的水分都在黄磺蒸气和金属蒸气中化为乌有。在其下方，是翻滚沸腾的熔岩海洋。太阳与月亮的眩光，匆匆穿过弥漫着火云的天空，犹如赤热的焰火飞掠而过。

几百万年的悠悠岁月一晃而过，那一番熊熊火海的热烈景象已经慢慢隐去。天空中的水蒸气化成雨水降落下来，头顶的空气也变得更加稀薄；在这片火海中，那些凝固熔岩的大块熔渣时而浮现，时而下沉，时而被其他漂浮物取而代之。太阳和月亮距离地球越来越遥远，体积越来越小，运行速度也越来越慢。月亮的体积很小，因此早已冷却到白炽温度以下，有时遮住阳光形成月食现象，有时反射阳光形成满月景象。

就这样，地球在漫漫岁月中极其缓慢地变化着，终于演变成我们现在居住的模样。最后出现了这样一番场景：水蒸气遇到冷空气凝结成云，于是，第一场雨淅淅沥沥地落在了第一层岩石上。在此后的数千年中，地球上的大部分水依然会蒸发成为水蒸气。而滚烫的溪流会夹杂着碎石与沉淀物，奔腾在凝固的岩石之上，然后冲进池塘与湖泊。

最后，便形成了我们人类繁衍生息的地球。如果我们可以拜访那时的地球，我们的眼前将是如此景象：狂风怒吼，暴雨骤泻，遍地熔岩，土壤全无，寸草不生。狂风的强度超过了最激烈的龙卷风；倾盆暴雨猛击着我们如今温暖舒适的地球，那种情境不堪设想。瓢泼大雨从我们身边倾泻而下，夹杂着岩石碎屑，汇集成一股股洪流，冲刷出一条条峡谷与沟壑，最终将沉积物冲进最古老的海洋。我们可以穿过云层，清晰地看见巨大的太阳从天空掠过，随着太阳、月亮的运行，其后便是频繁的地震与地表上升。如今的月亮一直保持一面朝着地球，可是当初，它也曾大幅自转，展现着自己深深隐藏的另一面。

几百万年过去了，地球年龄越来越大，白天越来越长，太阳离地球越来越远，阳光越来越温和，月亮的步伐也缓慢下来；暴风骤雨的强度变得弱小，原始海洋里的水不断增多，奔流成海，从此以后，我们的地球穿上了海蓝色的外套。

然而，那时的地球上仍然没有生命；大海了无生机，岩石上一片荒凉。

第3章　生命的源头

如今众所周知，人类在能够记忆或留下传说之前，生命已经存在，我们是通过岩层中生物留下的痕迹和化石而获得这些知识的。我们发现了保存在页岩、板岩、石灰岩和砂岩中的骨骼、贝壳、纤维、根茎、果实、爪印、足迹等物质，与此同时，原始潮汐留下的波纹和原始雨水冲刷形成的印记也得以保存。我们持之以恒地研究这些岩石记录，才形成了地球上古生物的历史。这些沉积岩并非一层压一层地整齐排列着，它们经历了层层挤压和冲击，早已面目全非，犹如图书馆中屡遭洗劫与焚毁的书页。它们是大批学者奉献毕生精力研究的成果，后人将其整理成册，以供世人阅读。这些岩层估计记录了约16亿年的古生物历史。

地质学家将记录中最古老的岩石称为“无生代岩石”，因为它们上面没有任何生命的痕迹。北美洲有大片的无生代岩石裸露在外，鉴于它们的厚度，地质学家判定其至少经历了整个地质记录的一半时间，即8亿年。请允许我再次重申一下这个意义深刻的事实：自从海洋与陆地首次分开以来，在最初8亿年的漫长岁月里，地球上没有留下任何生命的迹象。尽管人们可以在这些岩石中发现潮汐波纹和雨水印记，却找不到生命的痕迹。

随着深入研究岩石记录，我们渐渐发现了生命的踪迹，而且越来越多。地质学家将这些古生物痕迹的历史年代叫作“古生代早期”。最初的生命迹象源自比较简单且低等的生命，如小贝类的贝壳，植形动物的躯干和花状头，以及海藻、海虫与甲壳虫的足迹与遗体。有一种很早就出现的动物，形状类似于蚜虫，也像蚜虫一样可以自己蜷成球状，这便是三叶虫。之后，在几百万年的岁月长河中，出现过更为灵活与强壮的海蝎。

这些动物的尺寸都不太大。其中最大的海蝎也只有9英寸长。陆地上没有任何生命迹象，植物和动物都没有；这个时期也没有鱼类和脊椎动物出现的痕迹。实际上，我们可以追溯的所有生命痕迹只是一些浅水生物和潮间带生物而已。如果想知道古生代早期植物和动物的模样，只要从岩石潭或泥水沟中取回一滴水，放在显微镜下观察，就会大功告成。我们可以发现，水中的小甲壳虫、小贝壳、植形动物和海藻等，与那些曾经被冠以“生物之王”巨大笨重的古生物相比，相似度大得惊人，只是尺寸不同罢了。

无论如何，古生代早期的岩石没有留给我们任何表明地球生命起源的迹象。除非一个生物有骨骼或其他坚硬的部分，或者它有坚硬的外壳，够大、够重，足以在泥土中留下脚印和痕迹，否则无法留下证明其在地球上生存过的化石。如今世界上成千上万的小型软体动物，也无法留下任何痕迹让未来的科学家们去考证。在过去的岁月里，类似的动物不计其数，它们生活过、繁衍过、兴盛过，然后却消失得无影无踪。无生代时期的湖泊与海洋，水位浅浅的，水温暖暖的，水中或许出现过大量无壳、无骨的低等软体生物；同时，阳光普照的潮间带岩石和海滩上，或许繁衍着大批的绿色浮藻。岩石记录无法显示过往生命的全部档案，就像银行账本无法记载一个人的全部生活一样。只有当一个物种进化到能分泌出贝壳、骨片、甲壳或硬茎的时候，才可能在岩石中留下些许痕迹，从而被载入史册。然而，人们偶尔发现了一种游离碳，即石墨，它存在于更古老的化石遗迹当中。有些权威人士认为，或许某些未知生物在经历了某种巨大活动之后，才使石墨从化合态中分离出来。

第 4 章　鱼类时代

当人们误认为这个世界只经历了几千年岁月的时候，同时也会误以为各种动植物生来就是始终如一的，它们从来不曾改变，一直都是今天的模样。但是，当人类开始发现并研究岩石记录之后，便开始质疑这种谬论，他们认为很多物种在悠悠岁月中发生着缓慢的进化。这种理念进一步扩展，最终形成了“生物进化”的理论，地球上的一切生物，无论是动物还是植物，都可以追溯到无生代海洋中某些极为简单的、几乎没有结构的原始生物形式，是由它们逐渐演化而来的。

生物进化问题就像地球年龄一样，一直以来都是人们苦苦争论的焦点话题。曾经有一段时间，生物进化理论因某些莫名的原因而受到天主教、犹太教和伊斯兰教的排斥。如今，那个年代已经远去，很多正统的天主教、伊斯兰教和犹太教教徒，都可以坦然接受这种更新颖、更开阔的万物同源理论。没有一种生物是突然出现在地球上的，所有的生命都在进化和成长。在经历了令人难以想象的漫长岁月之后，潮起潮落之间出现了生命萌动的迹象，并慢慢演变成自由、有活力和有意识的生物体。

多个个体才组成生命。这些个体都是实实在在的，既不像团状和块状的非生物体，也不像无边无际、一动不动的结晶体，它们具有两种非生物体不具备的特征：可以把其他物质摄入体内，使其成为自身的一部分；还可以不断地自我繁衍。它们摄取食物，繁殖后代。它们生产出的新生命，与自身有着高度的相似性，当然也有些许差异性。每个生命与其后代之间都有着某种特殊的种族相似性，同时它们之间也存在着个体的差异性。不管是哪个物种，还是处于生命的哪个阶段，这个规律都是通用的。

新生命体之间为什么既有相似性又有差异性，如今的科学家都无法解释。相似性与差异性同时存在，与其说这是一种科学知识，还不如说是一种普通常识。如果一个物种的生存环境改变了，这种生物本身也会发生相应的变化。无论在物种的哪一代，都会有很多的个体存在，个体的差异让部分个体更好地适应新环境，同时也有一些个体因自身的因素而难以在新环境中生存下去。整体而言，前者比后者更加长寿，繁衍能力更强，因此种族也更加兴旺，如此一代一代传承下去，该物种的平均适应能力就会向有利于生存的方向发展。这个过程即“自然选择”，与其说它是一种科学结论，不如说它是由于繁衍本能和个体差异而导致的一种必然论断。或许在物种的变异、灭绝和保存过程中，很多力量都在发挥作用，但是科学至今也不能解释其中的奥妙。然而，我们不能否认自然选择过程从生物出现以来就发挥着作用。否则，那就是忽视生命存在的基本事实，或是缺乏普通的思维能力。

许多科学家曾经设想过生命起源的场景，他们的想象生动有趣，但至今也没有得出有关生命起源的明确结论和有力推断。不过，几乎所有的权威人士都认可的是：生命产生于阳光照耀下的暖暖的泥沙之中，然后随着潮起潮落分散到各个海域。

早期世界是一个潮水泛滥的年代。生物个体承受着来自潮水的不断侵害，有的被卷到海岸上，被太阳晒干；有的被冲进海里，因远离阳光与空气而死去。恶劣的环境迫使生物向着生根固定的方向进化，并长出外壳，以免被晒干。起初，它们依赖味觉的敏感去寻找食物，依靠对光线的视觉敏感去挣脱黑乎乎的深海与洞穴，或者在强光的刺激下，敏感地逃离危险的浅滩。

或许最初的生物长出甲胄和硬壳，只是为了防止自身的干燥，而不是为了抵御外敌的侵害。不过，生物进化的早期历史上就已经出现爪子和牙齿了。

前面已经提过远古时代海蝎的大小。在很长的一段时间里，它一度占据生物界的至尊地位。很多地质学家认为，在5亿年以前，在志留纪的古生代岩层中，出现了一种有眼睛和牙齿、会游泳、生命力旺盛的新物种，它们的出现，结束了海螺的至尊时代。它们就是已知最早的鱼类动物，属于最早的脊椎动物。

在下一个时代即泥盆纪，鱼类开始大量繁殖。它们如此繁盛，以至于岩石记录将这一时期命名为“鱼类时代”。这些鱼类与今天的鲟鱼、鲨鱼的形状非常相似，它们时而穿梭在茫茫的大海里，时而逃出水面呼吸空气，时而在海藻之间寻找食物，时而你追我赶猎捕食物，让海底世界变得生机盎然。可惜好景不长，如今它们早已灭绝。以现在的标准来看，这些鱼类都不是特别大。它们当中很少有超过3英尺的鱼类，但也有例外，比如有一种身长可达20英尺的鱼类。

我们无法通过地质学知识获取有关这些鱼类祖先的信息。它们似乎与以前的物种丝毫没有关联。动物学家对于鱼类祖先提出过很多有趣的观点，但这些都是通过对与之有血缘关系的现存鱼类的鱼卵进行研究，以及其他途径才得出的结论。显而易见，脊椎动物的祖先可能是那些软体动物，或者是那些嘴巴周围长出牙齿般硬物的微小水生动物。鳐鱼和狗鲨的牙齿遮住了嘴巴的上下颚，嘴唇上长出了齿状的鳞片，并且这种鳞片几乎遍及全身。根据地质学记录，鱼类的齿状鳞片不断进化，它们挣脱黑暗，游向有光的地方，成为最早的脊椎动物被载入地质纪录当中。

第 5 章　煤沼时期

在鱼类时代，陆地上显然没有生命。裸露的岩石躺在峭壁与高地之上，遭受着烈日与暴雨的侵袭。陆地上还没有出现真正的土壤——因为还没有出现可以将岩石分解成土壤的蚯蚓，也没有出现苔藓和地衣的痕迹。生命依然局限于海洋中。

那个世界里遍地都是裸露的岩石，气候发生了巨大的变化。导致气候变化的原因错综复杂，至今依然需要推测。地球运行轨迹的变化，地球自转两极的偏移，大陆地形的改变，或许还因为太阳温度的变化，使得地球进入了漫长的冰河期，然后又进入持续几百万年的温暖期。在世界历史上，地球内部出现过几次剧烈的活动，几百万年积聚而成的上冲力，使得火山喷发、地壳隆起、大陆与山脉的轮廓发生改变，以至于海底加深、山峰变高、气候变化加剧。随后，地球进入了一段漫长而稳定的平静期，山峰因风霜雨雪的侵蚀和河流的冲刷而变低，海底因大量泥土被卷进海洋而变浅，海面不断扩张，甚至更浅、更宽，很多陆地变成了浅海。这分别就是世界历史上的“山高水深”时代和“山低水浅”时代。事实上，在经过了漫长的降温期之后，地壳的内部温度不再影响地表温度了。即便在无生代时期，也随处可见“冰河时代”的冰雪痕迹。

直到“鱼类时代”后期，才出现了大片的浅海和泻湖，各种生物才以各种方式从水里转移到陆地上。毋庸置疑，这些曾经大量涌现的早期生物，曾经进化了几千万年。然而，它们终于等来了自己的时代。

毫无疑问，植物占据陆地的时间要比动物早，不过动物也紧随其后。植物要解决的第一个问题，是当潮水退去后，它们必须长出坚硬的茎，来支撑叶子接收阳光的照耀；第二个问题，是必须有从湿地中摄取水分的组织，这有一定的难度，因为水源并不是近在咫尺。木质纤维的演化解决了这两个难题，它既可以支撑植物本身，又可以充当输送水分的管子。这一时期的地质纪录中突然增加了各种各样的木质沼泽植物，它们大多体积巨大，比如木质苔藓、木质蕨类、大型马尾草等。植物上岸之后，许多水里的动物也开始登陆，其中有百脚纲和倍足纲动物，有原始昆虫，有古代蜘蛛蟹和海蝎的祖先，它们后来演化成了最早的蜘蛛和陆地蝎。随即，脊椎动物出现了。

早期的原始昆虫体积庞大，比如出现过一种长达 29 英寸的带翅膀的蜻蜓。

这些新型生物以各种各样的方式呼吸着空气，得以生存下来。在此之前，所有的动物都呼吸着溶于水中的空气，这是动物生存的必要功能。如今，动物要想尽一切方法让自己获得汲取水分的能力。如果一个人的肺部处于绝对干燥状态，他就会立刻窒息而死。他的肺部表面必须保持湿润，空气才能通过肺部进入血液。为适应陆地呼吸，动物以各种方式进化，以保证呼吸系统湿润，比如鱼鳃上长出覆盖物，以防止水分蒸发；或者进化出管状器官；或者长出深入体内的呼吸器官，并受到分泌液的滋润。在远古时期，鱼类祖先无法在陆地上用鳃呼吸，后来它们在不断的进化中形成了藏在体内的新型器官——肺。这种鱼类称为两栖动物，如今天的青蛙和蝾螈。起初它们生活在水中，用鳃呼吸，后来它们像很多鱼类一样，鱼鳔演变成咽喉上的一个袋状肺，担任了呼吸的工作，从此它们来到了陆地上。然后，鱼鳃开始退化，鳃裂也逐渐消失（最后只剩下一个鳃孔，即耳朵与鼓膜之间的通道）。这些动物如今只能在陆地上生活，只是需要回到水里去产卵和繁衍。

在沼泽时期，所有呼吸空气的脊椎动物和植物都属于两栖类。那些两栖动物的形态与今天的蝾螈极为相似，只是有的身长可观。它们虽然称得上是真正的陆地动物，可是依然要生活在潮湿地区和沼泽地带，那时所有的大树也同样具备两栖的习性。它们还不能够长出只靠雨水滋养就能生根发芽的种子和果实。如果想要繁殖，它们就得将孢子洒在水中。

动物在空气中的适应能力既复杂又神奇，对这种能力的研究是比较解剖学中最吸引人的地方。所有的生物，无论是植物还是动物，最初都生活在水中。例如，包括人类在内的所有比鱼类高级的脊椎动物，在出生之前的胚胎发育过程中，都要经历一个鳃孔消失的阶段。鱼类在水中裸露着眼睛，为的是保持湿润，更高级的动物为了避免眼睛干燥，长出了眼睑和分泌液体的腺体。耳膜要感知空气中微弱的声音震动，因此也不可或缺。我们可以发现，动物身上几乎所有的器官都经历着相似的进化过程，以适应陆地的生存条件。

在石炭纪时代，也即两栖类时期，生物生活在沼泽和泻湖中以及这些水域的浅滩上。由此，生命的范围大大扩展了，但山峰与高地依然一片荒芜。生物虽然学会了呼吸空气，但必须扎根于水中，因为它们依旧要回到水中繁衍后代。

第 6 章　早期的爬行动物

在生命繁盛的石炭纪年代之后，进入了一段干旱与严冬共存的悠悠岁月。岩石记录显示，沙石之类的沉积物很厚，而生物化石相对较少。地球上的气温骤升骤降，还有过漫长的冰河期。曾经在大地上茁壮生长的沼泽植物，已经被更新的沉积层所覆盖，从而消失殆尽。新的压缩和造矿过程开始了，如今的大多数煤矿都是那个时期形成的。

然而，在这个生物剧烈演化的时期，它们经受了严峻的考验，获得了最宝贵的体验。当地球再次变得暖和与湿润的时候，一系列新物种出现了。我们在岩石记录中发现了卵生脊椎动物的遗迹，它们不像蝌蚪那样必须先生活在水中，而是在孵出之前就几乎发育成熟，一生下来就能在陆地上生活。此时，它们的鳃部已经消失不见，鳃裂成了一个胚胎发育过程。这些不需要经过蝌蚪期的新型生物就是爬行动物。

与此同时，可以结出种子的树类也得到了发展，它们不再依赖沼泽和湖泊，而是能够独立传播种子了。这时，虽然还没有出现开花类和草类植物，但地球上已经出现了类似棕榈的苏铁类与热带植物。还有很多蕨类植物，也有品种繁多的昆虫，还出现了甲虫，但没有蜜蜂和蝴蝶。然而，在这漫长悠远的严寒岁月里，新生的陆地植物的基本种类已经形成。只要有良好的环境，它们就会繁荣兴旺。

地球在经历了年复一年的巨大变化之后，进入了一段缓和期。地壳的频繁运动、地球轨迹的变化、地轴角度的增减，共同造就了一段漫长而又温暖的时期。有人推测这一时期持续了 2 亿年左右。它被称为中生代，区别于前面提到的更为古老的古生代和原生代（共 14 亿年），以及随后延续至今的新生代。它又被称为爬行动物时代，因为早期的爬行动物种类繁多，超乎人们的想象。大约 8000 万年以前，中生代结束。

如今，地球上的爬行动物相对少了很多，分布区域也极为有限。但是，相对于那些盛行于石炭纪时代的两栖动物的幸存后代而言，它们可谓种类繁多。如今地球上还有蛇、鳖、乌龟（海龟属）、短吻鳄、鳄鱼、蜥蜴等原始生物。它们无法忍受严寒的考验，无一例外地需要常年温暖的气候中生代中所有的爬行动物都有这一局限性。它们是温室动物，生活在温暖的植物丛林中，无法承受霜冻的侵袭。然而，地球上毕竟已经出现了真正耐旱的陆地动、植物群，与之前全盛期的沼泽动、植物有着明显的差异。

我们如今熟知的很多爬行动物在当时盛极一时，比如大海龟、大乌龟、巨鳄与众多蜥蜴和蛇等。此外，还有很多已经灭绝的大量奇异物种，比如品种繁多的恐龙。很多植物种类在当时已经扩展到了低平地带，比如蕨类、芦苇等物种；还有众多的食草类爬行动物，专吃这些繁茂的植被，它们在中生代顶峰期长成了大型动物。有些大型动物的躯干超过了以往任何陆地动物，甚至可以与鲸鱼相媲美。比如，梁龙从口鼻到尾部的长度为 84 英尺，巨龙的身长则足有 100 英尺。还有一大群体型相似的食肉类恐龙以这些怪兽为食，例如霸王龙，很多书上将其描述成最可怕的爬行动物。

这些爬行动物在中生代的树林中追逐或觅食的同时，还出现过另一种恐龙，它们伸展着蝙蝠状的前肢，一边捕捉昆虫，一边追捕同类。它们最初只是跳跃和降落，后来进化成穿梭在树叶和树枝之间的飞行动物。它们就是翼手龙，是最早飞行的脊椎动物，它们开创了脊椎动物能力发展史上的新纪元。

此外，有些爬行动物返回海洋。其中有 3 种会游泳的爬行动物回归它们祖先生活的大海，它们分别是沧龙、蛇颈龙和鱼龙。它们当中有很多与现在鲸鱼大小相近。鱼龙似乎十分熟悉水性，蛇颈龙却找不到如今与之同类的动物，它们躯干庞大，强壮有力，长着鳍状肢，喜欢在沼泽或浅水滩上游泳或爬行。它们长着长长的脖子，头却十分小。蛇颈龙可以像天鹅一样在水中游动并捕食，还可以在潜水过程中顺带捕捉身边经过的鱼类或动物。

以上便是中生代最主要的动物。用现代人的标准来衡量，它们比以往的物种都先进。此时的陆地动物与以前的物种相比，尺寸更大，力量更强，更具适应能力，分布区域更广，也更加生机勃勃。该时期的海洋中虽然没能实现这样大的进化，但也出现了大量的新型物种。浅海区域中出现了菊石类动物，它们长有介壳，把大部分身体蜷缩在壳里。早在古生代，它们的祖先就已经存在，至此才迎来了全盛时期。现在这类动物已经不复存在；与它们亲缘关系最近是栖居在热带水域中的珍珠鹦鹉螺，还有一种繁殖能力更强的新型鱼类，它们的鳞片比以往鱼类的片形和齿形鳞片更加轻盈、更加好看，它们在海洋与河流中占据主导地位，而且经久不衰。

第 7 章　最初的鸟类和哺乳动物

前几个章节呈现了一幅有关中生代鼎盛时期的茂盛植物和众多爬行动物的美妙画面。恐龙主宰着热带雨林和潮湿地带，翼手龙拍打着羽翼在森林中尖叫，捕捉着无花灌木和林中嗡嗡作响的昆虫。然而它们周围还有一些不太显眼、不太盛行的物种，这些物种似乎获得了某种力量，也学会了忍辱负重。当太阳与大地不再仁慈和慷慨，这些本领对于整个种族来说，就显得异常珍贵。

恐龙家族中有一群善于跳跃的弱小型爬行动物，它们迫于敌人的侵袭和生存竞争的威胁而趋向灭亡，或者不得不转移到海滨或山峰，在更加严寒的环境下奋力生存。渐渐地，这些不幸的小生灵长出了一种新型鳞片，这些鳞片进化成翎羽状，后来又演化成羽毛的雏形。这种羽毛状鳞片一层叠着一层，比以往出现的爬行动物的外壳具有更加有效的保温功能，它们可以凭借着新羽毛在寒冷地区生存下去。寒冷的气候让这些动物更加关心自己产下的卵。显然，大多数爬行动物不太关心自己的卵，而是任由阳光与季节去孵化。然而，这个新的生命分支上的物种，开始养成呵护自己的卵并用自己的体温将其孵化的习性。

不断变化的寒冷气候使得这些原始鸟类的体内发生变化，演化成恒温动物，不再依赖晒太阳来维持体温。这些原始鸟类也许是以捕鱼为生的海鸟，它们的前肢不再是翅膀，而是进化成类似于企鹅的鳍状肢。有一种奇特的原始鸟类，名叫新西兰鹬鸵，它长着一种十分简单的羽毛，不会飞，也不像是从会飞的祖先进化而来的。在鸟类的进化史上，羽毛比翅膀出现得更早。当羽毛进化完成后，需要轻盈地舒展开来，这时必然会形成翅膀。我们至少可以从鸟的化石中发现：它有爬行动物的牙齿，还有爬行动物的尾巴，同时还长着一对翅膀。显然，它可以飞翔，曾经混杂在中生代的翼手龙当中。可是，这个时期的鸟类，数量和种类都很有限。如果有人穿越到中生代，就算他走上几天，也看不到一只鸟，甚至都听不到鸟叫声，而只能在蕨类和芦苇中看见许多翼手龙和昆虫。

此外，他还可能看不到任何哺乳动物的踪迹。或许，原始哺乳动物的出现比鸟要早几百万年，但是那个时候的它们太微小、太稀少、太不显眼，所以根本引不起关注。

最初的哺乳动物与最初的鸟类一样，由于受到敌人的侵袭和生存竞争的威胁，被迫需要适应艰苦的环境和严寒的气候。另外，它们的鳞片和鸟类一样，进化成羽毛状，成为保温的外衣；其体内与鸟类一样进行着大同小异的变化，进化成恒温动物。不过，哺乳动物进化的不是羽毛而是毛发，它们不必孵卵，而是把卵安置在自己体内，让其更加温暖和安全，直到发育成熟。大部分哺乳动物属于胎生，它们将鲜活的后代带到这个世界。在生下后代之后，它们还会呵护与喂养小宝贝们。现在的很多哺乳动物用乳房来哺育后代，但鸭嘴兽和针鼹鼠除外，它们没有乳房，依靠皮下分泌的养料来喂养后代。针鼹鼠产下坚硬的蛋，然后放进腹下的育儿袋中孵化，直到孵出幼仔，这样既温暖又安全。

如同一连好几天或好几周都无法找到鸟类一样，在中生代也很难见到哺乳动物的踪迹，除非知道去哪里寻找。鸟类和哺乳动物在中生代属于异类、次要和微不足道的生灵。

据估算，爬行动物时代大约持续了 8000 多万年。假如以人类有限的知识去考察漫长的历史年代，结果一定是这样的：这个阳光普照与生命繁盛的世界，会一直安全、永恒地存在下去；恐龙在沼泽里打滚，飞龙在天空中翱翔，它们如此笃定和自信。然而，宇宙积蓄已久的神秘力量打破了这貌似永恒的稳定，生物的安逸时代已经结束了。年复一年，几百万年一晃而过，在此期间，地球环境变得艰难而恶劣，大地、高山与海洋都发生了翻天覆地的变化。岩石记录表明，地球在经历了漫长的中生代繁荣后开始走向衰落，环境经历了巨大的变化，生物种类也随之发生了巨大的变化，并出现了奇妙的新型物种。原始物种在日趋灭绝的严重威胁下，拼命去适应新的环境。例如，菊石类动物曾经在中生代晚期派生出很多古怪的种类。在平稳的环境中，生物会渐渐失去进化的动力；它们不再演化，而是停滞不前。最能适应环境的生物就是如今存在的物种。在新的环境下，普通物种屡遭磨难，新型物种则拥有更好的生存和发展机会……

在此期间，岩石记录中断了几百万年，一层神秘的面纱裹住了整个物种进化的轮廓。当人们再次揭开面纱时，爬行动物时期已经结束；恐龙、蛇颈龙、鱼龙和翼手龙以及不计其数的菊石类动物，已经全部灭绝。它们的生命曾经多么繁盛，如今却消失殆尽，没有留下任何后代。它们没有战胜恶劣的新环境，严寒的气候杀死了它们。地球出现了远远超过生物承受能力的极端环境，中生代的生命遭受到一段缓慢而又彻底的毁灭期后，出现了一幅新景象：一批更顽强的植物和动物占据了这个世界。

地球生命历史即将翻开新的一页，展现在我们面前的依然是一片荒凉贫瘠的景象。大多数苏铁类和热带松柏类植物，已经被可以隐藏自己的叶子、免受冬雪侵害的大树以及开花植物与灌木所取代；昔日爬行动物生活过的地方，已经出现了越来越多的鸟类和哺乳动物。

第 8 章　哺乳动物时期

地球生命进入了一段伟大的新时期，即新生代，这是一个地壳隆起频繁与火山活动剧烈的时期。阿尔卑斯山脉、喜马拉雅山脉、落基山脉以及安第斯山脉的脊梁都高高崛起，今天的海洋和陆地雏形在那时就已经形成。当时的世界地图与今天的版图轮廓极为相似。从新生代到现在，时间跨度为4000 万～8000万年。

新生代初期，地球上的气候极其恶劣。随着气候逐渐变暖，地球迎来了一个新的生命繁盛期。后来，气候再度恶化，地球陷入一段又一段严寒期，即冰河时代，如今的气候正是由其演变而来的。

迄今为止，人类仍然没有充分掌握气候变化的因素，因而无法估量未来气候的变化情况。也许我们会邂逅更加阳光灿烂的日子，也许我们会跌入另一段冰河时代；也许会出现更为急剧的火山喷发与山脉隆起，也许这些现象会消减。我们不得而知，因为我们缺少充分的科学依据。

拉开新生代的序幕，出现的是草类植物，地球上第一次有了草原。曾经的哺乳动物，如今有很多已经进化成食草类动物以及以此为食的食肉动物。

起初，这些早期的哺乳动物，与之前在地球上繁盛一时后遭受灭绝的食草类与食肉类爬行动物相差无几。粗心的观察者会认为，现在开始的第二次气候变暖与物种繁盛的漫长周期，只不过是大自然的再次重复，是食草类与食肉类哺乳动物取代食草类与食肉类恐龙、鸟类取代翼手龙而已。但是，这是过于片面的比较。宇宙的变化是无限、永不停息和永恒的，历史不会重演，完全相同的生物不会重复出现。新生代和中生代之间差异性的意义远大于它们之间的相似性。

这两个时期的生物最根本的区别就是心理上的差距。这主要体现在哺乳动物与后代的接触程度上，它们跟后代频繁接触，这与稍微低等的鸟类区别不大，却与爬行动物大相径庭。除了极少数特例之外，爬行动物都会抛弃自己产下的卵，任其自行孵化。这些后代从来不曾知道自己的父母是谁，更无法从父母那里获得知识和技能。它们的经验只能来自自己的生活经历。也许爬行动物可以与同类共存，彼此之间却没有交流；它们从来不相互模仿、相互学习，更谈不上一起行动了。然而，新生的鸟类和哺乳动物会因为哺育和抚养后代而相互学习和模仿，并通过彼此之间警戒的鸣叫和其他协作行为而交流、控制与教导。如此一来，“可教”的生物就在地球上出现了。

新生代最初的哺乳动物，其脑袋仅比那些活跃的食肉恐龙大一点儿。可是，沿着岩石记录往下看，就会发现，无论哪种哺乳动物的脑容量都在稳定地不断增长。例如，新生代早期有一种貌似犀牛的动物巨雷兽，它的生活习性和需求与犀牛极为相似，脑容量却不到犀牛的十分之一。

早期的哺乳动物在哺乳期结束后，就会和自己的孩子分开。但是，一旦有了理解能力，它们就可以继续保持联系。因此，哺乳动物开始彼此容纳，过着真正的群居生活。它们相互照顾与模仿，通过不同的叫声和动作表达感情。在以前的脊椎动物中，从来不曾有过这样的先例。虽然以往的鱼类和爬行动物也喜欢成群结队，但那只是由于大量繁殖的原因，而对群居的哺乳动物来说，它们的联系不仅体现在外部力量，还依赖于内部情感。它们不只是因为彼此相像才聚集在同一个时间和地点的，而是因为彼此喜欢才心甘情愿地生活在一起。

爬行动物的思维与人类的思维差异巨大，因此人类无法理解它们简单而急切的本能动机，比如食欲、恐惧和憎恶。人类无法理解它们单纯的动机，因为人类的动机错综复杂；人类做事都会衡量利弊、注重结果，而不是靠简单的冲动。但是，哺乳动物和鸟类有自制能力，它们会顾及其他成员，有社会诉求，这一点类似于初级阶段的人类。因此，人类可以与它们建立联系。它们的叫声和行为可以唤起人类的共鸣，人类把它们当作可以彼此倾诉的宠物，它们可以被人类驯养，从而变得自制、温顺和懂事。

动物大脑发育的速度快得不可思议，这是新生代的一个关键事实，它标志着生物个体之间建立起相互依存与交流的新型关系，还预示着人类社会的产生。

随着新生代的发展，植物和动物也朝着当今植物和动物的样子不断发展。恐角兽、巨雷兽这些大而笨的动物已经不复存在了。另外，长颈鹿、骆驼、马、大象、鹿、狗、狮子、老虎等一系列新的物种开始出现在地球上，它们由这些古怪笨拙的祖先缓慢演变而来。地质记录显示，马的进化非常明显。它从新生代初期小貘状原始马开始，到后来的演变模样，都有着完整的保存记录。此外，羊驼和骆驼的演化过程也有据可查。

第 9 章　猿人、类人猿和亚人

自然学家将哺乳动物的种类细分成很多目，位于最前面的是灵长目，包括狐猿、猿、类人猿和人。这种分类的依据是解剖学上的相似性，而非心理智力的发展程度。

要想从地质记录上考察灵长目动物的历史，是一件很困难的事。大部分此类动物都像狐猿和长毛猴一样生活在密林中，还有的像狒狒一样生活在裸露的岩壁上，它们几乎没有机会溺水身亡而被沉积物掩埋，况且它们并非特别繁盛，因而很难发现它们的化石，不像马、骆驼等的祖先留下了大量的化石踪迹。但我们知道，在新生代，即 4000 万年前左右，原始猿类和狐猿类动物已经出现在地球上，只是它们的大脑还处于低级阶段，不如后代的大脑发达。

繁盛一时的新生代中期终于接近尾声。它是继生物史上另外两大鼎盛时代——石炭纪和爬行类鼎盛期之后的又一个高峰期。后来，地球又进入新的冰河时代。气候极度严寒，尽管中间也曾有过回暖期，但冰雪天气随后而至。当气温转暖时，茂盛的亚热带丛林中出现了河马追逐打闹的踪迹，还有牙齿像剑一样的剑齿虎，在如今新闻记者川流不息的舰队街地区捕食。此后，地球上经历了反复无常的严寒考验，一大批生物惨遭淘汰与灭绝。长毛犀、猛犸象——大象的长毛表亲，北极的麝牛和驯鹿，因为可以适应寒冷气候而逃过此劫。在几个世纪的岁月里，在严寒死寂的冰河时代，北极的冰帽悄悄南移。在英国，它蔓延到泰晤士河；在美国，它蔓延到俄亥俄州。尽管期间有过几段长达数千年的回暖期，随之而来的却是更为严寒的时代。

地质学家们将此严寒时代分为第一、第二、第三和第四冰河期，介于这期间的是间冰期。我们现在生活的世界，依然会遭受可怕严冬的侵袭而变得满目疮痍。第一冰河期距离今天约有 60 万年；第四冰河期大约在 5 万年前达到严寒顶峰。就在地球经受漫长严冬期间，一种与人类相似的动物出现了。

新生代的中期，各种类人猿已经出现了，它们的腿骨和颚骨与人类十分相似。但我们只在接近冰河时期时，才发现一些“类似人类”的动物遗迹。那不是它们的骸骨，而是它们的工具。在欧洲，在距今50万~100万年前的沉积岩中，我们发现了一些被削尖的燧石和石块，很明显是被有手的动物故意削磨锋利的，可以用来捶打、削平其他物品或用来战斗。这些石头被称为“旧石器”。在欧洲，人们并没有找到制造这些石器的动物骸骨，也没有找到其他遗物，只有这些石器。据推测，这或许根本不是人类制造的，而是出于某些聪明的猿猴之手。但是，在爪哇的特利尼地区，在同时代的沉积层中，发现了猿人的头盖骨，以及一些牙齿和骨头。这种猿人的头盖骨看上去比以往发现的类人猿都大，它们似乎还可以直立行走。人们称这种动物为“直立猿人”，即可以行走的类人猿。不过，这几片骨头就是我们推测原始石器制作者的唯一资料。

直到25万年前左右的岩石记录中，我们才发现了亚人类遗留下来的其他痕迹。在岩石记录中能够看到大量石器，它们的质量显然有了很大改进，不再像以前那样粗糙，而是样式较为精美的工具，似乎经过了精心的打磨才制作成功，它们比后来真正的人类制作的工具更大。后来，在海德堡的沙坑里，出土了一块与人类颚骨相似的粗大颚骨。可惜这片颚骨没有下颌，比人类的真颚骨更为沉重和窄小。由此推测，它们不能自如地转动舌头，更不能清晰地发出声音。根据这块颚骨的大小，科学家们判断，这是一种长相酷似人类的巨大怪物，长着庞大的躯干、粗壮的四肢、浓密的毛发，被称为“海德堡人”。

我认为，这块颚骨是世界上最能引起人们好奇心的东西，研究它就好比透过一面破损的镜子再现过去的情境。我们看到的仅仅是这种动物的一个身影，隐隐约约、模糊不清，却极具诱惑力，深深吸引着我们。它们在荒郊野外中蹒跚而行，为了躲避剑齿虎的侵袭而四处攀爬；它们在树林中时刻保持警惕，因为要提防长毛犀的袭击。但是，当我们想进一步观察时，它们却消失不见了，只留下它们曾经削制的石器遗迹，作为永恒的记忆。

更不可思议的是，我们找到了一种距今10万~15万年的动物遗骸，相关人士在苏塞克斯的皮尔丹地区的沉积层中发现了它。根据某些科学家的推测，这些珍贵而不寻常的遗骸比海德堡颚骨更为悠久。此外，在这个地方还发现了亚人类的头盖骨，它比现存的所有类人猿的头盖骨都要粗大；一片类似于猩猩颚骨状的东西，目前还不能证实这是猩猩身躯上的一部分；一片棍状象骨，上面还有一个凿开的小洞，显然是经过精心加工而成的；还有一块刻有印痕的鹿腿骨，外形酷似符木。以上这些都是在皮尔丹发掘出的东西。

这个曾经坐在地上、骨头上凿着小洞的动物，到底是什么呢？

科学家将其命名为“曙人”。曙人有别于他的亲戚，更有别于海德堡及现存的类人猿。后来，再也没有发现关于这种原始人的任何痕迹。不过，在接下来的10万年的沉积层和沙砾岩石中，发现了更多的燧石和其他石器工具，这些石器不再是“旧石器”，考古学家们已经能够分辨出它们的样子，如小刀、刮刀、斧头、标枪、钻和掷石……

我们要讲述的内容已经越来越接近人类了，下面一章要讲述的尼安德特人，也许还不能称之为真正的人类，但它们是人类最奇怪的祖先，已经非常接近真正的人类了。

不过，在此需要声明一点：科学家们并不认为海德堡人或曙人是今天人类的直接祖先，它们只是与人类最相近的种族而已。

第10章　罗德西亚人和尼安德特人

在五六万年前第四冰河期还未进入严寒巅峰时，地球上曾经生活着一种动物，它们与人类极其相似，以至于有的科学家误以为它们的遗骸是真正人类的遗骨。如今出土了很多这种动物的头盖骨和其他骼骨，还有很多它们制作和使用过的大型工具。它们已经学会了生火，知道进入洞穴躲避严寒，还懂得将动物的毛皮剥下来裹在自己的身上。它们与如今的人类一样，习惯用右手劳动。

然而，人类学家告诉我们，这些动物并非真正的人类，它们是与人类不同种族的同一属类。它们长着低平的前额、粗重而突出的下颌以及高高隆起的眉骨。它们的拇指不同于人类的拇指，不能与其他手指相对；它们的脖颈僵硬，不能回首或仰视；它们的头向前倾斜，大概是长期屈身前行的原因；它们的骸骨很像海德堡人，但明显区别于人类的骸骨，因为没有下巴。而且它们的牙齿也和人类差距颇大，它们的臼齿结构比人类更为复杂，而不是更简单，只是没有长牙根，也没有通常人类的犬齿。它们的头盖骨大小与人类基本相同；它们的脑袋前部比较低，后部比较大，智能水平也低于人类。它们并非人类的直接祖先，因为无论从生理还是心理上看，它们与人类都不属于同一族系。

这种早已灭绝的原始人的头盖骨和其他骼骨，是在一个名叫尼安德特的地方发现的，这些奇怪的原始人因此被称为“尼安德特人”。它们曾经在欧洲的土地上生活了几百年，甚至几千年。

那时候，地球上的地质和气候跟现在截然不同。比如，当时的欧洲覆盖着冰雪，冰雪一直延伸到南部的泰晤士河，还蔓延到德国中部和俄罗斯境内；又如，那时还没有英吉利海峡隔开法国和英国；再如，红海和地中海都是大峡谷，分布着一连串的湖泊；有一片巨大的内海从今天的黑海开始蔓延，横穿俄罗斯南部，直抵中亚。虽然西班牙和整个欧洲没有被冰雪覆盖，却是一片荒芜的高原，气候比拉布拉多半岛更恶劣，当时只有北非的气候相对温和。在欧洲南部寒冷的草原上，不仅生长着稀疏的寒带植物，还有大量的耐寒动物，如大野牛、驯鹿、长毛犀和猛犸象等，它们随着植物生长季节而迁徙觅食，春天迁到北方，秋天又回到南方。

这就是尼安德特人的生活规律，他们不停地奔走迁徙，依靠捕捉小鸟兽和采集植物的果实与根茎来填饱肚子。它们长着平整而细密的牙齿，看来它们很有可能吃嫩枝和根茎，属于素食主义者。然而，在其洞穴中发现了一些大型动物的长骨，骨骼被敲碎，骨髓被吸掉了。考虑到它们使用过的石器，它们远没有力量与猛兽公开搏斗。所以，它们很有可能是趁着猛兽渡河的时候，设下了陷阱或用矛偷袭猛兽，才将其捕获。也有可能是它们跟随在兽群后面，一旦发现兽群中发生混战，就捕捉战乱中的死伤猛兽，或者跟在剑齿虎之后，吃其剩下的猎物。它们无法忍受冰河期异常艰苦的生存条件，从而改变长期以来养成的素食习性，转而捕食动物。

我们无法想象这些尼安德特人的相貌。它们或许长着一身长毛，没有丝毫人类的样子。它们甚至不能够直立行走，或许还手足并用以支撑身体；它们或许独来独往，也可能在一个小家族中走动；从它们的颚骨结构来看，它们很有可能不会使用语言。

在几千年的岁月中，这些尼安德特人是欧洲地区最高级的动物。之后，在距今约 3 万~3.5 万年前，随着气候的变暖，有一种更聪明、更智慧、会说话、会互助的同类动物从南方过来，占据了尼安德特人的地盘。它们把尼安德特人赶出洞穴和居住地，跟尼安德特人争夺食物。它们还可能与原居民尼安德特人发生了战争，并杀死了它们。我们如今还尚未弄清这些新来者到底是来自东方还是来自南方。这些消灭了尼安德特人的新来者，就是与我们有着血亲关系的原始人类。从解剖学的角度来看，无论是它们的头盖骨，还是它们的脖颈、拇指以及牙齿，都与如今的人类完全一样。在克罗马农和格里马迪的岩穴中，还曾经发现一些骷髅，即至今为止发现的最早的真正的人类遗骸。

至此，人类的足迹终于刻进了岩石记录，人类历史舞台已经拉开序幕。

那个时候，地球上的气候依然恶劣，但已经在不断接近现在的生活环境了。在欧洲，冰河时代的冰川开始消退；西班牙和法国的大草原变得越来越茂盛，驯鹿渐渐被马群所取代，猛犸象越来越少，最后都迁移到北方……

我们无法知晓真正的人类发源地到底在哪里。但是，1921 年夏，人们在非洲南部的布罗肯希尔发现了一块头盖骨和几片骨骼碎片，这些遗骸的发达程度似乎介于尼安德特人和人类之间。这片头盖骨与尼安德特人相比，脑袋的前部比较大、后部比较小，而且头盖骨笔直地长在脊椎上，跟人类差不多。他们的骨骼和牙齿也跟人类特别相似。但是，他们的脸庞和类人猿相似，眉骨高耸，头盖骨中部隆起。实际上，这种动物可以被称为“真正的人类”，他们比尼安德特人更接近真正的人类，被命名为“罗德西亚人”。

罗德西亚人或许只是第二种亚人类种族，他们从冰河时代开始，在地球上存活了很长时间，一直到它们共同的后代，也是它们共同的终结者——真正的人类的产生。罗德西亚人的头盖骨显示，他们不是很古老的动物。直到本书出版时，人们也没有推测出他们生活的具体年代。也许直到近代，非洲南部依然有着他们的生活迹象。

第 11 章　最初的真正人类

科学家们在西欧国家，特别是法国和西班牙境内发现了最早的人类遗迹，这些遗骸明显跟我们人类有着亲缘关系。此外，还发掘了很多骨骼、武器、带有划痕的骨头、岩石、雕刻过的骨头碎片、岩壁刻画和洞穴壁画，距今约有 3 万多年。从目前来看，西班牙是拥有人类祖先遗迹最丰富的国家。

当然，我们现在收集到的历史资料只是积累的开始。希望将来会有更多研究人员对这些相关史料进行细心研究，并对如今考古学家无法涉足的地区进行周详的考察。到目前为止，那些经验丰富且热衷于考古的探险家，尚未前往并自由地探索过非洲和亚洲的大部分地区。因此，我们要十分谨慎，切不可妄下结论，认为这些西欧的定居者就是人类的祖先，或者认为他们就是该地区最早出现的人类。

在非洲、亚洲以及如今已沉入海底的某些地区，或许埋藏着更为久远和丰富的真正人类的遗迹。在这里，我们只提非洲和亚洲，而不提美洲，这是因为在美洲还没有发现高等灵长类的蛛丝马迹，不但没有亚人类、类人猿或尼安德特人，更没有真正的人类。在这片古老的大陆上，生命的演化仿佛停止了脚步。直到旧石器时代晚期，人类才首次跨越如今已被白令海峡阻隔的陆上通道，抵达美洲大陆。

这些在欧洲发现的最早人类，看上去好像至少属于两个不同的种族。显而易见，其中的一种早已成为高级人类，他们脑袋硕大，身材高挑。一块女性的头盖骨显示，其脑容量比现在的男性还要大；还有一具男性的骨架，身长竟达 6 英尺多。他们的体型与北美的印第安人极为相似。他们的骸骨最早是在克罗马农洞穴中被发现的，因此得名“克罗马农人”。尽管我们认为他们还是原始人类，但已经相当高级了。在格里马迪的洞穴中，发现了另外一个种族的遗骸，其特征显示这是一个黑人种族。在南非，相关专家还发现了迄今为止与这些种族最为接近的布什曼人和霍屯督人。令人兴趣盎然的是，已知的人类历史的源头，至少出现了两大种族的分支。根据不太严谨的判断得知，前者或许并不是黑色人种，而是褐色人种，源自北方或东方；后者是黑色人种，来自南部赤道附近。

这些大约 4 万年前的原始人已经与当今的人类很相像了。他们会在自己身上涂上颜料，也会收集贝壳并串成项链，还会在石头和骨头上雕刻图案，甚至会在光滑的岩洞四壁和崖壁醒目的位置画上简单而生动的野兽图案。他们还会制作各式各样的工具，比尼安德特人制作的工具更为精巧。如今的博物馆中保存了大量他们的工具、岩画和小雕塑等物品。

这些原始人类以狩猎为生，主要的猎物是当时一种带胡须的小型野马。小野马群随着牧草迁徙，他们随着马群迁徙。另外，他们还追杀野牛作为食物。他们对猛犸象非常熟悉，因为他们留下了猛犸象的生动图画。从一幅模糊的图画上可以判定，他们利用陷阱捕捉并杀死过猛犸象。

他们用长矛和掷石捕杀猎物。他们貌似还没有发明弓箭，也不能推断出他们是否已经学会驯养动物。他们没有猎狗。他们留下一幅马头刻画，还有一两幅画上有套着辔头的马，辔头由兽筋和兽皮制成。那时该地区的野马体型很小，不能驮人。即便有人已经驯养小野马，也只是用缰绳牵着托运东西而已。他们是否已经学会挤动物的奶汁，这一点无法确定，也似乎不太可能。

尽管他们已经学会用动物的兽皮搭建帐篷，但貌似没有建起任何房屋；他们会用黏土捏泥人，但不会制作陶器；他们没有任何做饭的工具，因此做饭的方法很原始，甚至根本不会做饭；他们更不知道农耕、编织和织布是怎么回事。他们依然是赤身裸体、满身涂彩的原始人类，只是懂得披上兽皮而已。

现在已知的这些人类祖先，生活在欧洲广阔的草原上，以狩猎为生，这样持续了 100 个世纪左右。随着气候的不断变化，他们踏上了迁徙漂泊的征程。几个世纪一晃而过，欧洲的气候开始变得温润。这时，驯鹿向东部和北部迁徙，野牛和野马也随之撤离。森林逐渐取代了草原，赤鹿逐渐取代了野牛和野马。工具的性质发生了变化，用途也随之改变。河流与湖泊中的鱼类对原始人来说变得非常重要，精美的鱼骨工具不断增多。德·莫蒂雷说：“这一时期的骨针比后来制作的更加精致巧妙，堪称超越了文艺复兴前所有时代的骨针。比如，罗马人所制作的骨针就无法与这一时期的骨针相媲美。”

大约 1.5 万~1.2 万年前，一个全新的种族迁移到了西班牙南部，他们在裸露的岩石四壁上留下了很多惟妙惟肖的岩画，实在令人叹为观止。他们就是“阿济尔人”（得名于阿济尔岩洞）。他们已经开始使用弓箭，头上似乎戴着羽毛，画得非常生动；他们将自己的画抽象成某种符号——比如，用一条竖线和两三条横线来表示一个人——这预示着文字的萌芽。除了狩猎情景之外，他们还刻画一些符号似的标记。有一幅画表现了两个人用烟熏一个蜂窝的场景。

他们是旧石器时代的最后一批人，因为他们仅仅懂得削制工具。大约1万~1.2万年以前，一种新的人类出现在欧洲，他们既知道削制工具，又懂得磨制工具，还会进行农业耕作。于是，新石器时代开始了。

有趣的是，不到100年前，在一个名叫塔斯马尼亚岛的孤僻小岛上，还有另一种人类种族存在，他们的体力和智力发展程度都低于这些在欧洲留下遗迹的早期人类。这些人因地理变迁而一直与外界的种族隔绝，也接收不到外界的任何刺激和影响。因此他们不再进化，反而退化了。他们的生活极为原始，以贝壳和小野兽为食；他们也没有固定的住所，只有暂时的栖身之地。他们也算是真正人类，但是没有早期人类的灵巧和艺术审美能力。

第 12 章　原始人类的思想

现在，让我们来作个有趣的推测吧：当人类踏上冒险历程的初期，他们的心里有何感受呢？在 4 万多年以前，人类还不懂得播种与收获，仅以狩猎为生。那么，他们在思考什么，又如何思考呢？由于那时并没有文字记载，因此我们只能推测这些问题的答案。

科学家已经试图采取不同的方式去探究原始人类的心理。最近的心理分析学做了一项研究——为适应社会，儿童如何约束、压制、改变和掩盖自私和本能的冲动。这一研究取得了巨大成就，为探索原始社会历史建立了里程碑。此外，还有一项成果丰硕的研究，其对象是现存野人的思维和习俗。另外，民间传说以及那些根深蒂固的荒唐迷信和偏见仍然存在于现代人类文明社会当中，它们可以被视为人类的精神化石。最后，还可以根据现存的遗迹加以推测，比如塑像、绘画、符号、雕刻等。这些物品距离我们的时代越近，我们就能够越清晰地知道他们的兴趣是什么，值得记录和再现的事物是什么。

原始人类的思维酷似儿童，可以串联起一些形象画。他们在心中勾勒或者呈现出画面，以激发他们的情感，引导他们的行动。即使是如今，儿童和没受过教育的人也是这样的。显而易见，系统思维在人类的发展过程中体现得较晚，直到最近的 3000 年才开始在生活中发挥着举足轻重的作用。直到今天，只有极少的人能真正控制自己的思想，大多数人还是依赖想象和激情而生活。

也许在最早的人类社会，即真正人类历史的初级阶段，原始人的生活是以家族为单位的小型群体。就像成群结队的早期哺乳动物一样，早期人类由共同繁衍生息的家庭组成，早期部落或许也是这样形成的。但在此之前，必须要经历个体自我约束的过程。成年人必须养成尊重父母的意识；老年人要克制对年轻人的妒忌心理；母亲是孩子的天然导师和保护者。人类社会在矛盾中不断向前发展，一方面，年轻人有与父母分离和追求伴侣的本能；另一方面，他们必须应对生活中的危险和不利。天才人类学作家 J. J. 阿特金森在他著作《原始法则》中揭示了原始人类生活的习俗规范。那是原始部落中必不可少的规范，因为原始人类过着群体性的生活，所以一定要进行心理调控。在后来的研究中，心理分析学家们证实了阿特金森的观点。

有一些善于推测的作家试图让我们相信，原始人类对于长者的尊重和敬畏，以及对年长女性保护者的感情，源自充满幻想的思维和梦境，因此被过于丰富和夸张，这对原始宗教的形成以及男神、女神概念的产生，起到了十分重要的作用。原始人类非常敬重那些有力量的人和愿意帮助别人的人，在这些人死后，这种敬重之情变成了一种狂热和畏惧，因为平凡人经常梦到他们，从而认为他们并没有死，只是魔术般地转移到一个力量更强大、更遥远的地方。

儿童的梦境、想象和恐惧比成年人更为逼真和生动，原始人类与儿童非常相似。他们和动物十分亲近，他们认为动物有着同样的情感反应和动机。因此把动物想象成助手、敌人或神灵。我们需要做一个爱幻想的儿童，再次想象一下，旧石器时代那些奇形怪状的石头、树瘤、树林等东西为何对于原始人类那么重要、亲切和意义深远？另外，梦境和幻想源自哪里？传奇与故事如何产生？有些故事很容易被记住、被复述，女人们给孩子们讲述这些故事，如此便形成了编故事的传统。如今的孩子凭借丰富的想象力，编出长长的故事，他们会把自己喜欢的玩具、动物以及半人半兽的奇特动物作为故事的主人翁，原始人很可能也这么想——甚至更相信故事中主人翁的真实性。已知最早的真正人类，或许十分擅长与人交流。就这一点而言，他们比尼安德特人更高级、更优越，因为尼安德特人或许只是一种不会发声的动物。还有一种可能，原始人类的语言只限于名词的堆砌，表达情感时还需要配以姿态与手势。

没有一种野人会愚昧到不懂得因果关系。然而，原始人类却对因果关系缺乏明断，他们常常弄错事物的因果关系，他们认为“既然你这么做，就会发生这样的事”。比如，你把有毒的草莓给小孩吃，他就会死。再如，你吃掉强大敌人的心脏，就会变得更强大。这两种因果关系中，前者可以成立，后者则是谬论。因此，我们将原始人类的这种因果思维称为“神物崇拜”。神物崇拜只是原始人类的简单科学。它与现代科学的区别在于，它不系统、不准确，而且漏洞百出。

很多情况下，将事物的原因与结果正确地连接起来并不难；但在有些情况下，人类的实践经验会逐步纠正以前的错误思想。但是，有一些关键问题，即使原始人类不断努力去寻求正确结论，答案也往往是错误的，只是这种错误的程度非常轻微，甚至不轻易被察觉。对于原始人类而言，最重要的事情是能否捕捉到猎物和鱼虾，这种欲望使他们不但不愿意质疑神灵的存在性，还通过千百次占卜和祈祷来验证其存在。生老病死是他们特别关心的又一个话题。有时人们会死于瘟疫，有时人们被疾病折磨致死，或者莫名其妙地衰弱下去。这些情形会激发原始人类的烦躁和冲动，促使他们作出一些疯狂举动。幻想和梦境式的猜测使他们对某人、某动物、某种东西作出诅咒或求助。他们像孩子一样，容易恐惧和受到惊吓。

在远古时代的小部落中，那些年长者和具有威望者有时也会幻想和恐惧，但由于他们比普通人更为尊贵，因此往往会保持镇定，还会告诫、教导和命令普通人。他们会宣告什么不可避免，什么不祥，什么是凶兆，什么是吉兆等。最初的祭司是精通“神物崇拜”的巫医，他们主要负责训诫、预言、解梦，还会用复杂的巫术去招福免灾。原始人类的宗教并不是我们今天所敬奉和遵守的宗教，这些早期宗教的祭司，传授的是一种过于自观的原始实用科学。

第 13 章 农耕时代的来临

尽管在最近 50 年里，科学家们花费了大量的精力并进行了广泛的探索，但我们对人类开始耕作和定居的时间仍然知之甚少。有一点可以肯定，公元前 1.5 万~1.2 万年间，当阿济尔人生活在西班牙南部，残存的狩猎部落迁往东方和北方的时候，在北非、西亚或如今被淹没的地中海大峡谷地区，有些人年复一年地做着两种极为重要的事情：耕种庄稼和驯养牲畜。此外，他们不但继承了祖先狩猎用的打制工具，还学着打磨石器。他们不但发明了用植物纤维编织粗糙织物，还学会了制作简陋的陶器。

人类文明发展到了一个新的阶段——新石器时代，它区别于以克罗马农人、格里马迪人和阿济尔人等为代表的旧石器时代。于是，新石器时代的居民前往气候温暖的地带生活；他们精通制作技术，懂得种植物和养动物，还不断地学习模仿，把技术传播到世界各地。约公元前 1 万年，大多数人类都达到了新石器时代的水准。

如今，对于现代人而言，播种、耕地、收割、晾晒以及磨粉等一系列生产流程，都是合情合理的步骤，就跟地球是圆的一样正常。然而，对于 2 万年前的原始人类而言，这并非易事。他们必须经过无数次的尝试和试验，经过无数次的错觉和误解，才能找到有效的方法。在地中海的某些地方曾经长有野麦子，这里的人们在掌握播种知识以前，就已经学会磨麦子当食物。也就是说，播种之前先要学会收获。

世界上有一个特别值得人们关注的现象：哪里有收获和播种，哪里就会发现播种与用活人血祭之间存在着一种紧密联系。对于好奇的人而言，研究这两种原始联系的成因，是一件非常有趣的事。如果有读者对此感兴趣，可以阅读和研究一下 J. G. 弗雷泽爵士的著作《金枝》，那里有你想要的答案。我们必须记住，这种联系只是孩子气的、充满幻想的、迷恋神话的原始人类的幻想，无法用理智的推测诠释。大约 1.2 万~2 万年前，每当播种季节来临，新石器时代的人们都会举行一次血祭活人的仪式。这些用作献祭的人，并不是遭到遗弃或者地位低微的人，而是通过精挑细选的童男或童女。他们在献祭之前，往往受到极好的待遇，甚至被当作神灵受到人们的膜拜。血祭已经演变成一种惯例，主持人是一些年纪较大、具有名望的人。

起初，原始人类头脑中的季节概念很模糊。对于他们来说，确定播种和献祭的时间是一件很困难的事。在某种意义上，早期的人类经验中还没有“年”的概念。最早的纪年方法是阴历计算法。《圣经》中，人们根据阴历纪年法来推算以色列人祖先的年龄；巴比伦人根据阴历 13 个月来估算播种时间，这种方法一直延续至今。如果我们没有因习俗而变得思维呆滞，就会发现：在基督教会上，纪念耶稣受难和复活的日子，都会因月亮的盈亏而有所变动。

最早的农学家是否观察过星象，也许还是一个谜。更有可能的是，最早观测星象的人是游牧民族，他们据此辨别方向。当他们得知观测星象可以确定季节时，星象在农业中的地位就变得越来越重要。播种期间的祭祀与某个重要星星的南移或北移息息相关。于是，原始人类对某颗星星产生崇拜之情并编织神话，就是不可避免的结果。

我们不难看出，在新石器时代早期，那些有知识、有经验、懂得血祭和星象知识的人，是多么重要啊。

原始人类对于污秽的恐惧，以及消除此类恐惧的方法是明智的，促使那些有学识的人拥有了另一种权威，从而出现了男巫与女巫、男祭司与女祭司。与其说最初的祭司是宗教专家，还不如说他们是实用科学家。他们的知识大体上都是错误的经验。他们小心翼翼地保守这些知识，以免被众人所知。但是，他们的职责是将其应用于实际——这是无法改变的事实。

大约 1. 2 万~1. 5 万年前，在所有温暖且水源充足的地方，几乎都会出现新石器时代的群落社会，那里有男女祭司的等级和传统、已开垦的田地、新型村庄和小型城池。年复一年，各个群落间的思想交流越来越多。艾略特・史密斯和利弗尔用“日石文化”来定义这些最早的农耕民族文化。“日石”（太阳和石头）或许不是最妥当的术语，但在科学家尚未找到更恰当的名词之前，我们只能暂时用它。这种文化发源于地中海和西亚的某个地方，并随着岁月的推移逐渐向东蔓延，越过无数小岛，横穿太平洋，最后抵达美洲，与那些来自北方、生活方式更原始的匈奴种族文化相互交融。

“日石文化”熏陶着棕色人种，他们无论走到何处，都会带去一些奇妙的观念和行为。有些思想很怪异，需要心理学家解释才能让人明白。他们建筑金字塔和巨大的墓室，并用巨石设置巨石阵，或许是为了方便祭司们观察天象；他们把死者身体的部分或全部做成木乃伊；他们文身、行割礼；他们有一种古老的习俗叫作“父代母育”，即婴儿出生后，父亲取代母亲在床上坐月子；他们还有象征幸运吉祥的著名的“卐”字饰。

如果我们用黑点来表示这些习俗的传播足迹，并把黑点画在世界地图上，那么沿着温带和亚热带海岸的边缘就会形成一条线，从英国史前巨石阵开始，经过西班牙，横穿世界，抵达墨西哥与秘鲁。不过，在赤道以南的非洲、欧洲中北部和亚洲北部却没有这种黑点，因为这些地区生活着一个完全独立发展的种族。

第 14 章　新石器文化

公元前 1 万年左右，地球的大致轮廓和现在非常接近。当时的情形可能是这样的：穿过直布罗陀海峡的大堡礁因长期遭受侵蚀而逐渐崩溃，在此之前，它曾经阻挡海水流入地中海凹地，让地中海形成了酷似今天的海岸线；当时的里海比今天更为宽阔，或许它与黑海相连，一直延伸到高加索山脉北边。曾经肥沃、富饶且适宜居住的中亚沿海一带，如今已经演变成草原或荒漠。总之，那时的地球更加湿润和肥腴。俄罗斯的欧洲部分曾经是沼泽与湖泊纵横之地。现在被白令海峡隔开的亚洲和美洲之间，可能还有一块连接两者的陆地。

如今所知道的主要人种，可能在那时已经清晰可辨。在温暖且森林茂盛的温带地区和沿海地区，分布着具有日石文化的棕色人种，他们是如今地中海一带居民的祖先，也是埃及人、柏柏尔人以及大部分南亚和东亚居民的祖先。当然，这一人种数量庞大、分支很多。根据这一主要人种的不同价值观念，可以归纳为如下分支：大西洋和地中海沿岸的伊比利亚人，又被称为地中海人或浅黑色人种；闪米特人，包括埃及人和柏柏尔人；达罗毗荼人，包括印度黑人和东印度的大批居民；众多的波利尼西亚人和毛利人种。其中，西方分支的肤色要比东方白。在欧洲中部和北部的森林里，有一类金发碧眼、相貌引人注目的人种，他们正是从棕色人种中分离出来的，被称为“北欧人”。在亚洲东北部的开阔地带，有另外一个棕色人种的分支，他们长着高耸的颧骨、黄色的皮肤、上扬的眼角、乌黑的直发，他们就是匈奴人；在南非、澳洲和亚洲南部的热带岛屿上，还居住着早期黑人的后裔；非洲中部已经成为种族混居的地区。如今，差不多非洲所有的有色人种，都是北方棕色人种与黑色人种的混血后代。

人类种族不像树杈，一旦分开就很难再次集合。我们必须记住，人类的种族可以自由交配，可分离、可混合、可重组，就好比天上的浮云一样。只要有机会，不同人种就会重新组合。我们必须相信这一点，才能避免很多臆断和偏见。有人会随便乱用“人种”这个词，并在此基础上发表十分荒唐的谬论。他们会说“不列颠人种”或“欧洲人种”。可是，几乎所有的欧洲人种都是棕色人、黑色人种、白色人种和匈奴人种的混血后裔。

人类发展到新石器时代，匈奴人种第一次踏上了美洲大陆，他们显然是经过白令海峡，然后渐渐向南扩展的。在美洲北部，他们发现了驯鹿，在南方他们发现了大量野牛。当他们来到南美洲的时候，此处还存活着雕齿兽和大獭兽，前者属于巨大犰狳类，后者的躯体跟大象一样庞大笨拙，因此落得被赶尽杀绝的下场。

大多数美洲部落从来不曾超越新石器时代的狩猎和游牧生活。他们从来不曾发现铁的用途，他们的主要金属工具仅限于天然的金和铜。不过，公元前1000年左右，在墨西哥、尤卡坦和秘鲁，由于环境适宜定居的农耕生活而出现了一种有趣的文明形态，它与旧世界文化齐头并进，却与之截然不同。它与旧世界原始文明的相同点是在播种季节也用活人献祭。不过，在和其他观念的碰撞中，旧世界原始观念或被削弱、或被复杂化、或被埋没，但在美洲地区得到了进一步发展，并达到一种更高的境界。实际上，这些美洲文明国家是祭司统治下的宗教国家；这些国家的战争统领和统治者们也受到宗教戒律和预言的约束。

这些祭司非常擅长纪年。他们在这方面的知识甚至超过将在后文中讲到的巴比伦人。在尤卡坦，他们创造了玛雅文字，这是一种非常奇特与复杂的文字。通过今天对这些文字的解密，我们发现，它们曾经被用来记录复杂而精确的历书，那是祭司们倾注了毕生智慧的书。大约在公元前700~公元前800年，玛雅文明的智慧成果达到了顶峰。这个民族的雕刻技术让现代人惊叹不已，这些作品处处彰显出极强的艺术张力和绚丽的美感。同时，它们也让现代人感到困惑，因为它们的风格不但极其夸张，而且错综复杂、放荡不羁。它们与旧世界的艺术没有任何相同之处。最相近的艺术便是古印度的雕刻，但相似性极小。这些作品中所有的图案都描绘着蛇鸟缠绕的场景。很多玛雅文明的雕刻作品，与其说是旧世界的作品，还不如说是欧洲疯人院中精神病人的夸张涂鸦。玛雅人的精神似乎沿着与旧世界截然不同的轨迹前行，而且观点相悖，根据旧世界的标准，玛雅人的思维完全是非理性的。

这种脱离常规的美洲文明，与一般的精神失常患者的思维很相似，比如他们痴迷于杀人，就可以证明这一点。墨西哥文明中盛行血祭，每年都要屠杀几千人来祭祀。把活人的胸膛剖开，将还在跳动的心脏挖出来，这些行为耗尽了那些诡异的祭司们毕生的精力。公共活动、种族祭典，所有的一切必须伴随着这些荒唐可怕的行为。

这些社会中的普通百姓与其他原始农民的生活极为相似。他们的陶器和织物很精美，染色技术很高超。玛雅文字不仅被刻在石头上，还被涂写在兽皮等物品上。美洲和欧洲的博物馆中收藏了大量的玛雅文书，现代人只能破解其中计算日期的那一小部分。在秘鲁也出现过类似的文字，但后来被打结绳记事法所取代。几千年以前，在中国也曾使用过类似的记事方法。

公元前4000~公元前5000年，在先于玛雅文明三四千年的旧世界中，出现了一种与美洲文明相仿的原始文明，它以神庙为基础，也盛行血祭的传统，还拥有精通星象的祭司。在旧世界里，各种原始文明互相影响，推动文明进程朝着现代文明的方向发展。但是美洲的原始文明从来不曾进步，它们像是井底之蛙，只局限在原始阶段。墨西哥人似乎对秘鲁了解甚少，直到欧洲人来到了美洲。对于秘鲁人的主食土豆，墨西哥更是一无所知。

时光荏苒，这些居民在美洲大陆上忙于生活和祭祀，然后在忙碌中默默死去。这期间玛雅人在装饰艺术方面达到了高超的水准。灾荒、丰收、瘟疫、健康轮流交替。祭司们花费了几个世纪来完善历法和祭祀仪式，但在其他方面进步甚微。

第 15 章　苏美尔、古埃及与文字起源

旧世界较新世界而言，是一个更为广泛和多样化的舞台。在公元前 6000 年或公元前 7000 年，在富饶的亚洲和尼罗河流域出现了一个准文明社会，可与秘鲁文明相提并论。那时，土耳其斯坦西部、阿拉伯南部以及波斯北部都比现在富饶，这些地区还存有早期群落社会留下的遗迹。在地势较低的美索不达米亚平原和埃及，首先发现了寺院、城市、灌溉体系，还有超越简单原始部落的证据。那时，幼发拉底河与底格里斯河各自通过独立的河口注入波斯湾，苏美尔人在两河之间的区域建立起第一座城市。几乎在同一时期（具体时间并不确切），埃及也开始了其伟大的历史。

这些苏美尔人有着棕色的皮肤和高耸的鼻子。他们使用的文字，如今已经被破译。他们所说的语言，今天也能够听得懂。他们不仅知道制作青铜器的方法，还懂得将砖块晒干，用以建筑高大的塔状寺庙。他们的文字被很好地保存到现在，因为文字被写在优质的黏土上。他们已经开始饲养牛、绵羊、山羊和驴子，但还没有养马。他们徒步作战，作战时队形密集，还拿着长矛和皮制的盾牌。他们用羊毛做衣服，还会理发。

几乎所有的苏美尔城市都是独立的城邦，它们有自己的神灵和祭司。但有时，一个城市因为具有某种优势而掌控着另一个城市，并要求它的臣民进贡。尼泊尔的一个古碑上记载的苏美尔伊勒克城市帝国，是记载中最早的帝国。这个国家的神灵和祭司国王统治着从波斯湾到红海的广大区域。

起初，文字只是用来记事的简单图画。甚至在新石器时代之前，人类就开始使用这种文字了。前文中提到的阿济尔人的岩画，可以说是人类文字的起源。大部分岩画所记载的内容都是远征和狩猎的情形，其中的人物形象大都以简单的线条勾勒而成。在某些图画中，只是用一两条横线和竖线来代表人，并没有展示头部和肢体的完整形象。从这种画到象形文字，是一个简单的演变过程。苏美尔人用小木棍在黏土上写下文字，不久，这些文字就变得模糊不清，

让人难以辨认其要表达的意思。而埃及人把文字写在墙壁和莎草（最早的纸）上，人们很容易临摹他们的文字，因此这些文字便得以保存。苏美尔人的文字都呈楔形，因此得名“楔形文字”。

当图画不再表示某个实物，而演变成表示类似的物体时，人类的文字文明便迈出了重要的一步。如今适龄儿童喜爱的画谜，就是出自这样的表现方法。比如，画一个营地，营地的帐篷（camp）上挂着铃铛（bell），孩子们就会高兴地猜想，Campbell 是一个苏格兰人的名字。苏美尔人的语言是用音节堆砌而成的语言，与今天美洲印第安人的语言十分相似，这种语言的优势就是能够通过音节来诠释图像无法表达的意思。与此同时，埃及的象形文字也得到了相应的发展。起初，其他民族的语言没有确切的音节，后来也开始学习并使用这些象形文字，并进行了一系列的调整、修改与简化，最终发展成为字母文字。实际上，后来各个国家使用的字母文字，都是源自埃及的象形文字（祭司文字）和苏美尔人的楔形文字。在中国，也曾出现过通用的象形文字，只是没有发展成字母文字。

文字的发明在人类社会的发展过程中有着相当重要的意义，它被用来记载契约、法律和法令。文字的发明可以扩大城市的范围，也可以让历史意识不断延读。它让祭司和皇帝的命令与印章能够抵达声音和眼力无法触及的地方，甚至在他们死后继续发挥作用。远古的苏美尔人流行使用印章，这是一件非常有趣的事情。国王、贵族或商人让人将自己的印章雕刻得十分精致，并把它加盖在自己授权的黏土文书上。黏土被晒干后变得十分坚硬，可以永久保存。可以说，早在 6000 年以前，人类的文明就与印刷术密切相连了。读者们一定还记得，在漫长的岁月中，美索不达米亚平原上所有的信件、账目以及记录都是记载在不易损毁的黏土上的。由此，我们才可以获得大量的历史知识。

在很久以前，苏美尔人和埃及人就已经知道青铜、铜、黄金、白银，以及作为罕见珍宝的陨铁。

最早的古城居民的日常生活与苏美尔、埃及非常近似。除了街上有驴子和牛外，这种生活与三四千年后的美洲玛雅城没有太大差距。在和平时期，大多数老百姓都忙碌于农耕和浇灌——宗教节日除外。他们没有钱，也不需要钱，只是偶尔进行小型的交易活动。贵族和统治者也只是偶尔用金条、银条和贵重宝石进行交易。神庙支配着百姓生活。在苏美尔，神庙是塔状的建筑，站在塔顶上能观测星象；埃及的神庙则是宏伟的单层建筑。在苏美尔，祭司是最伟大、最显赫的群体；然而在埃及，有一个人的地位高于祭司，他是该地区主神的活化身，也是诸神之王——法老。

在那个年代，世界很少发生变化。人们在烈日下辛勤劳作，常年过着循规蹈矩的生活。几乎没有陌生人闯入他们的生活，即便有人闯入，外来者也会生活不习惯。祭司根据太古的律法指导着人们的生活，通过观察星象来确定播种季节，还挑选祭祀的良辰吉日，解释梦中的预兆。人们劳作、恋爱、死去，没有痛苦，忘却了本民族过去的野蛮史，对民族的未来也漫不经心。有时，他们会遇上和蔼善良的君主，比如统治埃及长达 90 年的佩比二世。有时，他们又会遇上野心勃勃的君主，他强制百姓的儿子去服兵役，让他们去攻打邻国、抢夺财宝，或者让他们服苦役、建大楼，比如基奥普斯、迈锡林斯、基弗林等，他们让人修建了规模宏大的陵墓群，即坐落在吉萨的金字塔。最大的金字塔高达 450 英尺，使用的巨石重达 488. 3 万吨。这些石头通过尼罗河船运，并由人力搬运到那里。对于埃及来说，这种大兴土木的工程比一场大规模战争更为劳民伤财。

第 16 章　原始的游牧民族

公元前 6000～公元前 3000 年间，人类开始了定居生活，他们在尼罗河和美索不达米亚平原耕种庄稼、建造城镇。他们告别四处漂泊的生活与艰辛的游猎生涯，一年四季都有稳定的食物来源，还有灌溉的田地，过着安居乐业的生活。亚述人在底格里斯河上游建立了自己的城市；在小亚细亚河谷以及地中海沿岸和岛屿上，有些小型部落开始走向文明。与此同时，印度和中国的某些先进区域也正迈开人类文明的步伐。在欧洲众多渔业资源丰富的地方，小型群落在浩渺的湖泊上搭起了房屋，以渔猎来弥补农耕的不足。然而，旧世界中绝大部分地区并不适宜定居。当时的陆地条件严酷，森林密布，土地干旱贫瘠，气候变化无常，只会使用原始工具而缺乏科学知识的人类无法生存下去。

在原始文明的条件下，人类只有在水源充足、气候温暖、阳光充沛的地区才能定居下来。如果条件不够完备，人们只能暂住在一个地方，过着狩猎生活，或随季节迁徙过着游牧生活。从狩猎生活转变到游牧生活，可能是一个漫长的过程。在亚洲，人类在追赶成群的野牛或野马时，可能已经萌发了将其占为己有的念头，并懂得将马和牛关进山谷中，使它们免受野狼、野狗与其他食肉动物的侵害。

原始的农耕生活在大河谷中渐渐兴起，同时还出现了游牧生活——即在夏季和冬季牧场之间不断迁徙的生活方式。总之，游牧生活的艰苦程度远远超过农耕生活。他们人口稀少，繁殖能力薄弱；他们没有固定的神庙，也没有完善的祭司阶层；他们也没有足够的工具。但是读者千万不要认为他们当时的生活方式很落后。在很多方面，这种自由的生活比农耕生活更为充实。每个个体并不只是集体中的一员，而是更具独立性；首领的地位更加重要，巫医则显得无足轻重。

游牧民族遍历广阔的区域，眼界十分开阔。他们接触过安居民族的生活，习惯于结识新面孔；他们不得不与其他部落进行协商和交涉，以保住自己的牧场；他们比农民了解更多的矿石知识，因为他们需要翻山越岭，进入有岩石的地方。或许他们已经是优秀的冶炼专家，或许就是他们发明了冶炼术，尤其是炼铁技术。在中欧地区发现的一些从矿石中提炼出来的铁器，就产生于人类早期文明之前。

同时，定居的农民学会了纺织、制作陶器以及其他的必需品。农民与牧民的生活方式各异，因此两者之间不可避免地产生了争夺和交易。尤其在苏美尔地区，一边是季节性耕地，另一边是沙漠荒地，游牧民族常常在耕地附近驻扎营寨，与农民进行贸易往来，有时还偷盗和诈骗，就像今天吉卜赛人的勾当。但是他们偷不到鸡，因为在印度丛林中，鸡原本是一种飞禽——直到公元前1000年，才成为家禽。他们常常带来宝石、金属与皮革（如果是猎人，他们会带来野兽的皮），用来交换农民的陶器、串珠、玻璃、衣服和其他物品。

在原始文明的遥远年代，古埃及和苏美尔有3个主要地区和3个主要种族，以半漂泊、半定居的方式生活。在遥远的欧洲丛林，生活着肤色白皙的北欧人，他们以狩猎和游牧为生，较为低级。在公元前1500年以前的原始文明中，这个种族并不为众人所知。在遥远的东亚草原上，生活着蒙古部落的一个分支——匈奴人，他们驯养野马，还形成在冬季和夏季进行季节性大迁徙的习惯。当时，北欧人和匈奴人或许彼此不相往来，因为比现在更为广阔的俄罗斯沼泽和里海阻隔着他们。那时，俄罗斯的大部分区域都是沼泽与湖泊。在日趋干燥的叙利亚和阿拉伯沙漠上，生活着浅肤色和棕色皮肤的闪米特人，他们正在各个草场之间忙着驱赶山羊、绵羊和驴子。这些闪米特人和来自波斯南部皮肤黝黑的埃兰人，就是最早与原始文明亲密接触的游牧民族。他们既是贸易商，又是掠夺者。后来，他们当中出现了更有胆识与远见的首领，成为了征服者。

公元前2750年左右，一位伟大的闪米特首领萨尔贡征服了苏美尔全境，以及从波斯湾到地中海的大片疆域。萨尔贡本人是个目不识丁的蛮族首领，但他的子民阿卡德人掌握了苏美尔文，还将苏美尔语定为官方和学界的语言。两个世纪以后，萨尔贡建立的帝国走向衰亡。埃兰人入侵之后，一支新兴的闪米特人——亚摩利人取得了苏美尔的统治权。他们的首都建立在一个名叫巴比伦的傍河小镇上，这个帝国就是“第一巴比伦帝国”。帝国在汉谟拉比国王时代得以巩固，伟大的汉谟拉比制定了历史上最早的《汉谟拉比法典》。

狭长的尼罗河流域不如美索不达米亚平原那样地形开阔，牧民入侵起来困难重重。但是，到了汉谟拉比时代，闪米特人征服了埃及，建立了法老掌权的

“希克索斯王朝”，也称“牧人王朝”，该王朝持续了几个世纪之久。这些闪米特人一直不被埃及人所接纳，他们总是被敌视为外族或蛮族。公元前1600年，他们最终被埃及人驱逐出境。

然而，闪米特人对苏美尔人的影响是极为深远的。这两个种族彼此同化，巴比伦帝国的语言和特征都刻有闪米特人的烙印。

第 17 章　最初的航海者

最早的船舶使用时间要追溯到 2.5 万～3 万年以前。最迟在新石器时代早期，人类已经可以坐在一段木头或者充气兽皮上进行水上航行了。从已知的最早年代起，苏美尔人和埃及人就已经学会把兽皮缝合起来做成篮状的小船。如今，世界上某些地方仍然使用这种小船。例如在爱尔兰、威尔士和阿拉斯加，人们用海豹皮做成小船横渡白令海峡。后来，人类的造船技术进一步提高，研制出了空心独木舟。接着，小船和大船都相继诞生。

诺亚方舟的传说也许是为了纪念人类最早造船的壮举，它与民间广为流传的洪水故事一样，起源于地中海。

红海上最早船舶的出现时间远远早于金字塔。公元前 7000 年，地中海和波斯湾也开始出现了船舶。当时，海上的船舶大部分是渔船，只有极少数的商船和海盗船。根据我们对于早期人类的研究结果，几乎可以肯定地认为，最早的航海者通常以掠夺为生，只有在不得已的情况下才会进行商贸交易。

最早的船舶只在风浪很小或者没有风浪的内陆海面上航行，因此帆船并没有得到充分发展，只是起到了辅助作用。直到最近的 400 年，那些适于在海洋中航行的、装备完善的大帆船，才渐渐发展起来。古代的大帆船依靠木制的船桨划动而前行，且都是沿着海岸线航行，一旦遇上恶劣天气，就能迅速撤进港口。当小船发展成为大帆船后，战俘就成为划船的奴隶。

前文中讲到了闪米特人在叙利亚和阿拉伯地区的游牧生活，以及他们如何征服苏美尔人、建立阿卡德王国和“第一巴比伦帝国”。在西方，这些闪米特人也曾经在海上出没，并沿着地中海东海岸建起很多港口，最主要的两大港口是蒂尔港和西顿港。在巴比伦的汉谟拉比国王在位期间，闪米特人在整个地中海地区频繁活动，他们的主要身份是商人、流浪者和殖民者。这些海上的闪米特人又被称为腓尼基人。他们大多数定居在西班牙，将古伊比利亚半岛上的巴斯克人驱逐出境，还组织远征军沿着海岸线穿过直布罗陀海峡，在非洲北海岸建立了不少殖民地，比如迦太基，我们将在后文中给予详细描述。

但是，在地中海水域，腓尼基人不是最先拥有大帆船的民族。在地中海岛屿和沿岸，早已出现了很多城镇和城市，他们无论是在语言上还是在血缘上，都跟南边的柏柏尔人、西边的巴斯克人与埃及人有着亲缘关系，他们就是爱琴人。爱琴人是希腊人的前身，希腊民族很晚才进入人类历史，不要将爱琴人和希腊人混为一谈。爱琴人在希腊和小亚细亚建立了自己的城市，如迈锡尼和特洛伊，还在克里特岛的克诺索斯建造了宏大辉煌的建筑物。

直到最近半个世纪，考古学家经过艰辛的发掘，才得知爱琴人的势力范围和文明程度。令人欣慰的是，在这个远古城市的废墟上，后来不曾建造过大型城市，因此大多数古迹得到了完整保存，为现代人探索这个曾经被遗忘的文明提供了主要源泉。

克诺索斯和埃及一样，也有着悠久的文明史。公元前 4000 年左右，两者在海上进行着频繁的贸易。直到公元前 2500 年，即从萨尔贡一世时代到汉谟拉比时代，克里特文明达到了巅峰。

与其说克诺索斯是一个城镇，不如说它是克里特君主和人民的大宫殿，它甚至没有设立城墙。后来，腓尼基人的队伍不断强大，再加上新兴的、日益猖獗的希腊海盗从北方渡海而来，克诺索斯才不得不修建了城墙。

埃及人把君主称为法老，而克里特人则把君主称为米诺斯。米诺斯住在豪华的宫殿里，里面安装着其他遗迹中罕见的自来水、浴室及其他各种舒适的设备。米诺斯经常在宫殿举行大型的祭祀典礼和表演。那时还有斗牛比赛，类似于今天西班牙盛行的斗牛比赛，两者的斗牛服饰都很相似，他们的绝技表演也很相近。那时，妇女的服饰已经相当时尚，她们穿上了百褶裙和紧身胸衣。无论是象牙、珠宝、金属制品，还是陶瓷、绘画、纺织品、镶嵌饰品，克里特人都制作得异常精美。他们还有着自己的文字体系，遗憾的是，我们至今都无法将其破译。

这种幸福、阳光的文明生活延续了很多个世纪。公元前 2000 年左右，克诺索斯和巴比伦的人民过着安居乐业的生活，他们经常举行盛会和宗教仪式。在家中不但有奴仆帮他们打理家务，还有奴隶为他们劳作。在阳光普照、碧水蓝天的环境中，克诺索斯人生活得非常安宁、祥和。与此同时，埃及人正处在半开化的“牧人王朝”统治时期，面临着衰退危机。对政治感兴趣的读者不难发现，那时的闪米特人正在四处扩张——他们征服了埃及，控制了巴比伦，在底格里斯河上游建立了尼尼微城，向西航行至直布罗陀海峡，在遥远的海岸开辟殖民地。

克诺索斯出现过很多思维敏捷、喜好探险的人。在希腊人中间流传着一位能工巧匠——达罗斯的传说，他曾经试图制造类似滑翔机的飞行器，可惜坠毁在大海中。

克诺索斯人和现代人在生活上相差很大，对二者进行比较是一件很有意思的事。公元前 2500 年，对于克里特绅士而言，铁是一种来自天外的稀有金属，更谈不上知道其实用价值了——他们只知道陨铁，却不知道如何从矿石中提炼铁。相比之下，如今世界上到处都有钢铁。对克里特人来说，马也颇具传奇色彩，那时的马是遥远的黑海以北的荒野中生活的优等驴子。在他们看来，文明主要存在于爱琴海和小亚细亚，那里的迦利亚人、吕底亚人与特洛伊人的语言与他们的语言相同。西班牙和北非有腓尼基人和爱琴人生活，但是他们认为那些都是十分偏僻的地方。那时的意大利依然是一片丛林密布的荒野，棕色皮肤的伊特鲁里亚人从来不曾踏上意大利的领土。假如有克里特绅士来到码头，一定会被眼前白皮肤、碧眼睛的俘虏而吸引。也许绅士会试着跟对方聊天，可惜听到的只是一些莫名其妙的胡言乱语。这位俘虏可能来自一个比黑海更遥远的地方，看上去完全是一个未开化的蛮族人士。事实上，他是雅利安人，关于这个民族和它的文化，我们会在后文中详细介绍。俘虏口中的胡言乱语，正是后来分化成梵语、波斯语、希腊语、拉丁语、德语、英语以及世界上大多数语种的母语。

这就是处于黄金时代的克诺索斯人，他们智慧、进取、聪明、快乐。可惜的是，公元前 1400 年左右，这片土地上降临了一场突如其来的灾难。米诺斯的宫殿遭到毁灭，从此，这里再也没有新的建筑，也没有人类在此生活过。我们至今无法知道灾难是如何发生的，科学家们只发现了一些遭受掠夺与焚烧的痕迹，以及一场毁灭性地震的迹象。也许是大自然毁灭了克诺索斯，抑或是希腊人在地震之后坐收了渔翁之利。

第 18 章　埃及、巴比伦和亚述

埃及人从来没有心甘情愿地服从过闪米特人“牧人王朝”的统治。公元前 1600 年左右，埃及人掀起了一场轰轰烈烈的爱国运动，将这些外来入侵者驱逐出境。接着，埃及迎来了一个复兴时期，埃及学家称其为“新帝国”。埃及，这个在希克索斯王朝入侵以前尚未统一的国家，终于完成了统一大业。这段被征服的混乱岁月激发了他们的熊熊斗志，法老们变成了野心勃勃的征服者。他们成功地掠夺了希克索斯王朝的战马与战车。在阿米诺菲斯三世和托多美斯三世执政时期，埃及势力扩展到了亚洲的幼发拉底河流域。

下面要讲述一场历时千年的战争——曾经彼此隔绝的美索不达米亚文明和尼罗河文明之间的战争。战争伊始，埃及占了上风。曾经繁盛一时的王朝——第十七王朝，包括托多美斯三世、阿米诺菲斯三世和四世以及哈达苏女王统治时期；第十九王朝（被誉为“摩西法老”），即执政 67 年的拉美西斯二世统治时期——引领着埃及走向昌盛。在此期间，埃及也经历过几次衰落，先是被叙利亚人征服，后是被南方的埃塞俄比亚人控制。美索不达米亚平原在被巴比伦人统治之后，赫梯人和大马士革的叙利亚人也曾短暂地占领过。叙利亚人一度征服了埃及。生活在尼尼微城的亚述人的命运跌宕曲折：有时尼尼微城被控制，有时亚述人又统治着巴比伦，同时还要入侵埃及。由于篇幅有限，我不能在此详细讲述埃及军队与小亚细亚、叙利亚、美索不达米亚的闪米特人之间的交锋故事。这些军队已经有了大批战车，那时的马匹依然仅使用于庆功宴会上，尽管它已经从中亚传到古代文明地区。

在那个遥远的时代，出现过几位转瞬即逝的伟大征服者，比如米坦尼的国王塔楚拉达曾征服过尼尼微城；亚述王提革拉特·帕拉萨一世，曾征服过巴比伦。最后，亚述人成为当时军事力量最强大的民族。公元前 745 年，提革拉特·帕拉萨三世征服了巴比伦，并建立了历史学家所谓的“新亚述帝国”。这时，铁已经从北方传到文明地区。亚美尼亚人的先驱赫梯人首先学会了使用铁，并且把此技术传给了亚述人。萨尔贡二世篡夺了亚述的王位，开始用铁制武器武装军队。亚述成为第一个信奉铁血主义的强权国家。萨尔贡的儿子辛那赫里布曾经率军入侵埃及，但以失败告终，不是因为军事失利，而是遭遇了瘟疫。公元前670年，辛那赫里布的孙子亚述巴尼拔（历史上以希腊名字“萨尔达纳布鲁斯”而著称）征服了埃及。然而，此时的埃及已经屈从于埃塞俄比亚王朝的统治之下，萨尔达纳布鲁斯只是取而代之的征服者而已。

有关这段历时千年的悠悠岁月，如果有一系列的各国政治版图可供查询，我们就会发现：埃及如同一条在显微镜下时大时小的变形虫；巴比伦人、亚述人、赫梯人、叙利亚人等闪米特国家，时而相互吞并、时而相互分离；在小亚细亚的西边，爱琴人建立起一些小国家，比如都城为萨底斯的吕底亚、迦利亚等。公元前1200年或更早，一连串新兴民族的名字从东北和西北陆续进入了旧世界版图。他们很可能是某些未开化的部落，但已懂得使用铁制兵器和马拉战车。他们侵扰着北方边界的爱琴人和闪米特人。他们说不同的语言，但这些语言可能都源于雅利安语。

波斯人和米提亚人来到了黑海和里海东北部附近。根据历史记载，人们曾经将他们与萨尔马提亚人、斯基泰人混为一谈。亚美尼亚人从东北或西北来到这里，弗里吉亚人、西米里人和古希腊部落经过西北部的水路屏障，穿过巴尔干半岛来到这里。这些来自东部或西部的雅利安人都是城市的入侵者，他们是有着亲缘关系的同族牧民，也是彪悍的强盗。在东部，他们只是打劫边民，在西部他们则攻打城市，驱赶文明的爱琴人。爱琴人备受压迫，只得在雅利安人的势力范围之外寻求新的家园。一部分爱琴人在尼罗河三角洲寻求安定的生活，却受到埃及人的攻打；一部分伊特鲁里亚人大概是从小亚细亚渡海，在意大利中部的丛林旷野中建立了一个国家；还有一部分在地中海的东南海域建立起自己的城邦，他们就是后来历史上著名的腓里斯丁人。

这些强行闯入古代文明领地的雅利安人，我们将会在后面的章节中详细介绍。在此，只简单介绍这个古代文明区域的动荡和迁徙情况。公元前1600~公元前600年，这些雅利安蛮族从森林和荒原的北部走出来，不断地向前入侵，从而导致了该区域的变迁。

在后面的章节中，还会介绍生活在腓尼基和腓里斯丁海岸附近山区的闪米特族的一个小分支——希伯来人。在这一时期接近尾声时，他们开始登上历史舞台并崭露头角。他们创作了一部对历史产生深远影响的重要文献，也是集历史、诗歌、箴言、预言于一体的经典之作，即《圣经》。

直到公元前600年，雅利安人的入侵才让美索不达米亚和埃及发生了本质的改变。对于埃及人和巴比伦人来说，希腊人之前的爱琴人大逃亡和克诺索斯的毁灭都看似一场场十分遥远的灾难。在这些文明的发祥地，王朝更迭，年复一年，但人类历史的主流依然向着更高级、更复杂的方向缓慢发展。在埃及，见证古代辉煌的建筑不断涌现——金字塔已经存在了3000年，成为现代游客的游览胜地——还有很多新兴的宏伟建筑，特别是在第十七王朝和第十九王朝时代。卡纳克和卢克索大神庙就是这一时期的杰作。尼尼微城所有主要的古迹，如大寺院、有翅膀的人首牛身像、帝王与战车猎狮等浮雕，都是在公元前1600~公元前600年完成的作品。这个时期是巴比伦历史上最辉煌的时期。

我们在埃及和美索不达米亚发现了很多官方记录、商业账目、故事、诗歌和私人信件。从这些遗迹中可以看出，当时巴比伦和埃及底比斯等地的富豪和显赫人物，几乎和现代的富豪一样奢华。他们穿着华贵的衣服，住着豪华的宫殿，过着极有排场的生活；他们经常聚会，举行欢宴，借歌舞来消遣助兴；他们有训练有素的仆人伺候，还有专门的医生和牙医来治病；他们不经常旅行，也很少出远门，夏天总是在尼罗河和幼发拉底河上泛舟游玩；驴子是可以载重的动物，而马匹只用于战车和国家庆典；骡子是稀罕之物，而骆驼——虽然美索不达米亚的人们曾经听说过，但还没有传入埃及。当时铁器很少见；铜和青铜是主要的金属；质地精良的亚麻布、棉织品和毛织物都已出现，但是还没有出现丝绸；玻璃已经出现，色泽也很漂亮，但玻璃制品都是些小件物品；还没出现有透明的玻璃，也没有用玻璃来制作眼镜；人们已经开始镶金牙，但还没学会在鼻梁上架眼镜。

古代底比斯和巴比伦的生活与现代生活的一个最大区别，就是当时尚未出现铸币，大部分的交易依旧是物物交换。巴比伦的金融远比埃及进步，金和银已被铸成金锭和银锭，并用于交换物品；在铸币出现之前，巴比伦就有了银行家，他们将自己的名字和金属的重量刻在金属块上。商人和旅行者随身带在身上，以便在途中交换生活必需品。佣人和工人大多是奴隶，没有必要向他们支付工钱，给少许实物即可。随着货币的出现，奴隶制度也走向衰落。

如果能够重返这些黄金时代的古老城市，人们一定看不到这两种重要食品：鸡和鸡蛋。一名法国厨师是无法在古巴比伦享受厨艺乐趣的，因为大约在亚述帝国末朝，鸡和鸡蛋才从东方传到那里。

这一时期，宗教也得到了巨大的发展。比如，人们开始用动物或面包假人来取代活人祭祀（但是腓尼基人，特别是非洲大量殖民地的迦太基市民，仍然用活人祭祀，所以受到了后人的谴责）。按照传统惯例，远古时代的大首领去世后，为了让他在阴曹地府也同样有人伺候，会让他的妻子和奴隶来陪葬；为了不让他手无寸铁，还要折断长矛、弓箭等物品放进墓里。埃及沿袭了一种丧葬习俗——把商铺、奴隶、牛羊以及房屋的模型放入坟墓给死者陪葬。这些模型栩栩如生地展现了3000年前甚至更早的安定、文明的生活情形。

这就是雅利安人从北部和平原地带南侵之前的古代世界场景。与此同时，印度和中国也发展起来。在这两个地方的大河谷中，棕色人种的农耕城市迅速而平稳地壮大起来。但印度的城市似乎不像美索不达米亚和埃及那样迅速发展与统一，而是与苏美尔和美洲的玛雅文明水平更为接近。中国的历史依然有待中国学者去完善，并摒除其中传说的成分，不过那时的中国可能比印度更为进步。中国的商朝和埃及的第十七王朝处于同一时期，商朝的皇帝统治着组织松散的诸侯国。这些古代帝王的第一要务就是举行季节性祭祀典礼。现在中国还保存着商朝的青铜器，就其精美程度而言，在青铜器出现之前的几个世纪里，中国就已经迈入文明社会了。

第 19 章　原始的雅利安人

4000 年以前，即公元前 2000 年左右，欧洲的中部和东南部以及中亚地区的气候或许比现在更加温暖、湿润，树木也更为茂盛。在这些区域流浪着一支由金发碧眼的北欧人构成的部落，他们从莱茵河迁徙到里海，各种族之间往来密切，使用的语言源身同一母语。那时，他们人口不多，汉谟拉比统治下的巴比伦和饱尝异族入侵的埃及，都没有注意到他们的存在。

这些北欧人民注定要在世界历史上扮演重要角色。他们生活在草原和丛林的开阔地带。起初，他们没有马，只有牛。需要迁徙的时候，他们就把帐篷和其他生活用品放在简易的牛车上；定居的时候，他们就用泥巴和树枝搭起小房子。重要人物死后会实行火葬，而不是像浅黑人种那样举行土葬仪式。他们将重要人物的骨灰收集起来装进瓮中，再把瓮埋在圆形的大坟堆中，这就是“圆形古坟”，在北欧随处可见。他们的先人浅黑人种却不用火葬，而是让死者端坐着，葬在长方形的坟堆中，这就是“长形古坟”。

虽然雅利安人学会了种植小麦和用牛耕地，但没有因此过上定居生活。每当收获结束，他们就开始迁徙。当时，他们已经开始使用青铜。公元前 1500 年左右，又有了铁，也许他们就是炼铁技术的发明者。大概在同一时期，他们有了马匹，但只是用来运载货物。他们的生活不以神庙为中心，他们的首领是领导者而不是祭司，这一点和地中海沿岸的居民不一样。他们实行贵族制，而不是宗教和帝王制度。很早之前，他们就将家族分化成领袖阶层和贵族阶层。

这是一个很擅长唱歌的民族，他们在漂泊的过程中举行欢宴。在宴会中，渐渐地发展出一种专职歌者，即吟游诗人。他们起初没有文字，直到接触文明社会之后才有了文字，吟游诗人的说唱就是他们活的文学。这种用于娱乐的吟唱形式对语言的发展起到了巨大的作用，并发展成为表达情感的工具。在某种程度上说，后来雅利安语派生出来的各种语言占据主导地位，显然要归因于此。每一个雅利安民族的人都习惯于把他们的传奇历史融入吟游诗人的朗诵诗、叙事诗、长篇传奇和吠陀经——这些只是它们的不同叫法。

雅利安人在社会生活中以首领家族为中心。他们为首领建造宽敞的木质房屋，周围有圈养家畜的小屋，还有坐落在远处的畜牧场。但是对于大多数雅利安人来说，首领宽敞的房屋是全族人公共活动的中心，大家在这里举行宴会，聆听吟游诗人的歌声，参加娱乐活动，商讨民生大计。晚上，首领和家属躺在大厅的高台上睡觉，普通人则随地而卧，酷似现在的印度家庭。部落中，除了武器、装饰品、工具等个人物品外，剩下的全部属于公共财产，就像族长制的共产社会。部落首领为了大家的共同利益而管理着家畜和牧场，河流和森林则无人占有。

在美索不达米亚和尼罗河流域的文明繁荣发达之时，这就是雅利安人的大致生活。他们的足迹遍布中欧和亚洲中西部，在耶稣诞生前的2000年，他们开始崇尚“日石文化”，侵略的民族包括法兰西、不列颠和西班牙。他们兵分两路向西挺进。第一支队伍拿着青铜武器入侵不列颠和爱尔兰。他们消灭和制服了那些曾经在布列塔尼的卡纳克神庙中建造石碑和在英格兰建造史前巨石阵的民族，最终抵达了爱尔兰。他们就是“盖尔·凯尔特人”。第二支队伍与第一支队伍血统相近，很可能混杂着彼此的种族，他们把铁传入大不列颠。他们就是“布立吞·凯尔特人”。威尔士人的语言就是从他们的语言演变而来的。

这些同宗同族的凯尔特人民继续向南挺进，入侵西班牙，他们不但与当时统治西班牙、崇尚“日石文化”的巴斯克人交往，也和闪米特族的腓尼基侨民往来。与其他各部落关系十分融洽的意大利人迁徙到树木茂盛的荒野之地，即意大利的亚平宁半岛。他们并非经常征战。公元前8世纪，古罗马登上了历史舞台，起初它只是台伯河畔的一个商业小镇，雅利安族的拉丁人定居于此，但统治者是伊特鲁里亚的贵族和国王。

雅利安人的另一个分支，也有过类似向南挺进的经历。公元前1000年之前，这些说梵语的雅利安人就已经穿越西部进入印度北部了。他们在那里接触到浅黑色人种的原始文明——达罗毗荼文明，并学到了很多知识。其他雅利安部落的活动范围已经扩展到中亚的广大山区，并蔓延到他们今天居住区的东边。如今的东土耳其斯坦还生活着金发碧眼的北欧人，但是他们说的是蒙古语。

公元前1000年左右，在里海和黑海之间生活的古赫梯人，已经屈服于亚美尼亚人的统治，并被“雅利安化”了。巴比伦人和亚述人已经意识到，东北边境有一支英勇好战、强悍威猛的蛮族正在崛起，其中最赫赫有名的是斯基泰人、米提亚人和波斯人。

然而，当雅利安人穿越巴尔干半岛之后，首次对准旧世界文明的心脏进行重重一击。公元前 1000 年之前的几个世纪里，他们南下进入了小亚细亚。在最早来此的种族当中，弗里吉亚人最受瞩目，后来陆续南下的种族有伊奥里斯人、爱奥尼亚人以及多利安希腊人。直到公元前 1000 年，他们彻底消灭了生活在希腊本土和大部分希腊岛屿上的古爱琴人。他们毁灭了迈锡尼城和科林斯城，克诺索斯也几乎被人遗忘。公元前 1000 年以前，希腊人开始向海上发展，定居在克里特岛和罗兹岛。他们根据腓尼基人在地中海海岸建立商业城市的模式，在西西里岛和意大利南部建立起很多殖民地。

当提革拉特·帕拉萨三世、萨尔贡二世和萨尔达纳布鲁斯统治亚述，并对巴比伦、叙利亚和埃及发动战争时，雅利安民族接受了文明的熏陶，并在意大利、希腊和波斯北部创造了自己的文明。在公元前 900 年以后的 6 个世纪中，世界历史的主题就是雅利安人如何发展、如何崛起，以及如何征服闪米特人、爱琴人和埃及人等。从表面上看，雅利安人大获全胜，但是雅利安人在掌权后的很长一段时间里，还在继续与埃及人、闪米特人进行意识形态上的斗争，这种斗争贯穿了此后的整个历史，如今仍然以某种形式继续存在。

第 20 章　最后的巴比伦帝国与大流士一世帝国

在前面已经提到过，在提革拉特·帕拉萨三世和篡位者萨尔贡二世的统治下，亚述摇身一变成为一个军事强国。萨尔贡并非原名，他采用这个名字是为了迎合被征服的巴比伦人的心理，他认为如此一来可以勾起巴比伦人对 2000 年前的阿卡德帝国创始人萨尔贡一世的思念。尽管巴比伦是一个被征服的城市，但与尼尼微城相比，它人口众多、位置优越，因此它的伟大神灵柏尔·马杜克、商人和祭司都必须得到征服者的善待。公元前 8 世纪，在美索不达米亚平原上，劫掠残杀俘虏的野蛮时代已经一去不复返。征服者们为了赢得被征服地区的民心，开始实行怀柔政策。新亚述帝国在萨尔贡二世去世之后，还维持了一个半世纪。在前面已经提过，后来亚述巴尼拔（即萨尔达纳布鲁斯）至少占领了下埃及地区。

但是，亚述帝国失去了往日的繁荣，开始走下坡路。最后，在法老萨姆提克斯一世统治时期，埃及人经过艰苦斗争赶走了征服者。在尼科二世时期，埃及人开始计划征服叙利亚，叙利亚当时正与邻国交战，无暇大规模抵抗。与此同时，美索不达米亚东南部的闪米特族中的迦勒底人，以及雅利安族的波斯人、米提亚人联合起来，从东北方向入侵尼尼微城。公元前 606 年，他们占领了尼尼微城，人类也正是在这一年获得了相对准确、可供考证的纪年表。

征服者们对亚述帝国进行了瓜分。在塞阿克里斯的统治下，米提亚人在亚述北部建立了新帝国，将尼尼微城纳入自己的领土，将埃克巴塔那设为首都，疆域一直向东抵达印度边境。它的南边是一个版图为新月形的国家迦勒底帝国，即第二巴比伦帝国。在尼布甲尼撒大帝统治时期，第二巴比伦帝国的财力和国力都非常强盛。对巴比伦来说，这个时期是最后的光辉岁月。这两个帝国之间曾经和平共处，尼布甲尼撒大帝还将女儿嫁给了塞阿克萨里。

与此同时，尼科二世向叙利亚发动了战争，并轻而易举地将其征服。公元前 608 年，在米吉多战争中他赢得了胜利，并杀死了犹太国王约西亚。有关这个小国的历史，我们会在后面的章节中加以详述。后来，他率领大军进攻幼发拉底河流域，目标不是衰落的亚述，而是崛起的巴比伦。但是，迦勒底人与埃及人进行了顽强的斗争。最终，尼科二世大败，只好撤回埃及，巴比伦乘胜追击，将领土扩展到了埃及边界。

公元前 606～公元前 539 年间，第二巴比伦帝国在动荡的局势中日趋强大。它的日益昌盛，得益于它和北方强盛的米提亚帝国之间的和睦关系。在这 67 年的时间里，这座古城不仅经济繁荣，文化上也取得了巨大成就。

在亚述帝王的统治下，特别是在萨尔达纳布鲁斯统治时期，古巴比伦一直是文化活跃之地。萨尔达纳布鲁斯虽然是亚述人，但热衷于巴比伦文化。他建造了一个图书馆，里面保存的不是纸质图书，而是古苏美尔人用美索不达米亚文字写成的黏土书籍。这些“书”已经被挖掘出来，也许它们是世界上最宝贵的历史资料。巴比伦的末代皇帝迦勒底人纳波尼得斯更是文化的狂热者。他曾资助一些古文物研究项目，当研究者考证出萨尔贡一世继位的具体年代时，他立即下令刻碑以作纪念。但是，在他执政期间，帝国出现了很多分裂预兆，为了加强集权统治，他把分散在各地的众神灵都集中到巴比伦，还为它们建造了神庙。后来，罗马人效仿这种策略，并收到了奇效。但在巴比伦，这种策略引起了那些信奉主神马杜克且有权势的祭司的极度不满。他们秘密策划了一场推翻纳波尼得斯统治的阴谋，并求助于邻国的米提亚皇帝、波斯人居鲁士。当时的居鲁士已经声名鹊起，因为他曾经征服了东小亚细亚富有的吕底亚国王克里索斯。公元前 538 年，居鲁士率军攻打巴比伦，在城外打了一仗，就有人打开城门迎接他，结果他的军队未动干戈就占领了巴比伦城。《圣经》曾这样记载：伯沙撒太子——纳波尼得斯的儿子正在举行宴会，突然出现了一只手，用火在墙上写下这些神秘的文字：“弥尼，弥尼，提客勒，乌法珥新。”他传唤预言家但以理来解读，解读结果如下：“上帝已经算出你当国王的气数已尽，天平上估量出你的分量不够担任国王，你的国家应该让给米提亚人和波斯人。”也许那些信奉马杜克神的祭司们早就知道墙上的把戏。据《圣经》记载，伯沙撒太子就在当天夜里遇害，纳波尼得斯入狱。这次占领如此顺利平和，以至于巴比伦对马杜克神的祭祀仪式从未间断过。

就这样，巴比伦和米提亚帝国实现了统一。居鲁士的儿子冈比西斯曾经征服过埃及。后来他疯了，并意外身亡。于是，米提亚人大流士继位，他就是大流士一世——居鲁士的宠臣希斯塔斯皮斯的儿子。

大流士一世统治的波斯帝国是古代文明舞台上最早的新雅利安帝国，也是当时最强大的帝国。它的领土包括小亚细亚全境、叙利亚、古亚述与巴比伦帝国、埃及、高加索和里海地区、米提亚、波斯等地，并一直扩展到印度河。如此庞大的帝国得以维系，可能要归因于当时已经出现的马匹、骑兵、战车和铺好的道路。在此以前，驴子、牛和沙漠中的骆驼是最敏捷的运输工具。后来，波斯统治者为了管理好新帝国，建造了很多干线道路，还在各地安排马匹，接送那些帝国的信使或持有官方许可证的旅行者。此外，铸币已经开始流通，促进了贸易与交流。但是，波斯帝国的首都不再是巴比伦。从长远看来，那些信奉柏尔·马杜克神的祭司并没有从谋反中得到好处。巴比伦依然是一个重要的城市，却日渐衰落下去。新帝国最大的城市有珀塞波利斯、苏萨和埃克巴塔那，其中苏萨是帝国的首都。尼尼微城已经淡出人们的视线，沦为一片废墟。

第 21 章　犹太人的早期历史

现在来谈一谈闪米特民族之一希伯来人，这个民族对当时世界历史的影响远远不及它对日后世界历史的影响。公元前 1000 年以前，他们已经定居在朱迪亚，首都一直是耶路撒冷，从来不曾更换过。在南方，他们的历史与埃及交织缠绕；在北方，叙利亚、亚述和巴比伦等帝国更迭兴起。这个国家因而成为北方帝国通往埃及的必经之路。

希伯来人之所以在世界历史上享有重要的地位，原因是他们创造了一部重要的文学著作，它不仅是一部世界历史，而且集法典、编年体、赞美诗、箴言、诗歌、小说和政治言论于一体，后来成为基督世界著名的《旧约全书》，也即希伯来《圣经》。公元前 4 世纪或公元前 5 世纪，这部文学作品登上了历史舞台。

这部作品首次编纂的地点大概是在巴比伦。在前面描述过，当亚述人奋起对抗米提亚人、波斯人和迦勒底人时，埃及法老尼科二世率军侵袭了亚述帝国。犹太国王约西亚率军反抗，却以失败告终，葬身于米吉多战役（公元前 608 年）。犹太国变成了埃及的附庸国。后来新迦勒底国王尼布甲尼撒大帝将尼科二世赶回埃及，并试图在耶路撒冷建立傀儡政权。后来计划落空，犹太人民杀死了巴比伦官员。于是，尼布甲尼撒大帝萌发了消灭这个犹太小国的念头，因为它总是挑拨埃及反抗北方帝国。于是，耶路撒冷遭到了掠夺和焚烧，幸存下来的犹太人成为俘虏，被押往巴比伦。

这些俘虏在巴比伦定居下来。直到公元前 538 年，居鲁士占领了巴比伦，这些人才被聚集到一起，送回故乡，重建了耶路撒冷城墙和庙宇。

在此之前，犹太人似乎并不是一个具有高度文明和团结的民族。大概他们当中能够认字和写字的人很少，即使在犹太人的历史上，也不曾有人阅读过《圣经》，这本书第一次被提及是在约西亚时代。巴比伦的掠夺提高了他们的文明程度和民族凝聚力。他们回国后，渐渐意识到民族文化的重要性，成为一个自我意识和政治能力都较强的民族。

那时的《圣经》好像只有《摩西五经》，也就是今天已知的《旧约》开头五卷。此外，还有很多独立书籍与《摩西五经》一起构成现在的希伯来《圣经》，比如赞美诗、编年体与箴言等。

《圣经》开篇描述的是世界的起源、亚当和夏娃以及洪水的故事，它们和巴比伦的传说几乎相同，似乎是所有闪米特人共同信仰的一部分。有关摩西和参孙的故事，与苏美尔人和巴比伦人的传说也非常雷同。但是，关于亚伯拉罕以及其后的故事，开始变得独具犹太民族的风格。

亚伯拉罕可能生活在巴比伦的汉谟拉比统治时期。他是族长制时期的一个闪米特牧民。在《创世纪》中可以看到他流浪的故事、他子孙的故事，以及他们沦为埃及俘虏的过程。《圣经》告诉我们，当他流浪到迦南时，上帝就把这块繁荣美好的土地赐给了他和他的子孙。

亚伯拉罕的后代在埃及流浪了很长时间，在摩西的带领下，在荒野中漂泊了 50 年，期间发展壮大起来，扩展为 12 个部落，从阿拉伯沙漠向东挺进迦南境内。这一壮举大约发生在公元前 1600 ~ 公元前 1300 年。可惜，埃及历史上没有记载任何关于摩西和当时迦南的情况。无论如何，这次入侵并没有取得多少成功，只是占领了几处不引人注目的山地而已。这些沿海地区的统治者不是迦南人，而是那些新来者——爱琴人和腓里斯丁人。他们利用加沙、迦特、阿斯卡伦、阿什多德和乔帕等这些城市的优势，成功击退了希伯来人的攻击。亚伯拉罕的子子孙孙只能默默无闻地在此生活，常常与腓里斯丁人以及他们的同族摩押人、米提亚人发生冲突。在《旧约·士师记》中，读者可以看到他们在这一时期经历的磨难和进行的抵抗。它在很大程度上揭示了犹太民族的磨难与失败的历史。

这一时期的大部分时间，希伯来人的统治者都是士师，他们是由部落中的长老们精心选拔出来的类似祭司的角色。直到公元前 1000 年左右，他们选出了自己的国王扫罗率领他们出征作战。然而，扫罗的领导才能并不比士师高明，在吉尔布亚战役中，他被腓里斯丁人的乱箭射死，他的铠甲被带到维纳斯神殿，尸体被钉在贝塞香的城墙之上。

他的继承者大卫比他更精明，更懂得政治谋略。希伯来人民在大卫的领导下取得了前所未有的繁荣。这主要归功于大卫与腓尼基城的蒂尔人结成了盟友。蒂尔人的国王是海勒姆，他是一个足智多谋、励精图治的人。他想建立一条由希伯来山通往红海的商贸通道。通常情况下，腓尼基商人要达到红海就必须经过埃及，但埃及的局势很混乱，这条通道上可能还有别的障碍。所以，海勒姆与大卫、大卫的儿子和王位继承人所罗门保持着最亲密的关系。在海勒姆的援助下，耶路撒冷的城墙、宫殿和神庙拔地而起，为了报恩，大卫同意海勒姆在红海上建立船队。耶路撒冷开始了南来北往的大规模商业贸易活动。所罗门也带领希伯来人取得了空前绝后的辉煌与繁荣，连埃及法老也把女儿嫁给了所罗门。

不过，我们认识事物应该掌握分寸。虽然所罗门的统治处于顶峰时期，但他只是一个小城市的国王。所罗门的影响力瞬间即逝，在他死后的短短几年里，埃及第二十二王朝的第一任法老谢克占领了耶路撒冷，并抢夺走了大量财产。很多评论家曾经质疑过《旧约·列王记》和《旧约·历代记》中有关所罗门的辉煌描述，他们认为后世作家们因爱国之心而进行了夸张。但是，如果你再仔细阅读《圣经》，就不会像首次阅读那样叹为观止了。所罗门神庙，最大也不过相当于郊区的一个小教堂，所罗门的1400辆战车也没有让我们感到震惊，因为从亚述人的纪念碑中得知，他的继承人亚哈也曾派遣过一支2000人的军队与亚述军队进行抗衡。此外，《圣经》上还有明确记载，所罗门喜欢炫耀，对人民征收重税，让他们承受沉重的劳役。所罗门死后，王国北部从耶路撒冷分裂出去，成为以色列王国。耶路撒冷依旧是犹太国的首都。

希伯来人的繁荣如昙花一现。海勒姆死后，蒂尔人就不再援助耶路撒冷。此时，埃及再次发展成为繁荣昌盛的国家。以色列与犹太历代国王的历史，就是在南北夹缝中寻求生存的两个小国的艰辛史——北方先是叙利亚，而后是亚述，再后是巴比伦；南方是埃及。这是一段灾难连连的历史，也是一段野蛮国王统治野蛮人民的历史。公元前721年，以色列被亚述人占领，以色列人从此在历史上消失。前面提到过，犹太人继续抗争，直到公元前604年，他们和以色列人一样难逃亡国的厄运。《圣经》故事中士师时代以后的希伯来历史，有些细节尚待考证，但基本上情况属实，与上世纪挖掘出来的亚述、巴比伦和埃及遗迹基本吻合。

在巴比伦，希伯来人开始收集整理自己的历史，并将自己的传统发扬光大。他们在居鲁士的许可下重回耶路撒冷，无论是精神层面还是知识水准，都与被征服前截然不同。他们受到了文化的熏陶和启迪。在这个独特民族的发展史上，有一种人发挥着举足轻重的作用，尤其值得我们的关注，他们就是传说中的先知。他们出现在人类社会稳步发展的过程中，标志着一股新的杰出力量的诞生。

第 22 章　犹太人的祭祀与先知

亚述和巴比伦的衰落，只是降临到闪米特人头上一系列灾难的开始。公元前 7 世纪，整个世界几乎都沦为闪米特人的天下。他们不仅征服了庞大的亚述帝国，还控制了埃及；连巴比伦、亚述、叙利亚也都纳入闪米特人的统治范围，他们的语言彼此相通。闪米特人好像掌握着整个文明世界，包括世界贸易。他们进攻西班牙、西西里和非洲等地，在当地建立了殖民地，并且这些殖民地的领土不断扩大。公元前 800 年之前，他们建立了迦太基城，那算是当时最大的城市，它的人口超过百万，它的船舰曾经抵达不列颠，甚至到达大西洋，还可能曾经前往马德拉岛。在前面已经提过有关海勒姆与所罗门建造红海船队、开拓阿拉伯与印度之间贸易往来的故事。在尼科国王执政期，曾经有一支腓尼基远征队环绕非洲航行了一圈。

那个时候，雅利安人依然是蛮族。只是希腊人在他们摧毁的废墟上重建了新的文明。正如亚述碑文上所述，在中亚地区，米提亚人变得“势如破竹”。公元前 800~公元前 300 年，雅利安语系的征服者取代了闪米特人的一切统治。更不可思议的是，各地的闪米特人居然甘愿臣服，过着颠沛流离的无奈生活。只有在阿拉伯北部沙漠地带的贝都因人还延续着古老的游牧生活——这种古老的闪米特人生活方式，还是萨尔贡一世执政时期率领阿卡德人南下征服苏美尔人之前的生活方式。但是，阿拉伯的贝都因人从来不曾被雅利安人征服过。

在这 5 个世纪的曲折历史中，闪米特人忍受着践踏和蹂躏。只有一个民族始终团结一致，不忘本民族的传统文化，他们就是被居鲁士遣回耶路撒冷重建家园的少数犹太人。之所以能够完成这样的伟业，原因在于他们在巴比伦编纂的那部文献——《圣经》。也许不该说犹太人创作了《圣经》，而应该说《圣经》塑造了犹太人。贯穿《圣经》始终的思想，是一种与其他民族截然不同的思想，这种思想能催人奋进、教人永不言败，它在经受 2500 年的苦难洗礼后，依然被犹太人信服和坚守。

犹太人认为，他们的神灵高高在上、遥不可及，普通人在神庙中供奉的不是真正的神灵，而是地球上的正义之神，这就是犹太思想的精华。其他各民族也都有自己信奉的神灵，并把神灵打造成雕像，供奉在神庙中，如果雕像被毁、神庙被拆，那么此神灵立即化为乌有。然而，犹太人心中的神灵是另一种概念，他们认为神灵不是祭司可以比拟的，因为他们永驻天堂。犹太人相信，他们是亚伯拉罕选中的子民，肩负着将耶路撒冷重建成人间真理之城的重要使命。从他们从巴比伦返回故土耶路撒玲的那刻起，这种信念就已经烙在犹太人的心灵深处，并一直激励着犹太人勇往直前。

小小的犹太国不断被征服、被摧毁，又不断顽强地站起来。在那些艰难的岁月里，犹太人心中的精神信念鼓舞着他们奋勇前行，还吸引了很多有着共同语言、习俗、爱好和传统的民族，比如叙利亚人、巴比伦人以及后来的腓尼基人，他们都乐于信奉犹太人的宗教，并履行其宗教誓言——这是多么神奇的现象啊！当蒂尔、西顿、迦太基和西班牙的腓尼基城走向衰落之后，腓尼基人突然消失在历史的长河中。与此同时，人们发现，凡是腓尼基人到过的地方就有犹太人居住的痕迹，比如耶路撒冷、西班牙、非洲、埃及、阿拉伯和东方地区。他们正是通过《圣经》的传诵聚集在一起的。起初，耶路撒冷只是名义上的都城，他们真正的首都是《圣经》的精神，这是人类历史上的新现象，早在苏美尔人和埃及人把象形符号变成文字时，这种现象就在犹太人心中萌芽了。犹太民族与其他民族有着本质的区别，它没有国王，没有神庙，只是借助文字的力量将各个部落凝聚在一起，我们将在后面的章节中介绍公元前 70 年耶路撒冷的毁灭过程。

犹太人的精神凝聚力，绝对不是政治家和祭司提前设计或预测的结果，也不是他们努力奋斗形成的结果。随着犹太民族的发展，人类历史的舞台上出现了一种新兴的团体和个体。在所罗门时期，希伯来人似乎跟那些聚集在王宫和神庙，受制于祭司的智慧和国王的野心的小国人民差不多。在《圣经》中，读者可以了解到这种新兴的个体——先知，他们当时已经锋芒毕露了。

希伯来人的颠沛流离和深重苦难，让先知的重要性不断凸显出来。

先知是什么？各个先知的出身背景都不相同：以西结出身于祭司，阿摩司身披牧羊人的羊皮袄。然而，这些先知都有一个共同点——他们都效忠于正义之神，并把神的旨意传达给人民大众。他们不需要任何许可，也不需要任何仪式。“现在，神的旨意降临到我身上了”——这是先知们的常用语。他们的政治热情极度高昂，不断激励群众反抗不可信赖的埃及。他们非常鄙视并勇于揭露祭司阶级游手好闲和国王残暴不堪的行为。有些先知甚至开始关注我们今天所说的“社会改造”。他们揭露社会中的腐败现象，比如富人欺压穷人，浪费的人丢弃面包，富人与异族交朋友，并彼此效仿，染上不良作风和骄纵恶习。神灵耶和华非常痛恨这一切行为，必定会把灾难降临到这个地方。

这些严词谴责被记录下来，并妥善保存，供后人研究。不管犹太人走到何方，先知都会跟在其后，所到之处都是他们传播宗教精神的踪迹。他们指导和帮助人民远离宫廷和神庙，摆脱祭司和国王，走向正义的轨道，这在人类历史上的影响力颇大。在以赛亚的伟大演说中，先知的声音升华成美好的预言：全世界人民将在独一无二的真神的保护下，实现和平与统一。在这里，犹太人的预言达到了巅峰。

然而，并非所有的先知都同意这个理念。在有关先知的书中，聪明的读者会发现很多仇恨、偏见之类的邪恶成分，甚至有很多类似于今天的谣言宣传册。无论如何，我们都应该承认，希伯来人在巴比伦当俘虏的时候，先知的出现预示着世界历史上的一种新兴力量——它提倡人们加强个人道德意识，从那些一直约束与控制着我们的物神崇拜和奴性愚忠中解脱出来。

第 23 章　古希腊

所罗门时期（约公元前 960～公元前 930 年）结束后，四分五裂的以色列和犹太王国遭到了毁灭性重创，人民背井离乡。犹太人在成为巴比伦的俘虏，并潜心发展自己传统文化的同时，出现了另外一种影响人类精神的伟大力量，即古希腊文明。当希伯来的先知在人类与永恒的正义之神之间建立一种直接道德关系时，希腊的科学家正在别出心裁地开发人类的心智，培养他们的探索精神。

前面的章节中说过，希腊部族本来是雅利安语系民族的一个分支。在公元前 1000 年以前的几个世纪里，他们向南迁徙，来到爱琴海的一些城市和岛屿。这发生在埃及法老特多麦斯征服幼发拉底河，首次在河对岸捕猎大象之前。那时，大象生活在美索不达米亚，狮子生活在希腊。

也许希腊人在入侵时焚毁了克诺索斯城。但是，令人感到奇怪的是，在希腊神话中，几乎没有提及希腊人攻打克诺索斯城的胜利故事，但讲述了关于米诺斯及其宫殿（迷宫），以及克里特的能工巧匠们的传说。

这些希腊人和大多数雅利安人一样，也有自己的歌手和吟游诗人。他们的吟唱不仅是一种单纯的表演形式，更是一种社会联络方式。这一民族在发展初期还是蛮族部落。那个时期流传下来两部伟大的史诗。其中一部是《伊利亚特》，讲述了希腊部落及其盟国联合起来攻击小亚细亚的特洛伊城，并取得胜利的传说；另外一部是《奥德赛》，讲述了希腊的英明国王奥德修斯历尽千辛万苦返回自己祖国，在漫长的旅途中经历的冒险故事。这两部史诗著作大约完成于公元前 8 世纪～公元前 7 世纪。正是那时，希腊人从文明程度更高的邻国学会了如何使用字母。然而，有些研究学者认为，这两部史诗出现的时间可能更早。之前人们曾认为这两部史诗是由双目失明的吟游诗人荷马写成的，就像弥尔顿创作《失乐园》一样。学者们一直在争论一个话题——历史上到底有没有荷马其人，这两本史诗是否都是他的作品，抑或他只是进行了记录、整理和润色而已。其实，没有必要纠结于此。我们要关注的是，早在公元前 8 世纪，希腊人就已经拥有自己的史诗了。希腊各部落共同拥有这些史诗，它们就像一条把希腊各部族连为一体的纽带，正因为此，希腊各部族才能在外敌入侵时形成一股强大的凝聚力。他们的语言相通、文字相同，还共享着有关勇气和品行的相同理念。

史诗记载，古希腊民族没有铁器，也没有文字，是一个仍然没有在城市中落脚的蛮族。最初，他们居住在被他们摧毁的爱琴人城市的废墟旁边，在首领的大房子周围建造了很多小房子。后来，他们开始修建城墙，并向被他们征服的国家学习知识和如何建造神庙。据说，原始文明的城市都以部落之神的祭坛为中心，在此基础上建造城墙并发展起来。但希腊人是先建造城墙，后修建神庙。渐渐地，希腊人也开始进行贸易往来，并有了自己的殖民地。公元前 7 世纪左右，希腊的大河流域和岛屿上出现了一些新的城市。它们是斯巴达、科林斯、雅典、米利、底比斯和萨摩斯。在这些新城市的冲击下，早期的爱琴文明渐渐被人们遗忘。那时，里海沿岸、西西里和意大利已经有希腊人定居。意大利半岛的版图呈现靴子状，脚跟和脚趾部分被称为“大希腊”。马赛是在古腓尼基人殖民地旧址上新修建起来的一座希腊城市。

与此同时，那些地处广袤平原区，或位于幼发拉底河、尼罗河这样的大河流域，并以此为主要交通要道的国家，因为相同的统治方式而结盟。比如苏美尔和埃及的一些城市，被统一在同一个政权之下。然而，无论是希腊本土还是“大希腊”，境内多半都是丘陵或山地。希腊各部落在诸多岛屿和山谷中呈分散形态，发展程度也不尽相同，所以没有统一，而是各自为政。在希腊人登上历史舞台的初期，只是以小型城市的形式出现，没有任何要结成联盟的迹象，他们的人种也颇具差异。某些城市的主要居民是由希腊各个部落的成员组成，比如爱奥尼亚人、伊奥里斯人和多利安人；某些城市的居民，是希腊人与前希腊的地中海人的混血儿；还有一些城市的居民是拥有纯正血统的希腊自由民，他们像对待奴隶一样奴役着被征服者，比如斯巴达的奴隶“希洛人”。在某些城市，原有的雅利安统治者变成了享有特权的贵族；某些城市实施雅利安市民的民主政治；某些城市通过选举，选出国王；还有一些城市被篡位者或暴君所统治。

希腊的地理条件让各城邦各自为政，并限制了这些城市的规模。最大的城市比英国的郡还要小很多，人口均不超过 30 万，人口超过 5 万的城市也寥寥无几。虽然各个小型城市之间也存在着利益和情感上的牵连，但它们不算真正的联盟。随着商业的频繁往来，联盟在城市间有着举足轻重的地位，较大的城市成为较小城市寻求保护的对象。后来，这些小城市凝聚成一股力量，整个希腊成为一个情感共同体，这主要归因于两点：一是史诗；二是每4年举行一次的奥林匹克体育竞赛。尽管这两点没有改变各城市之间的冲突和战争，却缓和了他们之间的野蛮行为。有的时候，比赛双方还会制定临时休战协定，以确保参加盛会的人员免受战争的影响。随着时间的推移，希腊各民族因为共同的传统，彼此产生了情感，以至越来越多的城市前来参加奥林匹克体育竞赛。最后，就连北方那些与希腊有亲缘关系的国家，如埃比鲁斯和马其顿，也来参赛。

希腊各城市之间的商业往来密切，其重要性也凸显出来。公元前7世纪~公元前6世纪，希腊的文明得到了稳步发展。在很多方面，他们的社会生活与爱琴文明以及大河流域文明的社会生活区别很大。希腊人也有规模较大的神庙，但他们认为祭司并不是伟大传统的化身，而是旧世界中知识和思想的源泉。希腊人也有自己的领袖和贵族，但他们没有等级森严的宫廷所敬奉的神圣君主。他们实行贵族统治，由贵族阶层来维持社会秩序。他们所谓的“民主政治”，只是贵族式民主而已。在那个时代，所有公民都可以参与公共事务和民主政治集会，但问题是，不是所有的人民都是公民。希腊的民主政体和当今的民主制有着本质的区别：并非所有人都享有选举权。只有几百或几千个所谓的公民，奴隶和自由民占总人口的绝大部分，而他们并不能享有公民的权利。也就是说，有权势的人掌控着希腊的政事。希腊的国王、君主要么通过投票选举产生，要么通过篡位获得政权。他们都是神圣的超人，比如埃及的法老、米诺斯、美索不达米亚国王。所以，在思想和政体两个层面，希腊文明都比之前的文明更具自由性。希腊人将北部草原上流浪生活滋养的个人主动性，即个人主义，带到了南方的城市。他们是历史上重要的最早共和主义者。

我们发现，当希腊人摆脱野蛮的战乱状态后，他们的思维发生了新的变化。他们开始寻求和记录知识，探求生命存在的奥秘。这些特权以前只有祭司和君王才能享有，如今却成了普通人的目标。我们还发现，公元前6世纪——也许就是以赛亚在巴比伦发表预言的时候——希腊已经出现了一些独立思想的有志之士，如米利都的泰勒斯和阿那克西曼德、以弗所的赫拉克利特等。他们开始对所生存的世界提出很多深邃的问题，比如：世界的本源是什么？世界来自哪里，又去向何方？他们拒绝了一切现成的含糊不清的答案。我们将在后面的章节中详细介绍希腊人提出的有关宇宙的一系列问题。公元前6世纪，这些探究世界本源的希腊人，成为人类历史上最早的智者和哲学家。

读者也许已经意识到，公元前6世纪是人类历史上多么重要的一个世纪！不仅因为这个时期希腊哲学家开始探索宇宙，人类在宇宙中的地位，以及以赛亚将犹太人的预言提升到一个顶峰，还因为释迦牟尼在印度传教，孔子和老子在中国讲道——后面会有章节专门介绍这些细节故事。从雅典到太平洋，人类的思想开始骚动起来。

第 24 章　希波战争

在希腊、意大利南部以及小亚细亚的各个城市中，希腊人踏上了一段人类自由精神的探索之路。在巴比伦和耶路撒冷，当最后一批先知为人类创造自由意识的时候，最富冒险精神的雅利安民族米提亚人和波斯人已经占领了旧世界文明的领地，并建起人类有史以来最庞大的帝国——波斯帝国。在居鲁士统治时代，波斯人不仅征服了巴比伦和文明古国吕底亚，还控制了地中海沿岸的腓尼基等，以及小亚细亚的所有希腊城市。后来，冈比西斯征服了埃及。公元前521年，米提亚人大流士一世即波斯的第三位统治者，俨然成为举世瞩目的风云人物。他的信使携带着他的圣旨在各地驰骋，从达达尼尔海峡到印度河，从埃及到中亚地区。

事实上，那些聚居在意大利、西西里、迦太基以及西班牙腓尼基的希腊人，都不在波斯帝国的统治范围之内，但他们对波斯帝国满怀敬畏。斯基泰人经常到波斯的北部和东北边境发动攻击，他们是唯一可以对波斯帝国造成严重威胁的民族。这是一个古老的北欧游牧民族，生活在俄国南部和中亚地区。

当然，波斯帝国的疆域如此辽阔，居住在此的却不全是波斯人。波斯人只是少数的征服者，其余都是在波斯人入侵以前就生活在这里的民族。不过，官方语言只有波斯语一种。但是，蒂尔和西顿依然是地中海的大港口；闪米特人仍然掌握着波斯大部分的贸易和财政，闪米特人的船舶依然定期在海上往返行驶。在东奔西走的过程中，很多闪米特商人接触到了希伯来传统文化以及希伯来经文，并从中找到了引起共鸣并欣然接受的共同历史。因此，在庞大的波斯帝国境内，正在迅速崛起一股新生力量，这便是希腊人。在海域范围之内，希腊人是闪米特人最有力的劲敌。希腊人有着正直的品质和勇敢的气魄，因此成为公正、能干的官员。

大流士一世入侵欧洲的原因在于斯基泰人的骚扰。他决定攻打俄国北部，即斯基泰牧人的老巢。他英勇地率领大军渡过博斯普鲁斯海峡，越过保加利亚，直接进军到多瑙河。接着，又搭桥穿过多瑙河，继续向北挺进。但是，擅长骑马的斯基泰人从来不和他的军队正面交锋，总是绕到其后方，直接切断波斯人的供给，并彻底歼灭了对方的散兵。在这次远征中，大流士一世的军队尝尽了苦头，最后只得大败而归。

大流士一世只身一人返回苏萨，同时挑出一支军队，让其暂时驻扎在色雷斯和马其顿，值得庆幸的是，马其顿人愿意听从大流士一世的派遣。这次战役的失败，导致了亚洲的希腊城市发动叛乱，欧洲的希腊人也趁此机会积极响应。大流士决定镇压欧洲的希腊人，他当时掌控着腓尼基的舰队，这才得以攻占了希腊各个岛屿的城市。公元前 490 年，大流士一世对雅典发起了最后的总攻。在他的带领下，一支庞大的舰队从小亚细亚和地中海东部的各个港口出发，当这支舰队在雅典北边的马拉松城登陆时，雅典人对他们进行了顽强的抵抗，以至于他们损失惨重。

这时，发生了一件意想不到的事情。在希腊，斯巴达一直是雅典最强劲的对手。但是，在波斯大军压境的生死关头，雅典让一个飞毛腿使者前往斯巴达，恳求当地人不要让自己的希腊同胞成为蛮族的奴隶。这位信使（所有马拉松运动员的楷模）居然在不到两天的时间里跑了 100 多英里的崎岖山路，最后终于把信送到了目的地。斯巴达人答应前去援助雅典人。3 天后，斯巴达军队到达雅典时，却看到战场上横尸遍野。波斯军队早已大败并逃回亚洲。这就是波斯帝国首次进攻希腊的下场。

第二次战役更为猛烈。第一次战争的失败，给大流士一世带来沉重的打击。不久以后，大流士一世身亡，他的儿子薛西斯继承王位。薛西斯为了征服希腊，招兵买马，精心准备了 4 年。在此期间，由于希腊各部族需要对付同一个敌人，他们紧密地团结起来。当时，薛西斯组建的军队规模庞大，内部却是一盘散沙。公元前 480 年，这支军队越过浮桥，来到达达尼尔海峡。在他们后面，一支同样由各色船舶组成的船队，装载着粮食，沿着海岸前进。斯巴达国王利奥尼达斯率领一支 1400 人的小部队，在狭小的德摩比利山口抗击波斯大军。这场惊心动魄的战争结束后，利奥尼达斯全军覆没，但波斯大军也损失惨重。接下来，薛西斯军队带着强烈的报复心向底比斯和雅典发起进攻。结果，底比斯协议投降，雅典人弃城而逃，波斯人焚毁雅典城。

希腊人就要沦为征服者的阶下囚，局势却发生了逆转，胜利再次降临。希腊海军的数量不到波斯的三分之一，但在萨拉米斯海湾的战役中，希腊人竟然一举击败了波斯人。当薛西斯收到消息后，得知自己的军队被切断后方供给，便无心恋战，带着剩下的士兵逃回亚洲。公元前 479 年，在普拉太亚战役中，希腊舰队消灭了波斯的残余舰队。后来，在小亚细亚的麦卡利，希腊军队彻底消灭了波斯敌军。

波斯的威胁到此结束。亚洲大多数的希腊城市脱离了波斯人的统治，获得了自由和安宁。读者可以通过希罗多德的著作《历史》，即人类的第一部史书，了解整个希波战争更为详尽和生动的细节。公元前 484 年，希罗多德出生在小亚细亚的哈利卡纳索斯——爱奥尼亚人的城市。他曾经游历埃及和巴比伦，想收集一些更为准确的历史资料。麦卡利战役之后，波斯陷入了宫廷内乱。公元前 465 年，薛西斯遇刺身亡。接着，埃及、叙利亚和米提亚发动了叛乱，让曾经强大的波斯帝国陷入混乱局面。希罗多德撰写的《历史》，揭露出波斯帝国的脆弱本质。以今天的眼光来看，这部历史就像一部宣传册，目的是号召希腊人团结起来打倒波斯。希罗多德在这本书中虚构了一个角色阿里斯塔格拉斯，他拿着一张地图来到斯巴达，对斯巴达人说："这些蛮族并不是什么善战的勇士，而你们十分精通战术……没有任何国家拥有他们这么多的财富：黄金、白银、青铜、绣袍、牲畜和奴隶。如果你们也想拥有这些财富，那就大胆地去抢夺吧！"

第 25 章　辉煌的希腊帝国

波斯帝国战败后的一个半世纪，正是古希腊文明最辉煌的一段时期。在此期间，包括雅典、斯巴达在内的一些国家，为了争权夺利进行了激烈的斗争（公元前 431 公元～前 404 年，伯罗奔尼撒战争），希腊因此变得四分五裂。公元前 338 年，马其顿人成为希腊人的征服者。无论如何，希腊人的思想、创新精神和艺术创作都发展到了一个更高的阶段，从而成为人类智慧的指明灯。

当时的精神活动中心是雅典。公元前 431～公元前 404 年，在这 30 多年中，思想开化、精力充沛的伟大政治家伯里克利统治着雅典，他立志要重新建立这座被波斯人践踏过的雅典城。如今令雅典人引以为豪的废墟，正是那个伟大工程的遗迹。伯里克利不但从物质上重塑了雅典，还从精神上提升了雅典。他不但招揽雕刻家和建筑师，还广纳诗人、戏剧家、哲学家和教育家。公元前 438 年，希罗多德来到雅典讲述自己的历史著作；阿那克萨戈拉来到雅典推荐自己有关太阳和恒星的科学见解；埃斯库罗斯、索福克勒斯和欧里庇得斯前赴后继，一起将希腊戏剧发展到尽善尽美的最高境界。

伯利克里促进了雅典的精神生活，直到他死后，这种影响还继续存在。尽管伯罗奔尼撒战争历时太久且耗资巨大，从而破坏了希腊的和平局面，然而政治上的黑暗没有阻止人类思想的进步，反而推动了人们思维的发展。

在伯里克利统治之前，希腊政体上特有的自由意识早已大大促进了辩论术的发展。希腊的最后决定权不在于国王，也不在于祭司，而是在于人民大众或领导阶级的公开辩论与投票选举。所以，能言善辩成为一种非常重要的技艺。接着，一种新兴的职业诡辩家出现了，他们就是传授给年轻人辩论技巧的教师阶层。辩论不能无凭无据，于是在辩论术风靡时，人们开始了对知识的追求。当然，这些诡辩家也提高了辩论的风格、思维方法和效果。伯里克利死后，苏格拉底日渐名声显赫，这得益于他卓越的才能和对错误辩论法的高度批判。一群有志青年聚集在他的周围。公元前 399 年，他以腐蚀年轻人思想的罪名被处以极刑；他的死法是当时雅典流行的高贵死法，即在自己家中，在朋友的陪伴下，喝下毒草制成的毒药。他虽死犹生，他对人类的思想所产生的影响依然存在。他的年轻弟子们继承了他的遗志。

苏格拉底的弟子中，影响最大的是柏拉图（公元前427—公元前347年），他建立了柏拉图学院，并教授哲学课程。他的学说大致可分为两个部分：一是探究人类思维的根源和方法，二是研究社会政治制度。他是构思“乌托邦”的第一人，这是一种区别于以往社会制度，且具备更大优越性的社会组织形式。这个概念的产生，表现出人类思想史无前例的胆识，在此之前，人们总是不假思索地遵循社会传统与惯例。柏拉图明确地呼吁人类：“你们深受其害的社会制度和政治弊端都是可以控制的，只要你们有信心和勇气，就能改变他们。如果你们愿意提出设想并付诸行动，就可以生活在一个更为合理的社会制度中。你们只是尚未认识到自身的力量而已。”这个具有深远影响力的学说，如今依然印刻在知识分子的心中。他的早期著作之一《理想国》，描绘了一个贵族式的共产主义理想王国；他尚未完成的最后一部作品《法律篇》，讲述的是另一模式的乌托邦国家。

柏拉图死后，柏拉图的学生亚里士多德，曾经在吕克昂学院执教，继续研究思维方式和社会制度。他来自马其顿的斯塔吉拉城，他的父亲是马其顿的御医。亚里士多德还曾经担任马其顿王子亚历山大的家庭教师。亚历山大的丰功伟业，我们将在后面的章节中有所提及。亚里士多德精心研究思维方式，从而推动了逻辑学的进一步发展。然而，在此之后的1500多年，甚至更长的岁月里，这一学科停滞了发展，直到中世纪的经院派学者重新拾起它。亚里士多德没有传承乌托邦思想。他认为，柏拉图可以教导人们掌握自己的命运，但更重要的是，人们必须要掌握更渊博、更准确的知识。亚里士多德开始着手将知识系统化，这就是我们今天所谓的“科学”。他曾经派出探险队去搜集历史资料。他是自然历史之父，也是政治学的奠基人。他在吕克昂学院的学生曾经研究并比较过158种不同的国家制度。

公元前4世纪，的确出现了一些伟大人物，他们可以称得上是真正的“现代思想家”。那些幼稚的、幻想的原始思维方式，逐渐被有条不紊的揭露现实的思维模式所取代；那些荒谬的象征主义、神灵鬼怪的幻象，以及所有禁锢人类思想的禁忌和敬畏，已经被全盘摒弃。自由化、准确化和系统化的思维方式开始盛行。那些来自北方森林的朝气蓬勃、无拘无束的新思潮，闯进了神秘的殿宇，让阳光照射进来。

第 26 章　亚历山大大帝的帝国

公元前 431~公元前 404 年，伯罗奔尼撒战争消耗了希腊的国力。然而，希腊北方的同宗国家马其顿却逐渐变得国力昌盛、文明繁荣。马其顿人的语言和希腊语言非常相近，马其顿也曾数次派选手参加希腊奥林匹克运动会。公元前 359 年，一个才能卓越、野心勃勃的男人继承了这个小国家的王位，他就是菲利普。菲利普曾经作为人质在希腊生活过，他曾经受到纯粹希腊式的教育，并信奉希罗多德的思想——如果希腊人团结一致，就一定会征服整个亚洲——这一思想后来被哲学家伊索克拉底发扬光大。

菲利普开始扩张领土，整顿军队。几千年来，冲锋陷阵的马拉战车和徒步作战的步兵一直是决定战争胜负的主要因素。骑士也参加战争，但只是一些没有经验和纪律散漫的散兵。菲利普让步兵排成密集的队形，史称“马其顿方队”，他还训练骑士，让他们作战时保持一种固定队形，这就是骑兵。在大多数战争中，菲利普和儿子亚历山大都采用了这种骑兵战术。马其顿步兵方阵与敌人正面交锋，骑兵从侧翼与后部夹攻。于是，敌军的战车因马匹被射杀而丧失了战斗力。

凭借着这种新兴的军队，菲利普将疆域从塞萨利扩张到希腊。公元前 338 年，克罗地亚战争爆发，在菲利普的率领下，马其顿大军成功地击败了雅典及其同盟军，征服了整个希腊。最后，希罗多德的梦想变成现实。希腊各国议会选举菲利普为希腊—马其顿联军的最高统帅，让其率领联军攻打波斯。公元前 336 年，菲利普带领一支先遣队踏上征服亚洲的道路，这是他蓄谋已久的征途。但是，他被暗杀身亡。据说，菲利普娶了第二个妻子，遭到了他的王后也即亚历山大的母亲——奥斯匹亚斯的忌恨，于是派人暗中杀害了他。

值得注意的是，菲利普在儿子亚历山大的教育上花了不少心思。他不但聘请了伟大的哲学家亚里士多德担任儿子的老师，还把自己的思想和军事经验传授给儿子。在克罗地亚战役中，年仅 18 岁的亚历山大就已经担任骑兵的指挥官了。正因为如此，这个20岁继位的年轻人才可以迅速挑起父亲的重担，完成征服波斯的大业。

公元前334年亚历山大继位后，先花了两年的时间去确立和巩固自己在希腊和马其顿的地位。他率领大军进入亚洲，在格拉尼卡斯战役中，打败了一支战斗力不强的波斯军队，占领了小亚细亚的一些城市，接着继续沿海岸前行。他每攻破一座沿海城市，都会留下军队驻守，因为波斯帝国掌控着蒂尔和西顿舰队，拥有制海权。如果身后留有敌方的港口，波斯军队就可能会攻击他的后路，并切断供给。公元前333年，在伊苏斯战役中，他成功击败了大流士三世统领的一支庞大军队。大流士军队与150年前的薛西斯军队一样，只是一群拖后腿的乌合之众，其成员包括大批官员、后宫嫔妃和大量的随军妓女。西顿人向亚历山大投降，蒂尔人却负隅顽抗。亚历山大军队发起猛攻，掠夺和毁灭了整个蒂尔城。加沙也被亚历山大军队攻陷。公元前332年，亚历山大军队攻占了埃及，从波斯人手中夺回了该地的管辖权。

在土耳其，亚历山大以其名字命名了一座灯塔和一个港口，他建造了规模庞大的城市。为预防叛乱，他还建造了通往这些港口城市的陆路。腓尼基人的各个城市的商业贸易活动迅速转移到这些港口城市。西部地中海的腓尼基人突然从地球上消失了，然后犹太人迅速登上了历史舞台，亚历山大建立的其他商贸城市也陆续兴起。

公元前331年，亚历山大跟以前的托斯美斯人、拉美西斯人和尼科人一样，从埃及率军征讨巴比伦。不过，他这次途经蒂尔，在早已废弃的尼尼微城遗址附近，与大流士的军队展开了激烈的战斗。波斯的战车受到重创，马其顿骑兵击败了庞大的波斯混合军，马其顿方阵战胜了。大流士仓皇而逃，他无心再战，逃往北方，进入了米提亚境内。亚历山大率军直入依然繁荣和重要的巴比伦，然后又入侵苏萨和波斯波利斯。在那里，他举行了盛大的庆功宴会，并烧毁了王中之王大流士的宫殿。

在此之后，亚历山大在中亚炫耀自己的军事力量，他的势力扩展到波斯最远的边境。刚开始，他领兵北上。大流士被抓捕，并遭到内部暗算，黎明时分躺在战车上即将死去。当希腊先头部队追上他的时候，他还活着，但亚历山大赶到时，他已经死了。亚历山大率领军队继续沿着里海前进，越过土耳其的西部山脉，穿过赫拉特（他所建立的城市之一）、喀布尔和开伯尔山口，最后抵达印度。在印度河，他与印度国王决一死战。这是马其顿第一次领略象阵的厉害，并打败了对方。在这里，他们亲自建造船舶，顺流而下直到印度河河口，然后沿着俾路支海岸返回。公元前324年，即6年的远征之后，他们回到了苏萨。亚历山大开始投身于巩固自己打下的江山。他想方设法赢取征服区的民心。他沿用了波斯君王的服装和头饰，却遭到了马其顿将军们的质疑，给自己惹来很多麻烦。他还安排很多马其顿官员与波斯及巴比伦妇女通婚，史称“东西联姻”。他最终还是没有完成巩固江山的计划。他在巴比伦的一次酒宴上患上热病，于公元前323年与世长辞。

之后，这个辽阔的帝国瞬间瓦解。亚历山大的一个将领塞琉古夺取了从印度河到以弗所的大部分原波斯帝国领土；另一个将领托勒密攫取了埃及的统治权；安提古勒斯则征服了马其顿。帝国的其他部分变得动荡不安，地方政权不断更迭。野蛮民族不断南侵，而且越来越猖獗。直到最后，西方出现了一个新的政权罗马共和国，它征服了一个又一个小国，建立起持久、统一的新帝国。

第 27 章　亚历山大城的博物馆和图书馆

在亚历山大统治之前，希腊的商人、艺人、官员以及雇佣兵已经在波斯帝国的大部分地方活跃起来。薛西斯死后，在诸多的王朝战争中，有一支队伍扮演了重要的角色，即色诺芬率领的一万人的希腊雇佣军。色诺芬在自己的著作《一万将士的撤退》中，详细地讲述了他们从巴比伦回到亚洲希腊城的过程，这是有史以来第一次由亲历沙场的将军写成战争题材小说。然而，亚历山大的远征以及遭受下属瓜分而瓦解的短命王国，都推进了这个古老文明世界中希腊语言、习俗和文化的传播。这种传播范围极其广泛，远及中亚、印度西北部，对印度艺术发展产生了深远的影响。

数百年来，雅典的文化和艺术一直在世界上占有重要位置。雅典的学院一直持续到公元 529 年，有着近千年的历史。此后，世界精神活动中心发生了转变，它跨越地中海，抵达亚历山大港——亚历山大大帝建造的商贸新城。马其顿的托勒密将军成了亚历山大帝国的法老，他在宫廷中使用希腊语。他在继位前是亚历山大的亲密好友，非常崇拜亚里士多德的思想。他以旺盛的精力和卓越的才华，探究和整理各科知识，并编写了一部关于亚历山大远征的书。遗憾的是，此书已经失传。

亚历山大曾经投巨资赞助亚里士多德的研究，但托勒密一世才是对科学发展作出贡献的第一人。他在亚历山大城建立了名义上献给缪斯女神的亚历山大博物院。亚历山大的科学研究通过两三代人就取得了巨大的成就。其间涌现出很多科学先驱，比如欧几里得、第一位测出地球直径且误差不超过 50 英里的埃拉托色尼、著有《圆锥曲线》的阿波罗尼奥斯、绘制出第一张星象图和星象表的希珀卡斯、第一台蒸汽机的设计者希洛等，他们都是科学界的璀璨明星。阿基米德从锡拉库扎到亚历山大城来学习，与博物院一直保持着紧密的联系。希罗菲勒斯是一位伟大的解剖学家，据说他还做过活体解剖实验。

在托勒密一世和二世统治期间，亚历山大城的科学和发明得到了前所未有的发展。直到公元 16 世纪，科学发展再也没有出现过这种盛况。可能有很多原因导致了这种衰落的趋势。根据已故的马哈菲教授的说法，关键原因在于该博物院是一所“皇家”学院，埃及法老亲自任命那里的教授和学生，并按时发给他们工资。在亚里士多德的学生和朋友托密勒一世统治时期，一切进展顺利。可是，托密勒王朝不断更迭，他们被日益埃及化，受到埃及祭司和宗教势力越来越严重的控制，以致原有的工作难以维持，对自由精神的探索停滞不前。在第一个世纪的昌盛之后，亚历山大博物院几乎不再创造任何价值。

托密勒一世认为，应该在最先进思想的基础上探求新的知识。他还在亚历山大城建造了一座百科全书的知识宝库——亚历山大图书馆。它不仅是一座书库，更是图书复制和销售之地。他们花费了大量的时间复制出大量的图书。

至此，我们如今所拥有的人类知识在历史进程中迈出了第一步。从此，知识的整理与分类开始变得系统化。亚历山大博物院和图书馆的创立，标志着人类历史进入一个伟大的新纪元。这是近代史的真正开端。

当时，知识的研究和传播都受到了严重阻碍。原因种种，其中之一就是绅士阶层的哲学家与商人、工匠之间巨大的社会鸿沟。当时有很多金属工匠和玻璃工匠，但他们与思想家之间几乎鲜有思想接触。玻璃工匠可以制造出绚丽多彩的彩珠和小药瓶，但从来不曾制作过罗伦萨烧瓶或透镜，他们好像对透明玻璃没什么兴趣。金属工匠可以制造出大量武器和各种精美饰品，但从来不曾制造过化学天平。哲学家会深入研究事物的本质和原理，但缺乏陶瓷、颜料等实际操作经验。因此，亚历山大城的短暂繁荣并没有带来显微镜的发明和化学的诞生。虽然希洛设计出一种蒸汽机，但没有将其实践于水泵抽水、船舶驱动或其他用途。除了医学之外，其他科学几乎都是纸上谈兵，实践应用的兴趣也没有支持和刺激科学的发展。当托密勒一世和二世对科学的好奇心消退后，这些科学工作就失去了继续进行的动力。博物院把对知识的研究记录在无名的手稿中。直到文艺复兴时期，人们才重新燃起对知识的欲望，科学才开始向人类大众伸出橄榄枝。

亚历山大图书馆在制作图书方面也没有取得多大进展。古代的人们不知道如何用纸浆制造出尺寸相同的纸张。直到公元 9 世纪，中国的造纸术才传入西方。当时仅有的制书材料是羊皮与黏接而成的莎草纸。这些材料卷卷重叠，不便于翻阅和查找。正是这个原因阻止了书籍装订和印刷的发展。在旧石器时代，人类已经知道印刷术，苏美尔人的优良印章就是很好的明证。但是，如果没有充足的纸张，印刷书籍则几乎没有优势可言，甚至会受到复制书籍行业行会的联合抵制。亚历山大城也曾生产众多书籍，但价格昂贵，从来不曾流传到缺少权势和影响力的人民大众手中。

因此，前两个托勒密王朝知识繁荣的灿烂光芒从来不曾普照那一小部分哲学家之外的普通民众。这就好比黑色灯笼里的灯光，无论里面多么光彩夺目，外面的人也感知不到。外界的人像往常一样过日子，却不曾知晓科学的种子已经播下，它们可以改变世界。一股黑暗的偏执势力吞没了亚历山大城。此后几千年的黑暗遮住了光明，也埋没了亚里士多德播下的科学种子。后来，科学的种子开始萌芽，在几个世纪的岁月中，它迅速发展成为改变整个人类生活的渊博知识和清晰思路。

亚历山大城并非公元前 3 世纪希腊唯一的精神活动中心。在短命的亚历山大帝国土崩瓦解后，许多城市展现出辉煌灿烂的精神生活。例如，在西西里岛的希腊城市锡拉库扎，科学思想繁荣了两个世纪；小亚细亚的帕迦马也建立了一个规模宏大的图书馆。然而，辉煌的希腊文明却惨遭北方入侵部落的屡屡破坏。新兴的北欧蛮族高卢人沿着弗里吉亚人、马其顿人和希腊人祖先的足迹，率兵一路南侵。他们所到之处，无不烧杀抢夺。在高卢人之后，来自意大利的一个新的侵略民族罗马人，逐渐侵占了大流士和亚历山大帝国的整个西部领土。他们有着卓越的才能，但缺乏丰富的想象力；他们推崇法律和利益，但忽视科学和艺术。同时，从西亚赶来一支新的入侵民族，征服了塞琉古帝国，再次割断了印度与西方世界的联系。他们就是帕提亚人——擅长骑马和射箭的马背上的民族。公元前 3 世纪，他们以公元前六七世纪米提亚人、波斯人对待他们的同样方式，来对待希腊和波斯波利斯帝国和苏萨城。从东北部赶来的人民当中，还有另外一支游牧民族——他们不是白皮肤、说雅利安语的北欧人，而是黄皮肤、说蒙古语的匈奴人。有关后者的故事，我们将在以后的章节中加以详述。

第 28 章　佛陀释迦牟尼的生活

现在，我们将历史倒退 3 个世纪，来讲述一位改变整个亚洲宗教思想和情感的伟大教士的故事。他就是佛陀释迦牟尼。就在以赛亚向巴比伦发出预言、哲学家赫拉克利特在以弗所探究世界本源的同时，他正在印度贝拿勒斯向信徒传授知识。公元前 6 世纪，他们生活在同一个年代——彼此却素未谋面。

公元前 6 世纪是历史长河中一个真正辉煌的年代。在世界的每个角落，包括后面要介绍的中国，人们的思想展现出无比的勇气。他们摆脱了帝王与祭司等传统仪式的羁绊，探求人类精神中最敏锐的问题。也许就在那个时候，人类结束了长达 2 万年的童年阶段，踏入了青年时代。

早期的印度历史依然很模糊。大约在公元前 2000 年，来自西北部的一支雅利安语系的民族曾经一次或数次入侵印度，并将他们的语言和传统习俗传到了印度的大部分地区。雅利安语包括一门特别的语言——梵语。他们在占领印度河和恒河流域之后，发现这里生活着一支拥有更复杂文明却略显沉闷的浅黑色皮肤的民族。但是，他们有别于希腊和波斯民族，不轻易与其他民族交往，过着孤独的生活。当印度历史发展到能够推测出大致年代的时候，印度的社会已经分化成几个阶层，各个阶层又分为许多等级，不同等级之间不能一起吃饭，不能通婚，也不能自由社交。这种社会等级逐渐演变成贯穿整个历史的“种姓制度”。如此一来，印度民族便从自由通婚的欧洲和匈奴民族中区分开来，它实际上就是一个由各种社会团体组成的混合体。

释迦牟尼是喜马拉雅山麓下一个小国的贵族子弟。他 19 岁时与漂亮的表妹结婚。他们有时打猎，有时嬉戏，在花园里、丛林间、田野中过着阳光明媚的生活。可是，他并不满足于这样的生活，正因为如此，他的心灵驱使自己去寻找机遇。他认为自己的生活并非真正的生活，而是一个假期——这个假期太过长久，已经让他感到厌倦了。

人类的生老病死、变幻无常和对幸福的追求，已经走进释迦牟尼的心灵深处。正当他为此苦恼时，碰到了一位云游四海的苦行僧，当时的印度有很多苦行僧。这些僧人必须遵循严厉的戒律，花费大量时间去冥想和探讨宗教问题，他们好像在追寻生命中某些更为深刻的意义，释迦牟尼也因此产生了强烈的欲望。

传说就在释迦牟尼考虑要不要当僧人时，他的妻子生下了他们的长子。他感慨道："这是另一个难解的结。"

他回到村子里参加了同族人的欢庆。为了庆祝儿子的诞生，村民们举行了一场盛大的宴会，载歌载舞，一片欢腾。半夜，释迦牟尼被一阵巨大的精神痛苦唤醒，"就像被人告知自己的房子着火了"。他下定决心要马上摆脱这段快乐却混沌的生活。他轻轻地走到妻子的床边，看着妻子熟睡的脸庞，微弱的灯光照耀着她，鲜花环绕着她和怀里的儿子。他有一种强烈的冲动——在离别之前第一次也是最后一次抱一抱自己的儿子，但他害怕惊醒妻子，于是他克制住冲动，转身就走。在皎洁的月光下，他骑上马，消失在夜色中。

那天晚上，他骑马走了很远。第二天清晨，他已走出了同族人的边境，来到了一条沙子河附近。他用剑割掉自己的一缕头发，卸下了身上所有饰品，派人将头发、饰品连同马和剑一起送回家。他继续往前走，途中遇上一位衣衫褴褛的人，并与他交换了衣服。此时，他已经挣脱了世俗的一切羁绊，可以自由自在地去追寻自己的智慧人生。他向南前行，来到了文迪亚山的一个小山坡上，此处是隐士和教士的聚居地。他们只是在需要生活必需品时才去镇上购买，平时就隐居洞中，向那些愿意登门拜访的人口授知识。释迦牟尼已经非常熟悉当时的一切空头理论，所以那些智者的解答满足不了他那广博的智慧。

印度人一直认为，通过禁食、失眠、自我折磨等苦修行为可以获得能力和知识，释迦牟尼决心验证这些想法。于是，他带上 5 个弟子，来到丛林中，开始禁食和苦行。接着，他声名鹊起，就像"茫茫苍穹之下悬挂的巨钟的一声巨响"。一天，他来回走动，冥思苦想，突然，他不省人事。当他醒来后，便清楚地意识到用这种方法追寻真理的荒谬性。

于是，他开始正常饮食，不再继续苦行，他的弟子深感惊讶。他已经意识到，健康的体魄和健全的心智是一个人追求真理的基础。此观念在当时的印度被视为邪说。他的弟子们离开了他，在失望中前往贝拿勒斯。释迦牟尼却继续孤单漂泊。

当一个人要处理重大而复杂的问题时，只能一步一步来，进展会非常缓慢，待到灵光乍现时，就会取得最后的胜利。释迦牟尼的状况就是这样。他坐在河边的一棵大树下吃东西，突然灵光乍现，似乎彻底参透了生命的意义。据说，他坐在那里经过一天一夜的冥思苦想，然后站起身来，将他所领悟的道理传授给世人。

他来到贝拿勒斯，召回昔日的弟子，并将新学说传授给他们。在贝拿勒斯皇家鹿园里，他们建起了自己的庇护之所，还为许多寻求真知的人们开办了一所学校。

释迦牟尼的传道问题开始于他自己作为一个青年人的亲身感受："我为什么没有感到百分之百的快乐呢?"这是一个自我反省的问题。它与泰勒斯及赫拉克利特的宇宙问题，或先知对希伯来人的教化问题所表现出来的忘我的客观求知欲，在本质上截然不同。这位印度教士不但没有忘却自我，还专注自我、毁灭自我。他认为，人类一切苦难的源泉就在于其自身的贪欲。一个人只有控制了自己的贪欲，才能结束坎坷的命运与悲惨的结局。人类的贪欲大体上可以分为三类，这三类均是邪恶之源。第一类是食欲、贪婪和一切形式上的感官贪欲；第二类是自私自利和长生不老的贪欲；第三类是对功名利禄等的贪欲。人们必须割舍掉一切贪欲，才能摆脱人生的苦难和懊丧。当人类征服这一切贪欲之后，自我便不复存在，心灵也安顿下来，这就是至高无上的涅槃境界。

这就是释迦牟尼传道的主旨，它是一种极为玄奥抽象的思想，不如以下两种教义那样容易理解：希腊训诫教导人们勇敢大胆地去寻求真理，希伯来训前劝诫人们敬畏上帝并施行正义之举。释迦牟尼的教义，就连他自己的弟子也无法参透，难怪在他个人影响力消退之后，他的教义屡遭讹传，变得粗俗不堪。当时的印度盛行一种信仰，每隔一段时间便会有一位智者来到人间，此人就是传说中的神灵化身——佛陀。释迦牟尼的弟子宣称，释迦牟尼就是佛陀，而且是最后一位佛陀，但没有证据可以证明，释迦牟尼自己也接受了这个称呼。在他去世之前，就有许多有关他的神奇故事流传民间。他们不喜欢道德说教，更相信传奇故事，释迦牟尼因此变成了神话人物。

释迦牟尼确实将很多实质性的东西带给了这个世界。如果涅槃过于高深而超越了凡人的想象力，如果人们编织的神话冲动过于强烈而超越了释迦牟尼的简单生活，那么人们最起码可以从他的教义中参悟出所谓的"八重法"，也即雅利安人的八正道，包括：正见、正思维、正语、正业、正命、正精神、正念和正定。

第 29 章　阿育王

释迦牟尼的教义第一次明确提出人类的最高境界就是自我克制，在他去世后，这些佛教教义影响了好几代人，但在全世界范围却进展相对缓慢。然而，它征服了人类历史上一位最伟大的君主。

在前面已经介绍过亚历山大攻打印度，在印度河边与波罗斯展开厮杀的过程。根据希腊历史学家记载，曾经有一位叫旃陀罗笈多·孔雀的人来到亚历山大的军营，劝说亚历山大进攻恒河流域和印度。亚历山大没有这么做，因为他的马其顿子民不想冒着危险前往一个不熟悉的地方。公元前 321 年，旃陀罗笈多得到了几个山地部落的援助，不用希腊人的帮助便实现了自己的愿望。他在北印度建造了自己的帝国，于公元前 303 年在旁遮普进攻塞琉古一世，赶走了残留在印度境内的希腊士兵。后来，他的儿子再次扩展了帝国的疆土，公元前 264 年，他的孙子阿育王征服了从阿富汗到马德拉斯的领土。

起初，阿育王也想效仿祖父和父亲，用武力征服整个印度半岛。公元前 255 年，他率军进攻马德拉斯东海岸的羯陵伽，结果大获全胜。但是，他目睹了战争留下的血腥惨状，开始憎恶战争的残酷，并下定决心不再战争。他接受了佛教和平的教义，并宣称：如果以后再发动战争，那一定是宗教意义上的战争。

阿育王执政的 28 年，是人类历史上一段最太平的日子。他在印度组织人们开展大规模的掘井工程，并种植树木建造医院、公园和药圃。他设立了管理印度的土著和隶属居民的专门机构。他为妇女接受教育提供了方便。他为释迦牟尼的教义提供了巨额资助，并鼓励人们整理和研究收集来的经文。这位印度大师简单纯洁的经文已经蒙上了一层腐败和迷信色彩。阿育王还曾派遣传教士去克什米尔、锡兰、波斯和亚历山大城进行传道。

这就是历史上最伟大的君主——阿育王，他是那个年代的先驱者。阿育王没有子嗣，也没有继承人，在他仙逝之后的 100 年里，印度逐渐走向衰落，他开创的繁荣盛世成了印度人民心中一段美好的记忆。婆罗门是印度社会中最高级、最有权的阶层，他们一直抵触坦诚、公开的佛教教义。他们还逐渐削弱佛教在印度大地上的力量。于是，古老的宗教印度神教逐渐恢复了本来的面貌，等级制度也越来越严峻和复杂。接连几个世纪中，佛教和婆罗门教并肩繁荣。后来，佛教渐渐地衰落下去，婆罗门教以各种形式取代了佛教。然而，在印度的疆域和等级制度之外，佛教得到了广泛的传播，一直传到中国、暹罗、缅甸和日本。迄今为止，佛教依然在这些国家占据优势。

第 30 章　孔子与老子

我们必须谈到另外两位伟大的人物：孔子和老子。他们生活在公元前 6 世纪，那是人类走向青春期的光辉岁月。

在本书中，我们几乎没有谈及中国古代故事。因为至今我们对中国古代历史仍不甚了解，希望新崛起的中国考古学家和人类学家，可以像欧洲人研究自己的过往历史一样，完整地探索中国历史。在远古时代，中国原始文明发源于原始日石文化中的大河流域。中国与古埃及、苏美尔文明一样，具有日石文化的普遍特征，他们以神庙为中心，让君王和祭司在此举行季节性的血祭仪式。那些中国城市的生活与六七千年前的苏美尔人和埃及人，以及 1000 年前中美洲的玛雅人非常相似。

如果中国历史上有过活人献祭的话，那么必定早在有历史记录之前就改用动物献祭了。此外，公元前 1000 年以前，这片土地上已经出现了象形文字。

正如欧洲和西亚的原始文明与沙漠和北方游牧民族相冲突一样，原始的中国文明也屡遭北部边境游牧民族的侵扰。这些游牧民族包括匈奴人、蒙古人、突厥人和鞑靼人，他们在语言和生活方式上有着很多相似之处。他们不断地变动、分化、组合、重组，就像北欧和中亚的日耳曼人。所谓的名称变动，形式大于本质。这些匈奴游牧民族比日耳曼人更早拥有马匹。公元前 1000 年之后，他们可能在阿尔泰山上发现了铁。这些东方的游牧民如同西方一样，也曾实现过政治统一，并成为某个文明定居点的征服者、统治者与复兴者。

早期的中国文明很可能不是匈奴人的文明，如同欧洲文明和西亚文明并不是日耳曼人和闪米特人的文明。早期的中国文明很可能是浅黑人种的文明，与早期的苏美尔文明、埃及文明、达罗毗荼文明息息相关。根据历史记载，中国文明刚开始就出现了征服与融合的迹象。总而言之，公元前 1750 年，中国已经分裂成一系列诸侯国和城邦小国，他们之间还结成一个松散的联盟，时不时地进贡最高级别的皇帝——“天子”。公元前1125年①，商朝灭亡，周朝取而代之，那时的中国一直保持着松散而统一的状态，直到印度的阿育王和埃及的托密勒王朝时代。在这个漫长的周朝，中国开始走向分裂。匈奴南下入侵，建立了他们的属国；各地诸侯纷纷独立，不再进贡天朝。一位中国权威学者曾经说过，公元前6世纪，中国大地上有五六千个小国家，因此被称为“春秋战国时期”。

然而，这种战乱局面与文化发展共存，当时出现了很多文化艺术中心。深入了解中国历史时，就会发现，中国也有自己的米利都、雅典、帕迦马和马其顿。现在只能笼统地概括当时的诸侯割据局面，因为我们对此段历史不甚了解，无法描述一段完整连贯的故事。

正如希腊在四分五裂时出现了哲学家，犹太在遭遇亡国时出现了先知一样，中国在混战年代出现了先哲和圣贤。也许社会局势的动荡不安可以加快智者的诞生。孔子出身高贵，在鲁国担任过重要官员。也许在冥冥之中，他有一种类似于同时代希腊人的冲动，建立了一所学校，用来传播知识和智慧。他对当时没有法律和秩序的中国社会深感痛惜。他构思了一种更好的政府和生活，并周游列国，寻求一位愿意执行他的政治和教育思想的君主。他也许从来没有遇到一位这样的君主；也许他遇到了一位好君主，可惜朝廷里的谗言破坏了他的影响力，使得他的改革主张落空。有趣的是，一个半世纪之后，希腊哲学家柏拉图也试图寻找明君，并一度成为西西里岛锡拉库扎国王狄奥尼修斯的指导老师。

孔子在怀才不遇中逝世。他曾经说过：“夫明王不兴，而天下其孰能宗予，予殆将死也。”他在绝望的日子里万万没想到，他的思想和学说对后人影响巨大，甚至成为中华民族智慧的主要组成部分。孔子的儒教成为中国人常说的“三教”之一，其余两教分别是佛教和老子的道教。

儒教的宗旨是成为高尚之人。孔子注重个人操守，如同释迦牟尼关注忘我的状态，希腊人注重客观知识，犹太人重视正义之举一样。孔子是所有的伟大导师中最具公众精神的人。他对连年混战和百姓疾苦感到无比痛苦，他希望人们变成高尚的人，一起去塑造高尚的世界。他希望人们尽量约束自己的行为，共同在生活中建立完美法则。他认为，真正的君子应该永远彬彬有礼、严于律己，且具有公众精神。他的思想在中国的北方得到了发展。

---

① 周朝取代商朝的时间应为公元前1046年，编辑注。

老子曾经长期掌管周朝皇家图书馆，他的学说较孔子的学说而言，更加隐晦、模糊和玄妙。老子认为，每个人都不要被享乐和权势迷乱心智，而是要做到清心寡欲，过简单而富有幻想的原始生活。他留下的作品内容晦涩、风格简练。他的文章就像谜语一般。老子死后，他的学说跟释迦牟尼的教义一样，或被肆意篡改，或被覆盖上神话色彩，或被掺杂进某些怪异的戒条和迷信的思想。中国与印度一样，那些新思想必定会与原始时期形成的传奇思想进行较量，与怪异的传说进行交锋，结果新思想被披上一层奇怪、迂腐、荒诞的外衣。在中国，佛教和老子的道教都设有寺院、祭司、僧侣，在形式上保留着与古埃及、苏美尔宗教相类似的祭祀风俗。但儒教学说不一样，因为它的教义有限而通俗易懂，因此被后人得以真传。

在中国北方黄河流域生活的人，通常信奉儒教；在中国南方长江流域生活的人，一般信仰道教。从那个年代起，中国事务经常体现为这两种思想的交锋，即南方精神和北方精神，后来演变成为北京精神与南京精神的矛盾。北京精神守旧、传统和秉直，南京精神则多疑、唯美、随意、务实。

公元前 6 世纪，春秋战国的混战局面达到了不可挽回的地步。周朝日渐衰落，老子失望之极，辞掉朝廷的官职，过上隐居的生活。

当时，3 个国家掌控着中国的局势——北方的齐国和秦国，长江流域好战的楚国。最后，齐国和秦国结成联盟，征服了楚国，让天下得以片刻安宁。后来，秦国越来越强大。在印度阿育王执政时期，中国的秦王夺取了周王的祭祀器皿，接管了他的祭祀典礼。公元前 246 年，他的儿子秦始皇继位，公元前 221 年称帝。秦始皇是中国历史上“第一位统一中国的皇帝”。

秦始皇统治中国 36 年，远比亚历山大大帝幸运。他强有力的集权统治标志着中华民族统一、强盛的新时期已经开始。他曾经英勇抵抗北方匈奴的入侵，还曾修建伟大的万里长城，以预防外敌入侵。

第31章　罗马登上历史舞台

尽管印度西北边境的崇山峻岭和中亚、印度内陆的群山等地形，阻碍着这些文明之间的联系，读者仍能发现各种文明之间的某种相似性。在最初的几千年中，日石文化在旧世界温暖、肥沃的大河流域传播开来，并发展成为一种神庙制度和祭司掌控的祭祀传统。很明显，日石文化的创始人就是浅黑色人种——人类的核心人种。后来，游牧民族由于季节变化而不断迁徙与扩张，在原始文明的基础之上添加了他们自己的语言。他们推动了原始文明的发展，也促进了自己文明的发展，处处呈现出一种崭新的风貌。在美索不达米亚地区，埃兰人、闪米特人，北欧系的米提亚人、波斯人和希腊人推动了各种文明的发展；在爱琴海地区，希腊人推动了文明的发展；在印度，雅利安人促进了文明的发展；在埃及，征服者的影响力相对较弱，因为当地深受祭司文化的熏陶；在中国，由于匈奴不断入侵，受到了匈奴文化的影响。就在北印度和希腊被雅利安化、美索不达米亚被雅利安化和闪米特化的同时，中国也被匈奴化了。游牧民族所到之处，他们除了进行大肆破坏，同时也带来了自由探索的精神和道德革新。他们对古老的信仰产生了质疑，并且开始关注神庙。他们选出的君主不再是祭司和神灵，而是来自统帅和同仁。

我们发现，在公元前6世纪之后的几个世纪中，人们摒弃了古老原始的传统，唤醒了一种全新的道德和精神，它在人类文明史上从来不曾停息。阅读和写作已经成为统治阶级和少数富人学习的对象，它们不再是祭司的专利。由于马匹和道路的增多，旅行和运输变得更加频繁和便捷；后来，还出现了一种方便的新型流通工具——铸币，促进了商贸的进一步发展。

让我们把目光从古老的东方国度中国转移到地中海西部吧。在这里，我们要关注一个曾经在人类历史上占据重要地位的城市——罗马。

之前我们不曾提及意大利历史。公元前1000年，意大利是一个高山与森林密布、人烟稀少的国家。后来，雅利安系部落纷纷前往意大利半岛，并在此兴建了很多小城市。很多希腊人居住在半岛的南部。宏伟的裴斯茨姆遗址告诉我们，希腊的聚居点曾经一度繁华。此外，还有一群类似于爱琴人的非雅利安语民族——伊特鲁里亚人，他们生活在半岛的中部，征服了很多雅利安语系部落。罗马登上历史舞台的时候，还是一个坐落在台伯河畔的默默无闻的商贸小城，他们的居民大部分说拉丁语，他们的君主是伊特鲁里亚人。据古代纪年史记载，公元前 753 年，他们建立了罗马城，比腓尼基人建立的迦太基城晚了 50 年，比第一届奥林匹克运动会晚了 23 年。然而，古罗马广场遗址中伊特鲁里亚人的坟墓的建造时间远远早于公元前 753 年。

公元前 6 世纪是值得纪念的一个世纪。公元前 510 年，伊特鲁里亚人的国王遭到废黜，罗马变成贵族制共和国，贵族阶层统治着平民阶层。罗马与其他众多希腊贵族制共和国基本相似，只是罗马人说拉丁语而已。

在此后的几个世纪里，罗马史就是一部漫长的斗争史，平民阶层为争取自由和参政进行着长期不懈的斗争。我们不难发现，在希腊的历史上出现过类似的矛盾冲突，即平民与贵族之间的民主战争。最后，平民阶层打破了贵族阶层的统治特权，取得了与贵族平等的权利。他们摒弃排外的陈旧思想，接受了更多的“外来人口”，罗马城也因此人口兴旺。罗马尽管内战不断，却依然大肆扩张。

公元前 5 世纪，罗马开始实施对外扩张战略。此前，罗马人也曾与伊特鲁里亚人屡次交锋，但都以失败告终。伊特鲁里亚人的城堡威伊距离罗马城区仅几英里，罗马却没有攻陷成功。公元前 474 年，希腊人从西西里岛的锡拉库扎赶来，击败了伊特鲁里亚人的舰队。同时，北欧的高卢人也在向伊特鲁里亚人大举发动战争。伊特鲁里亚人在两股力量的夹攻之下，迅速灭亡，消失在历史舞台之上。罗马人占领了威伊城堡。公元前 390 年，高卢人占领了罗马城，并将城内洗劫一空，但没有占领朱庇特神庙。传说就在高卢人准备偷袭神庙的那天夜晚，成群结队的鹅仰天齐鸣，破坏了高卢人的攻占计划。接着，罗马人用重金打发了侵略者，高卢人撤回意大利北部。

高卢人的入侵似乎没有让罗马人灰心，反而激发起他们的斗志。公元前 300 年，罗马人征服并同化了伊特鲁里亚人，罗马领土从阿尔诺一直延伸到那不勒斯的整个意大利中部。罗马人只花了几年的时间就取得了如此巨大的成就。在罗马人征服意大利的同时，菲利普在马其顿和希腊扩张势力，亚历山大奋力进攻埃及与印度。就在亚历山大的帝国土崩瓦解之时，罗马则成为西方文明世界中的显赫民族。

罗马帝国的北部有高卢人，南部是大希腊人的聚居地。高卢民族骁勇善战，罗马人为了抵挡他们的入侵，在交界处建造了堡垒，用来守卫居民区。那些以塔兰托姆（今塔兰托）和西西里岛的锡拉库扎为首的希腊南部城市，不是威胁罗马，而是惧怕罗马，他们开始寻求外援来抵御崛起的罗马帝国。

前面已经讲述了亚历山大帝国被亚历山大的属下瓜分的历史。在这些人当中，有一位亚历山大的同族人皮洛士。他创建了新帝国伊庇鲁斯，其范围从亚得里亚海一直延伸到意大利版图的脚跟部分。他的野心是像大希腊统治者菲利普一样，占领塔兰托姆、锡拉库扎和其他地区。他有一支极具效率的现代化军队，可以摆出步兵方阵；他还有可与当时的马其顿骑兵相媲美的塞萨利骑兵，另外还有 20 头战象。他进攻意大利，并两度击败罗马人，第一次是在公元前 280 年的赫拉克利战役中，第二次是在公元前 279 年的阿斯库路姆战役中。他将罗马军队驱逐到北方，接着便转移目标，把注意力投向西西里岛。

但是，他们这次遇到了比罗马人更难对付的敌人——腓尼基人的商业城市迦太基，即当时屈指可数的强大城市。西西里岛与迦太基相距太近，迦太基子民并不欢迎亚历山大式的强权人物；迦太基的母城蒂尔在半个世纪前遭到灭顶之灾，迦太基至今耿耿于怀。他们帮助和督促罗马人继续抵抗，并截断了皮洛士的海上交通。罗马人开始反攻，双方在那不勒斯和罗马之间的贝尼文托展开激战，结果皮洛士的军队被打得一败涂地。

就在这时，皮洛士收到一个消息：高卢人南下进犯，于是他返回祖国。事实上，高卢人没有进攻意大利，因为罗马人的防线十分牢固，攻打起来太难了。于是，他们南下经过伊利里亚（今天的塞尔维亚和阿尔巴尼亚），进攻马其顿和伊庇鲁斯帝国。这时皮洛士一方面受到罗马人的驱逐，另一方面又在海上遭到迦太基人的进攻，还在国内遇到高卢人的威胁。公元前 275 年，他被迫放弃征服西西里的愿望而回国。此时，罗马的势力一直延伸到墨西拿海峡。

海峡的一边是西西里岛的希腊城市墨西拿，它的统治权落入了海盗手中。那时的西西里岛已经被迦太基人掌管。公元前 270 年，他们和锡拉库扎结盟打败了海盗，并在那里驻扎卫戍部队。海盗寻求罗马人的帮助，并得到了允许。于是，墨西拿海峡两岸形成了两股强大的势力——繁盛的迦太基和崛起的罗马，两者针锋相对。

第 32 章　罗马与迦太基

公元前 264 年，罗马和迦太基之间爆发了布匿战争。那一年，阿育王在比哈尔登基；中国的秦始皇还是个小孩子；亚历山大城博物院的科学工作进展顺利；蛮族高卢人盘踞在小亚细亚，并强迫帕迦马进贡。世界被不可逾越的空间阻隔而相互隔绝，其他民族只能道听途说一些发生在西班牙、意大利、北非和地中海西部的一场持续了一个半世纪的战争——闪米特人势力的最后堡垒与新兴的雅利安系罗马人之间的战争。

那场战争给人类留下了至今依然影响世界的后遗症。罗马人击败了迦太基，但是雅利安人和闪米特人之间产生了敌意，日后渐渐演变成犹太人与非犹太人之间的冲突。那场战争造成的后果和被扭曲的传统至今余波未消，对当今世界的冲突和纷争产生了推波助澜的影响。

公元前 264 年，墨西拿海盗发动了第一次布匿战争。这场战争不断升级，几乎困扰着除了希腊的锡拉库扎之外的整个西西里岛。起初，迦太基人掌控着海上主动权，他们的主力舰是既庞大又先进的五排桨战舰，还有巨大的舰首撞角。萨拉米斯战争发生在两个世纪之前，当时的主力舰只有三排桨而已。罗马人虽然缺乏海战经验，但他们依靠顽强的斗志，组建了强大的舰队，绝不比迦太基人的舰队逊色。他们为了让新舰队发挥更强大的作用，配备了希腊水手；他们为了弥补航海技术的缺陷，发明了吊桥和抓钩。在海战中，迦太基人开着战舰冲向罗马战舰，想要夺走罗马战舰的排桨，罗马人伸出巨型抓钩钩住敌人的战舰，然后冲上敌人的甲板进行搏斗。在公元前 260 年的米拉战役和公元前 256 年的埃克诺穆战役中，迦太基人均遭受重创。迦太基人曾经打败过迦太基城附近的罗马军队，但是在巴勒莫战役中，他们惨败并折损了 104 头战象。罗马军队凯旋越过罗马广场的时候，有一道壮观的风景线出现在队伍中，那就是被俘的战象。后来，罗马军队曾经失败两次，但很快恢复了士气。公元前 241 年，在埃加迪群岛展开的最后一场战争中，罗马人一举歼灭了迦太基最后残存的海上力量，迦太基被迫向罗马求和。罗马人征服了除锡拉库扎国王耶罗的领地之外的整个西西里岛。

在此后的22年里，两国国内局势动荡，彼此之间暂停争夺。意大利的高卢人再次南侵，罗马城危在旦夕。罗马人在惊慌之中想出了一个荒唐对策——活人献祭。在特拉蒙战役中，罗马人战胜了高卢人，并趁机向阿尔卑斯山挺进，将领土从亚得里亚海一直延伸到伊利里亚。撒丁岛、科西嘉岛等地皆发生战乱，迦太基因内乱而元气大伤。随后，罗马人又发动了攻击，迦太基全军覆没，罗马人趁机征服和吞并了两个叛乱的岛屿。

那时候，迦太基的领地从西班牙一直扩展到北边的埃布罗河。罗马人以河为界，不让迦太基人越过雷池半步，否则就认为对方是在挑衅。迦太基人对于罗马人贼喊捉贼的挑衅行为忍无可忍。公元前218年，历史上著名的将领汉尼拔带领迦太基士兵越过埃布罗河。他以西班牙为起始点，穿过阿尔卑斯山，抵达意大利，又结盟高卢人，一起攻击罗马。于是，意大利爆发了长达15年之久的第二次布匿战争。在特拉西美尔湖与坎纳的战役中，汉尼拔军队战无不胜，沉重地打击了罗马人，罗马军队则溃不成军。后来，一支从马赛登陆的罗马军队切断了汉尼拔与西班牙的联系。遗憾的是，由于战斗器械不足，汉尼拔最终没有攻下罗马城。此时，迦太基国内遭受了努米底亚人的叛乱，汉尼拔因国内形势紧迫而班师回国，以便赶回去保卫非洲城市。接着，一支罗马军队也来到了非洲。公元前202年，在扎马城外，汉尼拔与罗马统帅大西庇阿展开了激烈的战斗，这是汉尼拔第一次打败仗。第二次布匿战争宣告结束，迦太基被迫投降，答应将西班牙让给罗马人，并交出巨额赔偿，还答应交出汉尼拔，只是汉尼拔早已逃往非洲。汉尼拔不想被俘，最终选择了服毒自杀。

战后的56年里，罗马和迦太基和平共处。在此期间，罗马帝国再次扩张，并将矛头转向四分五裂、动荡不安的希腊。罗马人一边向小亚细亚发动攻击，一边来到吕底亚的马格尼西亚，与塞琉古王朝的安条克三世交锋，并大获全胜。此外，托密勒统治下的埃及、帕迦马以及小亚细亚的大多数小国也都成为罗马帝国的“同盟国”，事实上就是我们如今所称的“附庸国”。

与此同时，迦太基遭受奴役，逐渐变得弱小，但不久又逐渐恢复了昔日的昌盛。罗马非常仇恨迦太基的复兴。公元前149年，罗马将莫须有的罪名强加给迦太基，并大举入侵，迦太基英勇反抗，暂时顶住了罗马的围城战。公元前146年，迦太基最终沦陷。此后发生的巷战，即6天6夜的大屠杀，让迦太基城血流成河，迦太基的人口从25万骤减为5万。罗马人在城中烧杀抢掠，肆意破坏，还将幸存下来的居民变成自己的奴隶，并在这座城市的废墟上开垦播种。

第三次布匿战争就此结束。在所有 500 年前繁荣昌盛的闪米特国家和城市中，只有一个小国可以在本族君王的统治下自由地生活，它就是犹太国。犹太国从塞琉古王朝中独立出来，它的统治者是当地的马加比家族。当时，他们已经将《圣经》编纂完毕，希望把犹太民族的习俗发扬光大，这些习俗流传至今。可以从相近的语言和这本充满希望与生机的《圣经》中发现腓尼基人、迦太基人和散布在世界各地的同宗民族的共同点。闪米特人依然是当今世界上的银行家和商人。闪米特人的世界不是被取代，而是被隐藏了。

耶路撒冷是犹太教的核心，更是犹太教的象征。公元前 65 年，罗马军队攻陷了耶路撒冷。公元前 70 年，罗马军队围困了叛乱的耶路撒冷，耶路撒冷拼命抵抗，却以失败告终，犹太神庙也被洗劫一空。公元 132 年，耶路撒冷在一场叛乱中彻底毁灭。今天的耶路撒冷是在罗马帝国的授权下重新建立起来的。他们在原来神庙的废墟上建立了一座供奉罗马神朱庇特的神殿，并禁止犹太人在此城居住。

第 33 章　罗马帝国的崛起

公元前 2~公元前 1 世纪，主宰西方世界的新兴罗马帝国与以往统治这个文明世界的各大帝国相比，在很多方面有所差异。首先，它不是一个君主制国家，也不是由任何一个伟大的征服者所创建的。其次，它不是历史上第一个共和政体的帝国。在伯里克利统治时期，雅典人已经掌控了很多同盟国和附庸国的政权；迦太基在与罗马决战之前，就已经统治了包括撒丁、科西嘉、摩洛哥、阿尔及利亚、突尼斯、西班牙以及西西里岛在内的广泛地区。然而，罗马是第一个既摆脱了毁灭的厄运，又得以昌盛发展的共和政体。

这个新兴共和国的中心靠近美索不达米亚和埃及各大河流域的西部，而古代帝国的中心往往在其中部。也许罗马中心向西移动可以将一些新民族和新地区推向文明进程。罗马帝国的领域再次扩展，延伸到摩洛哥和西班牙，又向西北扩张，蔓延到如今的比利时和法国，抵达英国境内；还向东北方扩张，直到匈牙利和俄国南部。然而，罗马帝国没有在中亚和波斯建立自己的势力范围，因为这些地方与它相距甚远。罗马帝国有很多不同的民族，比如众多的北欧雅利安语系民族和所有的希腊民族。但是，哈姆特人和闪米特人的人数则少于以往任何一个帝国。

在几个世纪的时间里，罗马帝国不像波斯和希腊帝国那样迅速衰落，而是不断发展，变得更加繁荣昌盛。巴比伦只通过一两代人的努力，就彻底同化了米提亚和波斯统治者；他们接受了巴比伦王中之王的皇冠，也接受了神庙和祭司；亚历山大大帝死后，他的继位者们便轻易接受了同化历程；塞琉古王朝的宫廷与尼布甲尼撒的宫廷很相似，塞琉古王朝还效仿尼布甲尼撒的管理方法；托勒密家族成为埃及的法老之后完全被埃及化。以上这些征服者，就像以前的闪米特人征服苏美尔后被同化一样，毫无例外地接受了被同化的命运。但是有一个民族除外，那就是罗马。在几个世纪中，他们用自己的方式治理着自己的国家，遵循着自己民族的法律与习俗。在血统上，希腊人与罗马人之间存在着亲缘关系。公元2世纪或3世纪之前，希腊人是唯一对罗马帝国产生巨大思想影响的民族。罗马帝国是最先尝试用雅利安模式进行强化统治的帝国。它是一个前所未有的新型国家，也是一个扩张的雅利安共和国。以往的征服者总是围绕着一个丰收之神的神庙而兴建都城，然而这种模式不再适合罗马帝国。罗马人建立了自己的神庙，供奉自己的神灵。他们的神灵与希腊相似，属于半人半神的神仙或神圣的贵族。在紧要关头，罗马人也会进行活人献祭，也许这是从黑皮肤先人伊特鲁里亚人那里学来的传统。但是，当罗马的光辉岁月逝去后，无论是神庙还是祭司，都不曾在罗马历史上占有重要地位。

罗马发展史是一部无法预料的新奇历史。罗马人在不知不觉中进行了一项规模宏大的行政管理实验。然而这项实验并不成功，罗马人的帝国最终土崩瓦解。几个世纪之后，罗马人的生活方式和管理模式发生了很大的变化。罗马在100年间发生的变化远远超越了孟加拉、美索不达米亚和埃及1000年的变化。它一直在变化，没有任何固定模式。

从某种意义上说，罗马人的实验失败了，但换一种角度看，这个实验也许尚未结束。如今的欧美国家仍在琢磨这个世界性难题——治国之方，第一次遭遇此难题的是罗马民族。

研究历史的学生读者一定要铭记：罗马帝国发生的巨大变化不仅表现在政治上，也表现在社会和道德上。每个人都会想当然地认为，罗马的统治稳定而牢固、果断而高贵、完善而圆满。麦考利在其作品《古罗马之歌》中，将老迦图、西庇阿家族、恺撒、戴克里先、君士坦丁大帝等罗马元老，与罗马的胜利、演说、角斗、基督徒殉道等内容混合在一起，呈现出一幅庄严而残忍的历史画面。我们应该详细阐述此画卷中的情节，因为这些情节来自不同的历史阶段，经历的变化之大令人震惊，堪比威廉时代的伦敦和今日伦敦之间的差异。

我们通常将罗马帝国的扩张分为4个阶段。第一阶段是从公元前390年高卢人劫掠罗马人开始，到公元前240年爆发的第一次布匿战争结束，该阶段被称为“同化的共和国阶段”。也许这是罗马历史上最具特色和最美好的时期。在此期间，贵族与平民之间的争论日渐平息；伊特鲁利亚人的威胁逐渐消失；贫富差距渐渐缩小；大多数居民具备共和精神。此时的罗马帝国已经成为一个自由的农民共和国，非常近似于公元1900年的南非布尔共和国，以及公元1800~1850年间的美国北方联邦。该阶段初期，罗马只是一个方圆20英里的小国。罗马向边境上的同宗强国发起战争，目的不是互相残杀，而是结为同盟。在几个世纪的内乱之后，罗马市民渐渐懂得了妥协和退让。罗马也赋予某些被征服地区选举权和讨论权，从而完全同化这些小国家；有的城市有权利独立自治，还可以在罗马经商、成家立业。罗马人在新征服的地区设立享有各种特权的殖民地，在战略要塞设置人口众多的营寨，修建很多道路，以巩固自己在该地区的统治地位。罗马人实施这些政策之后，便彻底同化了整个意大利。公元前 89 年，意大利所有的自由民都成了罗马市民，如此一来，罗马帝国在形式上逐渐变成一个不断扩张的庞大城市。公元 212 年，罗马帝国的每个自由民都享有市民权，只要他们愿意出席会议，都将享有投票选举的权利。

罗马帝国的扩张策略是先让容易掌控的城市享有市民权，再将其推广到全国，可谓创意独特。罗马侵略者不但没有被当地同化，反而同化了当地的被征服者，这与以往的历史恰恰相反。

在第一次布匿战争和西西里沦陷之后，传统的同化痕迹依然存在，但也出现了新的模式。西西里成了罗马人的财产和战利品。西西里土地肥沃，当地居民非常勤劳，这些都成了罗马人致富的重要因素。这次战争还导致了许多奴隶的出现。在第一次布匿战争之前，西西里人大多数是享有市民权的农民，拥有参军入伍的权利和义务。但是，他们为国家效力之时，也是他们背上债务之时。同时，奴隶农业的规模逐渐扩展与发达起来。当他们卸下盔甲回到家乡的时候，发现自己已经不得不面对激烈的竞争——西西里和侵略国之间在争夺奴隶。随着岁月的流逝，罗马共和国的性质也发生了变化。罗马人掌控着西西里，富人统治着普通的老百姓。此时，罗马进入了第二个阶段——富豪与冒险家的共和国。

农民出身的罗马士兵为了获得自由和参政权，在奋斗了 200 年之后，赢得了 100 年的权利。然而，第一次布匿战争摧毁了他们的奋斗成果，他们获得的选举权只是徒有虚名。罗马共和国的政体分为两个部分：其中一个重要的组成部分是元老院，起初它是由贵族组成的实体，后来变成了检察官、执政官以及权威官员召集精英人物而组成的团体。罗马元老院不像美国的参议院，更像英国的上议院——由政界权威人士、大商人和大地主组成。在布匿战争之后的 300 年里，元老院一直是罗马政治思想中心和政治组织中心。另一个组成部分是平民会议，又称“全体罗马公民集会”。最初，人们在朱庇特神庙或罗马城墙上吹响号角，召集平民举行会议。后来，这种集会渐渐演变成政客和流氓无赖的聚居地。当罗马还是一个方圆 30 英里的小国时，这里经常举行这样的集会。随着罗马势力蔓延到意大利境外，这种集会就逐渐消失了。公元前 4 世纪，平民会议可以代表广大市民的权益和愿望，还可以约束元老院，但是布匿战争结束之后，平民会议就失去了对权威人士的制约作用，变得形同虚设了。

罗马共和国从来不曾实施市民代表传达民意的民主政治，这一点对于历史学家非常重要。与英国的下议院和美国的众议院相比，罗马的平民会议无足轻重，它虽然在名义上包括全体市民，但是有名无实，没有实际意义和作用。

第二次布匿战争结束之后，罗马的百姓过着一贫如洗的生活。他们或没有住所，或没有土地，或被奴隶排挤在热门行业之外。更为不幸的是，他们不拥有任何政治权利，无法扭转这种悲惨局面，只能依靠暴动和罢工来泄愤。公元前 2 世纪~公元前 1 世纪，罗马国内的政治史，就是一段毫无成效的革命暴动史，实在乏善可陈。由于篇幅有限，不能在此逐一介绍当时混杂斗争的场面，比如恢复自由民田的斗争、废除贵族地产的斗争、争取债务免除议案的斗争……内战与暴动屡见不鲜。公元前 73 年，爆发了以斯巴达克为代表的奴隶起义，让意大利陷入更加动荡的局势当中。这些奴隶大多是竞技场上经验丰富的角斗士，具有顽强的战斗力，他们坚守在维苏威火山的死火山口，奋力作战整整两年。可惜的是，这次起义遭到了血腥镇压，以失败告终。公元前 71 年，6000 名起义奴隶在亚壁古道被俘，并被活活钉死在罗马通往南方的大道两旁的十字架上。

罗马平民从来不曾挺直腰杆抵抗压迫和奴役他们的人，那些有权有势的富豪却不满足于现有的利益，不仅支配着平民的权益，还建立一种新的组织军队来压迫他们。

在第二次布匿战争之前，罗马军队的士兵是应征而来的自由农民。这些自由农民组成的部队，自由选定作战方式，或骑马上战场，或徒步上前线，他们适合近距离的战斗，但不能适应长期作战和远征。后来，奴隶数量与日俱增，私有领地日益扩大，应征的自由农民却越来越少。这时，一位草根领袖马略引进了一种新的战斗力量，当时迦太基日渐衰落，北非成为努米底亚王国。这个国家算是半个蛮族，其国王朱古达经常与罗马帝国发生冲突，只是罗马一直没能如愿攻下这个国家。罗马帝国想尽早结束这场尴尬的战争，于是推举马略为执政官。马略上任后便开始招募雇佣兵，并对他们进行严格训练，最终战胜了朱古达的军队。公元前 106 年，朱古达戴着镣铐被押往罗马。后来，马略的任期结束，但他不愿交出兵权，而是依靠雇佣军的力量继续执政，他的非法执政并没有招来抵抗。

马略的出现标志着罗马进入了第三个阶段——军统共和国时期。这个时候，雇佣军的将领们为了争夺罗马的统治权而冲突不断。在非洲战场上，马略有一个贵族下属叫苏拉，他与马略反目成仇，两者大动干戈，结果很多人被杀害或流放，他们的财产也被拍卖。罗马帝国在惨烈的斯巴达克起义和两军激战之后，进入了各种政权割据的时代，政权的领袖先后分别是卢卡拉斯、庞培、克拉苏和恺撒。卢卡拉斯攻克了小亚细亚，入侵了亚美尼亚，抢夺了巨额财富，然后过起隐居生活；克拉苏镇压了斯巴达克起义，还大举进攻波斯，但遭到帕提亚人的攻击，战死沙场。恺撒与庞培进行了长期的斗争，公元前 48 年，恺撒击败了庞培，后者客死埃及。罗马帝国最终成为恺撒的天下。

恺撒大帝是个大人物，后人总是对他抱有丰富夸张的幻想，这种幻想甚至超越了他本身的价值，成为一种传奇和象征。不可否认的是，他的伟业意义重大，标志着罗马进入了第四个阶段——罗马扩张时期，也即早期的罗马帝国时期。当时的罗马帝国虽然处于政治暴乱、经济动荡、内战频繁、社会混乱的阶段，但是其领土不但没有减少，反而不断扩张。公元前 100 年，罗马帝国的疆域进入巅峰时期。在第二次布匿战争时期，罗马也曾出现过扩张低潮；在马略重整部队之前，罗马也曾出现过停滞时期；在斯巴达克起义之后，罗马也曾出现过扩展受阻局面。在高卢境内（如今的比利时、法国一带），恺撒确立了自己作为军事统领的地位。恺撒大军与高卢的主要居民一样，属于凯尔特族。该部族曾经征服意大利北部，占领小亚细亚，并在此定居，这些人史称“加拉提亚人”。恺撒把曾经占领高卢的日耳曼人驱逐出境，并将高卢划入罗马版图。公元前 55～公元前 54 年，恺撒曾经两次横渡多佛海峡，入侵不列颠，却没有完全取得胜利。与此同时，在罗马帝国的东部，庞培在努力巩固已经扩展到黑海的疆域。

公元前 1 世纪中期，罗马的行政中心依然是元老院，他们有权任命执政官和其他官吏，还享有政府赋予的很多权力。很多政治家为了维护罗马共和国的伟大传统和法律尊严而进行了不懈的斗争，其中最杰出的是西塞罗。然而，随着自由农民的减少，市民权的精神也随之消失。那时，意大利境内有很多贫穷的奴隶和自由农民，他们根本不知道自由是什么，更谈不上为自由而奋斗。元老院的领袖们不再具备坚强的后盾，因此开始惧怕那些他们曾经想控制的军人冒险家，他们有着强大的军事力量。甚至有几支队伍凌驾于元老院领袖之上，如克拉苏、庞培和恺撒，他们瓜分着罗马帝国，这就是古罗马历史上的“前三大巨头”。接着，克拉苏发动了卡尔战争，可惜被帕提亚人杀死；庞培与恺撒成为仇敌，前者转而支持共和政体，并借口后者违反法律和反抗元老院命令，从而提出对其进行判决。

在罗马帝国，军事领袖率军越过防区属于违法行为。在恺撒防区和意大利之间有一条卢比孔河。公元前 49 年，恺撒宣布“事情已经无法挽回”，率军越过卢比孔河，进军罗马、挑战庞培。

古罗马有一个惯例，当军情危急时，会选出一位享有最高权力的“独裁者”来解决当前的危机。于是，恺撒站出来推翻了庞培的统治，被推举为新的罗马独裁者，任期 10 年。公元前 45 年，恺撒又被推选为终身独裁者，由此他成为罗马的终身统治者。有人建议恺撒称帝，但他没有采纳，因为他知道，早在 500 年前，罗马人驱逐伊特鲁里亚人之后便开始憎恶帝制了。当然，他接受了宝座和权力。恺撒击败庞培之后，乘胜进军埃及，并深深地爱上了埃及艳后，即托勒密王朝的末代女王克娄巴特拉。仿佛是艳后的出现彻底改变了恺撒的思想。恺撒将“神灵就是君王”的埃及观念带回了罗马，将自己的雕像设在神庙里，并题词“献给无敌的神灵”。罗马的共和信念在最后一刻得以绽放，元老院的多名成员联合刺杀恺撒。最后，恺撒倒在已故的政敌庞培的雕像之下。

接着，几个大野心家又持续了 13 年的战争。结果形成了三头鼎立的局面，他们分别是雷必达、马克·安东尼和恺撒的侄子屋大维，这就是罗马史上的“后三大巨头”。屋大维和恺撒一样，掌管贫穷强悍的西部，组建最精锐的军队。公元前 31 年，在亚克兴海战中，他击败自己唯一的对手安东尼，成为罗马帝国的统治者。但是，屋大维与恺撒的做法不同，他从来不曾想过当神灵，拒绝了独裁官的职位，也不曾迷恋某位绝色女王，他让罗马人民和元老院重获自由。元老院为了感激他，赋予了他实际的权力。屋大维没有称帝，而被称为“元首”或“奥古斯都”。公元前 27 年，他被封为“奥古斯都·恺撒”，公元前 27~公元 14 年，他成为罗马的第一位皇帝。

屋大维的继承人依次是提比略·恺撒（公元 14~37 年在位）、卡利古拉、克劳狄、尼禄和后来的图拉真（公元 98~117 年在位）、哈德良（公元 117~138 年在位）、安东尼·庇护（公元 138~161 年在位）以及马可·奥勒利乌斯（公元 161~180 年在位）。他们都曾经是罗马部队的领袖，被士兵们推举为皇帝，其中有几个被士兵拉下了皇位。很久以后，元老院消失在罗马的历史长河中，取而代之的是皇帝和官吏。这时，罗马帝国的领土扩张已经抵达顶峰。不列颠的大部分区域都归入罗马版图；特兰西瓦尼亚也成为罗马帝国的领土，并改名为“达契亚”；图拉真越过了幼发拉底河；哈德良有一个构想，这让我们想到世界另一端发生的故事。哈德良像中国的秦始皇一样，通过建造长城来防御北方蛮族的攻击。这条长城贯穿不列颠境内，有防卫栅栏横跨在多瑙河与莱茵河之间。他放弃了一部分图拉真时代的领土。

至此，罗马帝国的扩张宣告结束。

第 34 章　罗马和中国

公元前 2～公元 1 世纪，人类历史迈入了一个新时代。美索不达米亚和地中海东岸已经不再是世界关注的焦点。美索不达米亚和埃及依然人口繁多、土地肥沃、一片繁华，却失去了往日的统治地位。它们的权力已经转移到东方和西方。有两个帝国成为世界的主宰，即新兴的罗马帝国和再次崛起的中国汉朝。罗马版图已经延伸到幼发拉底河，但是由于其地理位置偏远，后来就很少继续扩张。波斯的塞琉古王朝曾经统治过幼发拉底河对岸的印度，现在却成为新的征服者的囊中之物。中国的秦始皇已经驾崩，汉朝已经取代秦朝。汉朝不断扩张，疆域辽阔，从西藏到帕米尔高原，都是汉朝的领土。当然，由于疆域过大，不便管理，就停止了扩张。

中国的人口和领土都超过了巅峰时期的罗马帝国，成为世界上国力最强大、制度最完善、政治最开明的国家，也成为各国关注的焦点。就当时的历史条件而言，很可能的情况是，世界上两大强国同时存在、同时强盛，互相之间又知道彼此的存在，但不会发生直接的冲突，因为当时的陆路交通和水上交通都不够发达。

这两大强国之间以一种特别的方式影响着彼此，并对位于两国之间的中亚和印度等地区产生了深远的影响。比如，骆驼商队越过波斯，商船顺着红海和印度海岸不断进行贸易活动。公元前 66 年，庞培率领罗马大军从黑海东岸出发，沿着亚历山大当年的足迹向北挺进。公元 102 年，中国远征军在班超的率领下抵达黑海，并派遣使者打听罗马的情况。几百年之后，东亚和欧洲之间进行了直接的沟通和交往。

这两大强国的北部是尚未开垦的荒地。如今的德国在当时只是一个丛林覆盖的地方，广阔的森林一直延伸到俄国。森林中生活着巨大的野牛，它与大象的体积不相上下。沙漠和大草原分布在亚洲群山的北部，再往北就是茂密的森林和冻土带。在亚洲高地的东部，有一片低洼地带，在土耳其斯坦和俄国南部之间，一直蔓延到中国东北，该地区被称为中国东北大三角地带。自古以来，这里的气候反复无常，几个世纪之后，降雨量发生了很大的变化。对于人类而言，这个地方十分危险，不适宜居住。有的年代，这里牧草茂盛，适合种植庄稼；但有的年代，降雨量突然减少，大片土地遭遇致命的周期性干旱。

这片原始荒野的西部，是北欧人和雅利安人的发源地，其范围从德国的广袤森林区到俄国南部和土耳其斯坦，从德兰岛到阿尔卑斯山。匈奴东边的草原与沙漠是匈奴人、鞑靼人和突厥人的发祥地。这些民族无论是在语言还是在生活方式上，都有着相似之处。饥饿又好战的北欧人因一时的丰衣足食而人口激增，加上瘟疫蔓延和牧草缺乏，他们开始大举南侵，进入美索不达米亚和地中海沿岸的文明繁荣区域。匈奴部族的过剩人口也一样，他们以流浪者或侵略者的身份涌向中国，并在此定居。

人类历史上因此出现了这样的情况：世界上的两大强国都阻止了蛮族入侵，用武力维护了边境的和平。中国汉朝从北部边境对匈奴发动了猛烈而持久的侵略战争。中国人民越过长城，涌向塞外。农民们牵着骏马，扛着锄头，开垦草场，并圈起了冬季牧场，跟随在戍边将士的身后。匈奴经常袭击并屠杀当地居民，但被汉朝阻止。他们的面前只有两条路：一是迁到其他地方去寻找新的夏季牧场；二是定居在此，种植庄稼，向汉朝进贡纳税。因此，一部分人选择了定居生活，被中国同化；其余的人迁到东北或东部。

公元前 200 年，匈奴游牧民族开始西迁，带给雅利安人巨大的压力，迫使雅利安人迁徙到罗马边境，试图攻破罗马人防线薄弱的地区。公元前 1 世纪，帕提亚人——有着匈奴血统的斯基泰人——南迁进入幼发拉底河流域。他们曾经战胜并杀死克拉苏，曾经与庞培的东征军队交锋，并在波斯推翻了塞琉古王朝，创建了自己的安息王朝。

长期以来，无论是西侵还是东侵，这些饥肠辘辘的游牧民族往往会遭受猛烈的攻击，他们被迫越过中亚，向东南迁徙，穿过开伯尔山口到达印度。在中国和罗马正值鼎盛时期，一批批匈奴人入侵印度，经由旁遮普南下，攻击大平原，烧杀抢掠，无恶不作。接着，阿育王的帝国四分五裂，那是一段黑暗的时光。有一支侵略军叫“印度—斯基泰军队”，建立了贵霜王朝，掌管北印度地区，维持社会秩序。几百年以来，北方游牧民族多次进攻印度。公元 5 世纪，白色匈奴人法撒莱人多次入侵印度。侵略者要求印度小诸侯们进贡财物，印度人诚惶诚恐。夏天伊始，这些侵略者前往中亚西部放牧；秋天，他们又翻越山口，向南入侵印度。

公元 2 世纪，中国和罗马遭遇了一场巨大的灾难，削弱了抵抗北方蛮族的力量。一场前所未有的大瘟疫在中国大地上肆意蔓延了 11 年，社会秩序因此而混乱不堪，农民起义层出不穷，镇压起义的诸侯们割据一方，汉朝在混战中走向灭亡。中国再次陷入四分五裂的局面，烽火狼烟，内战不断，历经魏、晋、南北朝的更迭，几百年的动荡时光一晃而过，公元 618 年，唐朝伊始，中国恢复了元气。

这场瘟疫蔓延到了欧洲。公元 164～180 年，罗马遭遇了瘟疫，社会动荡不安。罗马人口急剧下降，政府的活力与效率也大幅下滑。罗马边防处在危险境地，很多地方沦陷失守。同时，一个新兴的来自瑞典哥德兰岛的北欧民族哥特人，经过俄国，到达伏尔加河流域和黑海海岸，在海上进行掠夺。公元 2 世纪末，哥特人开始意识到匈奴人西侵的威胁。公元 247 年，他们越过多瑙河，进行大规模的侵略战争。在如今的塞尔维亚地区，他们杀死了德西乌斯皇帝。公元 236 年，另一支日耳曼民族法兰克攻下了莱茵河下游的罗马边境；同时，阿勒曼尼人入侵阿尔萨斯。在高卢地区，罗马人将侵略者驱逐出境，但哥特人屡次骚扰巴尔干半岛。从此，达契亚省从罗马帝国的版图上消失。

罗马帝国的骄傲和自信遭受沉重一击。公元 270～275 年间，奥勒良皇帝不得不在这个开放了 300 年的安定城市修建防御工事。

第 35 章　早期罗马帝国的百姓生活

公元前 2 世纪开始，罗马帝国在奥古斯都·恺撒的统治下一直处于祥和状态。200 年之后，它却陷入动荡和衰落，原因何在呢？在解释这个问题之前，不妨先关注一下居住在这个伟大国度里的百姓生活。我们的历史来到了距今 2000 年的时代。无论是和平昌盛的罗马帝国，还是太平盛世的中国汉朝，文明国度的百姓生活都越来越接近当今的文明生活。

铸币已经在当时的西方国家流通。在世俗社会里，出现了一类新阶级，他们既不是官吏又不是祭司，而是拥有独立财产的人。当时，公路和旅馆随处可见。在此之前，人们的出行受到限制，从此以后，人们的出行变得自由；当时人民的生活与公元前 5 世纪相比更加自由，因为传统习俗制约着以前的人们，文明人通常被局限在一个国家或区域之内，只能生活在狭小的空间中，只有那些游牧民族才会四处漂泊或经商。

无论是中国还是罗马，太平盛世并不代表辽阔的领土上只存在单一的文明。不同的地方会呈现不同的文明形态，就好比大英帝国统治下的印度，各地区带着明显的地方特色或差异。在罗马帝国的广阔土地上，随处可见殖民地的驻军，他们说拉丁语，信奉罗马神。那些比罗马人先到的民族所建立的城镇，最后被罗马人征服了，幸运的是，他们依然可以进行自治，甚至可以在某个时间段里遵循自己的习俗，供奉自己的神灵，过自己想要的生活。在希腊、埃及、小亚细亚以及早已希腊化的东方地区，拉丁语一直没有得到普及，希腊语始终保持着稳定的优势地位。后来，一位塔尔苏斯人扫罗成为使徒保罗，他是犹太人，也是罗马市民，但他使用的语言是希腊语，而不是希伯来语。帕提亚王朝位于罗马的领土之外，它在波斯推翻了希腊塞琉古王朝，官方语言却是希腊语。迦太基已经灭亡，北非和西班牙却在很长一段时间内保留了迦太基语。古城塞维利亚早在罗马建立时就已经兴盛起来，它距离罗马在意大利的驻军十分遥远，但是当地的闪米特人依然说闪米特语，信奉闪米特女神。此外，罗马皇帝塞普蒂默斯·塞维鲁（公元 193~211 年在位）一直使用母语迦太基语，后来又学习了外语拉丁语。根据相关史料记载，他的妹妹从来不曾学会拉丁语，而是一直使用迦太基语。

罗马帝国已经将那些既没有大都市又没有神庙文化的国家拉丁化，这些国家包括高卢、不列颠、潘诺尼亚（今天多瑙河以南的匈牙利）、达契亚（今天的罗马尼亚）等，并将文明带给它们。罗马在这些地方建立城镇，让当地居民说拉丁语，供奉罗马神灵，还逐渐推广罗马风俗。当时的拉丁语派生出很多语言分支，包括今天的法语、西班牙语、意大利语和罗马尼亚语，这些语言可以再现当初风靡一时的拉丁语和罗马风俗。最后，甚至非洲西部的大部分地区也开始流行拉丁语。埃及、希腊和罗马帝国的东部没有被拉丁化，无论在精神还是文化上，他们都一如既往地保持着埃及与希腊的传统。在罗马境内生活并接受教育的罗马人，也崇尚和学习这门绅士语言希腊语。希腊文学也比拉丁文学更受欢迎。

在这个多姿多彩的帝国，劳动和经商也变得异彩纷呈。农业依然在各大聚居区占据主导地位，早期罗马共和国将自由农民看成国家的支柱。在前面已经提及他们在布匿战争后被奴隶取代的详情。希腊曾经有过不同的农耕方式，从每个自由农民都靠双手辛勤劳作的阿卡狄亚方式，到斯巴达方式——他们认为劳动很丢脸，把劳动的任务转给专门的奴隶阶级希洛人。当然，这些农耕方式已经成为过去，如今的大多数希腊化地区开始流行奴隶集体劳作和领地制度。这些奴隶或是天生的奴隶，或是被俘的奴隶，互相之间无法沟通。他们不懂知识，更没有权利，因此不具备团结起来反抗压迫的能力。他们的总人数占据帝国人口的一半以上，却没有发动过一次成功的起义。公元前 1 世纪的斯巴达克起义，是一场由训练有素的奴隶角斗士组织的起义。在罗马共和国末期和罗马帝国早期，意大利的农耕奴隶倍遭蹂躏。奴隶主为了防止他们逃跑，晚上给他们戴上镣铐，或给他们剃阴阳头；他们没有娶老婆的权利；奴隶主激怒他们、残害他们，甚至杀死他们。奴隶主还可以将他们卖到角斗场去从事斗兽表演。如果有奴隶杀死奴隶主，那么这个被杀奴隶主家的所有奴隶都要被钉死在十字架上，哪怕不是凶手。在希腊的某些地方，尤其是雅典，奴隶的命运没有这么凄惨，但也很可怜。对于这些奴隶而言，那些突破罗马防线入侵的蛮族，不是他们的敌人，而是解放者。

当时的奴隶制度已经根深蒂固，奴隶参与着大多数行业的工作，承担着划桨、开矿、冶金、修路和建筑等重型劳动。此外，几乎所有的家务也都落在他们身上。城市和农村有贫穷的自由民和半自由民为谋生而劳作，他们是有着工匠和监工身份的工薪阶层，与奴隶竞争上岗，但这个阶层占总人口的百分比我们不得而知。不同的区域和时期，这种百分比会大不相同，各地的奴隶制也大相径庭。在有些地方，奴隶白天在鞭子的威胁下去农场和石矿劳作，晚上被戴上镣铐；而在有些地方，奴隶可以像自由民一样耕种小块田地，或做自己的手工活儿，但必须向奴隶主缴纳大笔租金。

罗马还出现了武装奴隶。公元前 264 年，在布匿战争初期，罗马各地逐渐再现了以前的伊特鲁里亚人驱使奴隶格斗的场景。几乎每个罗马富人都养了一群角斗士，这些角斗士的真正使命是保护主人的安全，但有时也在角斗场上格斗。罗马也出现了一些知识性奴隶。在罗马共和国后期，罗马征服了希腊、北非和小亚细亚等一些高度文明的城市，同时抢夺了大量受过教育的战俘。罗马小阔少的家庭教师通常就是有文化的奴隶。奴隶也会担任富人的图书管理员、秘书和学者。富人养一个诗人，就像养一条杂技狗一样容易。近代的文学批评传统，在这种奴隶制度的熏陶下得以缓慢发展。罗马出现了一些专门买卖奴隶的商人，他们把天生聪颖的儿童奴隶买回家进行调教，然后以高价转卖出去。奴隶们被调教成图书抄写员、珠宝工匠和各行各业的工人。

从富人共和国的侵略战争到大瘟疫之后的帝国瓦解，在这 400 年的时间里，罗马奴隶的地位发生了巨大变化。公元前 2 世纪，战俘人口众多，罗马人残酷无情地折磨奴隶。奴隶没有任何权利，读者们也无法想象他们所遭遇的暴行。然而，公元前 1 世纪，罗马文明对待奴隶的态度发生了很大的变化。一方面由于战俘人数不断减少，奴隶变得贵重一些；另一方面，奴隶主们开始意识到，提高这些不幸奴隶的自尊，可以带来更大的利润和更舒适的享受。况且，正义感逐渐复苏，道德风尚越来越具有影响力。高尚的希腊精神压制了古罗马的暴行。比如，奴隶主不可以再卖奴隶去跟野兽角斗；奴隶拥有“特有财产”的所有权，可以领取工资作为奖励，还可以结婚成家。很多地方的农业方式不适合群体劳动，或仅仅适合季节性的群体劳动。渐渐地，这些地方的奴隶演变成农奴，他们可以自己劳作，向奴隶主上交一部分产品，或者在某些季节为雇主工作。

当我们意识到，由于说拉丁语和希腊语的罗马帝国在公元后的 200 年里实行了奴隶制，拥有尊严和自由的人数何其少，所以才招致帝国衰落与瓦解的悲惨结局。罗马很少有我们当今的家庭生活，可以自我节制和积极思考与学习的家庭少之又少；学校和学院寥寥无几，还相距甚远，更别提自由意识和自由精神。古罗马留下令人惊叹的大道、规模宏大的建筑、法律和权力的传统，却无法隐瞒一个历史事实——这些徒有虚表的繁华都是建立在禁锢意志、束缚智力、扭曲欲望的基础之上。甚至支配这个镇压、约束和强制劳动力的庞大王国的少数统治者们，也会心神不宁、郁郁寡欢。艺术、文学、科学和哲学，这些自由、快乐心灵催生的果实，也被淹没在这样的氛围当中。当时，抄袭和模仿之风很风靡，出现了大量盲从迂腐、卑躬屈膝的艺术工匠。在英勇无畏和崇高的精神活动方面，大罗马 400 年的灿烂成果无法与仅繁荣 100 年的小雅典相比。雅典在罗马的控制下走向衰落，亚历山大城的科学也走向衰落，那个年代的人类灵魂似乎也跟着走向衰落。

第36章　罗马帝国统治下的宗教发展

在基督教诞生前的200年中，在罗马和希腊帝国的统治下，人类的灵魂充溢着焦虑和沮丧。奴役和暴行风靡一时；傲慢和炫耀随处可见；宁静、荣誉和永恒的幸福鲜为人知；穷人遭到富人的鄙视和压榨，命运十分凄惨；富人疯狂地寻欢作乐，同时又胆战心惊地过日子。在大多数城市中常常上演着血腥的角斗场景，人与兽之间进行着难以想象的残忍厮杀。人们如此生活，内心的极度焦虑充分地体现在宗教信仰上。

自从雅利安游牧民族首次侵犯古代文明以来，古老的庙宇神灵和祭司就必定会改变或消失。农民在经历了几百代人的变迁之后，建立了浅黑色人种的文明，形成了以庙宇为中心的生活和思维模式。清规戒律、扰乱常规的恐惧心理、献祭活动和神话故事，主宰着他们的心灵。他们膜拜的神灵，在我们今天看来是如此荒诞不经，因为我们属于雅利安化的世界。但对于那些古老的民族来说，这些神灵是梦境中重复出现的神奇事物，让他们深信不疑。在苏美尔或埃及，如果一座城市占领了另一座城市，前者就会换掉后者的男神与女神，或者给他们改名换姓。然而，敬神形式和敬神精神丝毫不会改变。他们在梦里仍然可以看见神灵，只是神灵的模样发生了变化。早期的闪米特侵略者和苏美尔人在精神层面上没有太大差异。当他们掌控了美索不达米亚文明的宗教权之后，也没有改变宗教的本质，更不曾强制埃及人进行宗教改革。在托勒密王朝和恺撒王朝，埃及的神庙、神坛和祭祀制度一直保持着本来的面貌。

如果一个民族征服了另一个社会和宗教习俗相似的民族，那么两个民族之间就可以进行同化或合并，以解决两个民族有关神灵的冲突问题。如果这两个民族的神灵在本质上相似，那么两个神灵就可以合二为一。祭司和老百姓通常会说："这两个神灵就是同一个，只是名字不同罢了。"这种多神合一的现象叫作"众神崇拜"。大约公元前1000年，罗马历史进入大征服时代，那就是一个典型的"众神崇拜"时代。在很多地方，出现了一个统一的主神，这个主神取代了地方神灵，更准确地说，这个主神吞并了地方神灵。后来，巴比伦和希伯来的先知们宣称人类只有一个神灵，即“正义之神”，当地的老百姓也接受了这种说法。

在大多数情况下，神与神之间的差异很大，彼此之间难以相融，只好凑合着混合在一起。在希腊人尚未征服爱琴海之前，人们十分崇拜女神，于是便有了女神嫁给男神的说法；接着，人们将某些动物神灵和星宿神灵，比如大象、蛇、太阳、星星等进行拟人化；随着战争的蔓延，在战争中胜利的民族之神被视为光明之神，在战争中失败的民族之神被视为光明之神的天敌——邪恶之神。在世界神学史上，随处可见改变、同化、弱化地方神灵的现象。

埃及是由众多城邦联合而成的国家，因此“众神崇拜”非常盛行。当时，埃及的主神是丰收之神奥西里斯，人们在丰收季节祭拜该神。据说，法老就是丰收之神在人间的化身。奥里西斯掌管人间的五谷丰登，还曾经多次死而复生，掌管人类长生不老的秘诀。人们用很多形象来象征丰收之神，比如朝升夕落的太阳、将卵埋进地里就可以复活的甲虫等。后来，牛神阿庇斯和丰收之神奥里西斯合二为一，成为地下之神——塞拉庇斯，塞拉庇斯娶了爱神伊希斯。伊希斯又名哈索尔，原本是母牛之神，她还是新月之神和海洋之星。当丈夫塞拉庇斯仙逝之后，伊希斯诞下了儿子了荷露斯，他是黎明和雄鹰之神，之后成为另一位奥里西斯。人们将爱神伊希斯塑造成怀抱婴儿站在新月之上的形象。上面提到的神灵之间的故事并没有太多的逻辑性可言，那时候的人类思维还没有发展到严谨和连续的状态，人们只是凭借想象力来编故事，逐步被后人流传下来。除了上面讲述的三种神灵之外，古埃及还有一些神秘而邪恶的神灵，比如黑夜之神和死亡之神，他们是诱惑之神、吞噬之神，是人类和众神的天敌。

无论哪一种宗教体系，都会朝着适应人类灵魂需要的方向发展。虽然埃及人民信奉的宗教信条有点荒诞，但毋庸置疑的是，人们可以从宗教信仰中找到某种心灵慰藉和精神寄托。埃及人民对灵魂永生有着极为强烈的渴求，因此他们的宗教生活注重对永生的追求。埃及的宗教信仰不同于其他宗教，埃及人民追求对灵魂永生的独特理解，坚信人世轮回的传说。后来，外来民族征服了埃及领土，埃及神灵失去了政治意义，埃及人民却更加迫切和强烈地信奉来世的说法。

希腊攻陷埃及之后，埃及的宗教中心转移到了新兴的亚历山大城，它也成为整个希腊的宗教中心。后来，托勒密一世建立了敬奉着三位一体之神的塞拉贝姆大神殿，三位一体之神就是地下之神塞拉庇斯、爱神伊希斯和雄鹰之神荷露斯。埃及人民认为，地下之神塞拉庇斯与希腊众神之王宙斯、罗马主神朱庇特、波斯太阳神密特拉有着同等地位。在希腊势力范围之内的每一个角落，都弥漫着这种崇拜之情，包括当时的印度北部和中国西部地区。那些贫苦的老百姓坚信灵魂永生的观念，并为“来世可以得到报偿”的传说倍感欣慰。人们把地下之神塞拉庇斯视为“救赎灵魂的天神”。当时，一首赞美塞拉庇斯的诗歌写道：“当我们死去的时候，天神依然陪伴在我们的身边，并呵护着我们的灵魂。”同样，也有很多人信奉伊希斯，并尊称她为“天后”，把她的神像供奉在神殿之中，上香祭拜、贡献祭品。另有一些剃度的僧人，用一生去守候女神的祭坛。

罗马帝国在崛起，宗教崇拜在兴起，于是，通往西欧的大门被打开了。罗马大军抵达苏格兰和荷兰，塞拉庇斯—伊希斯教和灵魂永生的教义也蔓延到了这些地方。那个时候有很多与此教相对立的宗教，其中最为突出的是发源于波斯的密特拉教，它专门祭拜密特拉神，祭品一般是仁慈的圣牛，只是它的祭拜仪式早已失传，似乎是一种比烦琐的塞拉庇斯—伊希斯教祭拜更加原始的仪式，让人们回忆起日石文化时期的血祭仪式。那时的人们认为，新生命是从鲜血中诞生出来的，他们在祭拜神灵的时候，会在神牛的腹部切开一个小口，让鲜血喷流而出。然后，密特拉教徒们用神牛的鲜血进行洗礼，他们站在祭坛之上，让神牛的鲜血洒到自己身上。

上述两种对立的宗教，与罗马帝国统治初期市民和奴隶所信奉的其他宗教一样，都属于个人宗教，它们所关注的只是个人的救赎和永生。在此之前的宗教都是社会宗教——神灵首先是属于国家的，其次才是属于个人的。那时的祭祀活动属于社会公共事务，关注的是整个世界的集体需要，而不是个体需求。后来，希腊人把宗教与政治隔离开来；接着，罗马人把宗教与政治隔离开来。于是，宗教在埃及传统的指引下逐渐演变成个人属性。

这种新兴的、提倡灵魂永生的个人宗教，让人们削减了对旧宗教的激情，却没有真正取而代之。在罗马帝国统治初期，那些有代表性的城市一般都设有神庙，供奉着各路神灵，比如罗马神朱庇特的神庙、恺撒大帝神庙。虽然当时恺撒大帝仍然在位，但也压制不了他自我崇拜的激情，他还曾经向埃及法老学习如何做神灵。通常情况下，这些神庙的祭拜仪式都是庄严、呆板的政治性仪式，人们去参加祭拜，为的是彰显自己的虔诚。然而，人们去伊希斯神庙祭拜的时候，通常怀着别的目的——向天后倾诉个人的苦恼，祈求天后给予指点和援助。当时的人们可能还敬奉各种地方神灵，比如塞尔维亚人一直信奉原来的迦太基女神维纳斯；波斯人一直信奉密特拉教，其教坛设在地下神庙或洞穴中，有奴隶或士兵把守；犹太人也信奉他们看不见的上帝，还成群结队地聚集在犹太教堂里阅读《圣经》。

罗马的国教带有政治色彩，给犹太人造成了莫大的困惑，他们拒绝参加对恺撒大帝的公祭活动，至少不愿意向罗马国旗致敬。因为他们认为上帝要求信徒绝对忠诚于自己民族的神灵，不可以崇拜其他神灵。

早在佛陀释迦牟尼之前，东方国家就有了各种苦行僧，无论男女，他们都将一切姻缘、财富、享乐置之度外，希望借助禁欲、隐居、苦行等修炼方式挣开世俗的羁绊与苦恼，以寻求精神上的慰藉。然而，佛陀本身非常反对苦行修炼，只是很多信徒都过着非常严酷的生活。在希腊，有一些微不足道的宗教也信奉类似的教义，有的信徒甚至以自残来表达自己的虔诚之心。公元前 1 世纪，在犹太城和亚历山大城的犹太人聚居区产生了禁欲主义思想。他们摒弃了尘世生活，专心致志地进行苦行修炼和玄秘冥想。艾塞尼教派是其中的典型代表。公元 1~2 世纪，这种寻求超脱现世苦难和拒绝享乐的信仰，在全世界整整流行了 200 年。这种信仰驱散了之前对神庙、祭司、固有秩序和法律秩序的坚定信念。那是一个充满恐惧、暴力，肆意挥霍、炫耀的奴隶制时代，人们内心的憎恶与畏惧之情宛如蔓延的瘟疫一般。于是，人们为了内心的安宁，宁愿放弃一切世俗的享乐，过上苦行修炼的生活。如此一来，塞拉贝姆大神殿和密特拉教洞穴里都挤满了痛哭忏悔的善男信女。

第 37 章　耶稣的教义

在罗马帝国的第一任皇帝奥古斯都·恺撒统治时期，犹太城里诞生了一位伟大的救世主——耶稣，也即基督教的开创者。于是，罗马帝国兴起了以耶稣命名的基督教，此教不断发展，最后成为罗马帝国的国教。

如果将神学与历史分开，将更便于进行研究。很多基督教信徒认为，耶稣就是当初犹太人信奉的“世界之神”的化身。然而，历史学家则无法接受这种观点，当然也没有理由否认。耶稣曾经以肉身出现，历史学家应该把他当作一个人来研究。

耶稣第一次出现时，他的身份是犹太城里的一位先知。在提比略统治时期，耶稣大约 30 岁，他学习以前犹太先知的方式进行传道。对于他传道之前的生活，我们不得而知。

了解耶稣生平和传道经历的唯一方法，就是阅读现成的 4 部《福音书》。这些书籍向我们展现了一个清晰的人物形象。凡是阅读过《福音书》的人，大多都会说：“原来耶稣这个人曾经真实存在过，而非杜撰出来的神话人物。”

然而，耶稣那清瘦而坚定的形象是被后人扭曲了的，正如后人们用盘坐的镀金佛像来扭曲释迦牟尼的形象一样。现代基督教艺术受到了风俗和误传的影响，因而耶稣的形象严重失真。实际上，耶稣只是一个贫困潦倒、靠施舍为生的传道士，漂泊在尘土飞扬、酷热难挡的犹太城，完全没有后人们想象中的高大形象。画像中的耶稣好像空中飘过的神仙，头发整齐、身材挺拔、肌肤光洁、衣服整洁，他的周围是一片静止的世界。正是因为这些画像的失真，导致很多现代人怀疑耶稣的存在。

如果能够抹去粉饰，那么出现在我们面前的就是一位懂得喜怒哀乐、真诚热情、有血有肉的人。耶稣的教义简单而深刻：上帝是博爱、仁慈的父亲，天国即将降临人间。耶稣显然是一位具有强大人格魅力的人，他让所有穷苦大众和弱势人群有了活下去的勇气，他的教义吸引了很多信徒，并让他们的心中充满爱和勇气。可惜的是，耶稣的身体十分虚弱。据说，他在犹太国进行了 3 年的传教，当他到达耶路撒冷时，有人迫害他，指控他想在犹太建立一个异教王国。于是，当时的法律判定他和两个小偷一起被钉在十字架上。他背负十字架前往刑场，却在途中几经昏厥。由于体弱多病，早在两个小偷归天之前，他已仙逝，结束了在人间的苦难之旅。

耶稣的教义就是天国的教义，是一种改变人类思想的革命性教义。在那个时代，人们无法充分了解这种教义的真正含义，当人们知道这种教义与原有的习俗和制度针锋相对时，便畏缩不前了。实际上，这种教义的主旨在于宣扬一种毫不妥协的坚定信念，期望人类抛弃纷争，改变和净化自己的生活。在这里只解释这种教义对传统观念的影响力，感兴趣的读者就去阅读《福音书》吧。

犹太人一直相信正义之神是世界上唯一的神灵，还懂得世俗交易的道理，他曾经与犹太祖先亚伯拉罕订立了有利于犹太民族的契约，承认犹太民族是世界上最优秀的民族。然而，耶稣却宣扬对立的教义，他教导人们：上帝是一位慈父，他对万物生灵不偏不倚，像太阳普照大地上的每一个角落一样公平；在上帝看来，无论是好人还是罪人，大家都是兄弟姐妹；上帝没有与任何民族做过任何交易，在天堂里，没有上帝的宠儿，也没有上帝选中的民族。耶稣的教义否定了上帝对他们的特殊保障，让犹太教徒十分沮丧和恼怒。耶稣所宣扬的天堂，既没有特权，也没有特别优越的民族，更找不到超越他人的任何借口。在《福音书》的寓言中，耶稣表达了对犹太人不良心态的鄙视，那是一种一味夸耀本族而贬低其他民族和教派的心态；在劳动人民的寓言中，犹太人一向强调本民族在上帝面前享有特权，耶稣否定了这一点，他告诫信徒：无论你是谁，上帝都将接纳你进入天堂，他会平等对待任何人，上帝的恩泽是平等、无处不在的。除此之外，耶稣还用很多寓言来倡导人们尽力行善，比如《埋藏银子》、《寡妇捐钱》等。

在耶稣看来，犹太人狭隘的民族主义不仅代表着愤怒，还包含着浓厚的家族主义情感。耶稣教导人们，天堂是一个由各民族教徒组成的大家庭，他希望上帝的博爱精神可以感化犹太人狭隘的家族情感。

《圣经》上记载：

当耶稣在里面对众人说话的时候，他的母亲与兄弟站在外面等着和他说话。有人告诉耶稣："请看外面，你的母亲和兄弟正站在外面，他们想跟你说话呢。"耶稣却回答说："我的母亲是谁？我的兄弟又是谁？"接着，他指着教徒们，说道："请大家环顾四周，在座的就是我的母亲和我的兄弟姐妹。所有遵循上帝旨意的人，都是我的母亲和兄弟姐妹。”

（选自《马太福音》第12章，第46~50节）

耶稣宣扬四海之内皆兄弟，上帝的父爱是博大的，同时排斥狭隘的民族主义与家族主义情感，谴责一切私有财产和任何形式的个人生活与利益，以及贫富不均的经济制度。他教导人们：一切私有财产都属于上帝，全天下的人类都属于上帝，上帝是人类的父亲，是一切的主宰，每个人都应该尽心尽力为上帝效劳。

《圣经》上还记载了这么一个故事：

就在耶稣刚要起程的时候，一个人跑来跪在他的面前，急切地询问：“完美的主啊，请你告诉我，我如何才能进入天堂呢？”耶稣反问道：“你怎么可以说我是完美的呢？只有上帝才是完美的化身。你想要上天堂，只要做到圣诫中的条例即可——不能偷盗、不能行骗、不能杀人、不能奸淫、不能作假证，还有，一定要孝敬父母。”那人回答说：“主啊，我从小就把这些圣诫条例铭记在心，从来不曾违反过。”耶稣充满爱怜地看着他，然后说道：“可是，你还有一件事没做到——变卖你的一切财产，分发给贫穷的人们，那样你就会在天堂里拥有财产了。当你完成济贫义举的时候，请拿上十字架跟我走吧。”那人听后，悻悻地离开了，因为他不想变卖自己的巨额财产。那人走后，耶稣看了看四周，对他的信徒说：“恐怕那些大财主们很难达成进入天堂的愿望啊！”信徒们都对耶稣的话感到困惑。耶稣继续解释道：“我的孩子们，请你们听好了，那些大财主们太依赖财富了，因此他们很难进入天堂，这种难度大于骆驼穿过针眼的难度。”

（选自《马太福音》第十章，第17~25节）

耶稣一边宣扬上帝会把所有人类凝聚在一起，一边强烈谴责传统宗教与上帝订立契约的做法。同时，他还排斥那些为了虔诚而死守戒规的坚贞行为，这一点，有相关的文字记载：

犹太民族中的法利赛人问耶稣：“为什么你的门徒不遵守古代人民的遗训呢？他们竟然用没洗净的俗手吃饭！”耶稣回答说：“在我看来，你们真的像先知以赛亚说的一样，都是伪善的人。人们表面上用嘴唇亲吻我，内心却离我远去。对我的顶礼膜拜也是徒劳，因为他们所教导的只是人定的戒律而已。对上帝的训诫，你们置之不理，却对人定的戒律坚守不移，就好比做一些刷锅洗碗之类的烦琐小事。”

然后，耶稣又对法利赛人说：“你们所抵制和拒绝的是上帝的教导，为的是坚持你们自己的传统习惯。”

（选自《马太福音》第七章，第1~9节）

很多迹象表明，耶稣的教义不只是一种社会和道德层面上的革新，还存在着很显著的政治倾向。他曾经说过，天堂不属于这个世界，天堂也没有王位，它存在于人们的心中；无论人们在哪里，天堂在人们心里占据的地位有多么高大，外部世界的变革就会有多么持久。

哪怕信徒们是瞎子、聋子，或者聆听教义时有多么心不在焉，也不可能感觉不到耶稣要改变世界的坚定决心。他的理论要略以及他的受审、受刑过程，都明显地向我们展示了这种心态。他当时提出了一系列方案，目的就是拓展人类的生活、改变人们的现状、融合人们的思想。

耶稣的教义，观点鲜明，目的就是让全天下的人们平等地生活。富人们认为，耶稣就是一个可怕的道德狩猎者，要把他们从原本富裕和舒适的洞穴中挖掘出来。富人们还认为，耶稣的教义简直就是洪水猛兽，时时刻刻要吞没他们的世界。耶稣让富人们把自己的全部财产都拱手交出，纳入全人类的宗教生活当中。耶稣心中的天堂，没有特权、没有炫耀、没有私有财产、没有民族优越感，也没有其他的欲望和报应，只有光芒四射的博爱，很抽象，很渺茫。人们对这样的教义感到迷茫，不知如何是好。有些人开始反对他的教义，甚至他的信徒也颇有非议。对于那些祭司来说，耶稣与他们更是针锋相对、势不两立，两者经常进行着你死我活的较量。在罗马帝国的士兵看来，耶稣的教义超出他们的理解力，却又真实地威胁到他们的切身利益，这让他们感到震惊。于是，他们给耶稣戴上用荆棘编成的头冠。他们如此抵制耶稣的教义，是因为他们认为，如果接纳耶稣的教义，就意味着他们将要放弃原有的习俗、改变自己的本能、克制自己的冲动，过上一种胆战心惊的怪异生活，还要去探寻一种莫名其妙的幸福……

第 38 章　天主教的发展

我们可以通过阅读 4 部《福音书》来了解耶稣本人以及他的说教，但是关于基督教的教义，这些书中却鲜有提及。如果要彻底了解基督教信条，那就只能在《使徒书》中找到答案，这本书的作者是耶稣最忠实的信徒圣保罗。

圣保罗是基督教教义最重要的创始人，他的原名是扫罗。扫罗从来不曾见过耶稣本人，也不曾听过耶稣的说教。在耶稣被钉死在十字架上以后，扫罗曾经迫害过一小批耶稣的信徒，于是他名声大振。后来有一天，他突然皈依基督教，并改名为保罗。圣保罗思维敏捷，热衷于各种宗教运动，对犹太教、拜日教和拜王教了如指掌，还曾把这些宗教中的很多理念和精神引进基督教当中。圣保罗没有发扬有关天堂的教义，但是他坚持认为，耶稣不只是上帝承认的救世主，还是犹太人的领袖。圣保罗还教导人们，耶稣的死是一种殉道，正如以前血祭时的殉难者一样，是为拯救人类而付出生命的代价。

当时，各个宗教同时发展、同步兴旺，通常会借用彼此的宗教仪式和别具特色的表现形式。比如，中国的佛教和道教截然不同，两者却互相借用对方的僧侣规范、庙宇建筑和宗教仪式。同样，基督教借用了拜日教和拜王教中的削发为僧、为神灵塑像、设立祭坛、烧香上供、集体诵经等活动，还采纳了拜王教和拜日教中的祷告用语和神学思想。当然，这种做法并没有让人们对基督教的宗旨产生质疑和轻视。这些兴旺的宗教和其他不兴旺的宗教同时存在，各个宗教都在寻找和吸收自己的信徒，于是有人改变了以前的信仰而皈依了其他宗教。在不同的时期，统治者会根据需要扶持不同的宗教。在这些宗教当中，统治者更容易猜忌的就是基督教，因为基督教的信徒和犹太人一样，不愿意向恺撒施礼。仅凭这一点，统治者就会将基督教看成反叛宗教，更何况耶稣本人还提倡革命思想。

圣保罗要求信徒们必须记住一点，耶稣会与奥西里斯一样，能够死而复生，并为人类带来永生。后来，基督教日渐壮大，信徒们对阐述耶稣和圣父关系的神学产生了分歧。撒伯里乌派认为，耶稣是天父的化身，上帝是耶稣也是天父，只是他们的角色不同罢了，如同一个人可以既是工匠又是父亲一样；阿里乌教派认为，耶稣是神但不是天父，天父的地位比耶稣高很多，耶稣的地位应该在天父之下；三位一体教派认为，上帝是三位一体的神灵，集圣父、圣子、圣灵为一体，这种教义更为玄奥。曾经有一段时期，阿里乌派似乎在论战中占了上风。后来，各种教派之间进行了一系列辩论和斗争，甚至还发生过暴力事件。最后，三位一体教派的教义变成了基督教的信条。关于这一转变过程，《亚大纳西信经》中有详细的叙述。

我们不想在此花太多的笔墨来评论这些神学辩论，因为它们对历史所产生的影响，相对于耶稣的教义所产生的影响而言，是微乎其微的。耶稣的教义教导人们：四海之内皆兄弟，上帝是全人类的慈父；任何人的灵魂都是上帝居住的殿堂，异常神圣。这种教义的确为人类的道德和精神生活开创了新时代，对后来人类社会和政治生活的发展产生了极其深远的影响。后来，基督教的地位被确定下来，基督教的教义也得到了广泛传播，一种人类的尊严也确立起来。有些反对基督教的批评家们指出，圣保罗曾经向奴隶宣传服从之道，但 4 部《福音书》明确记载了耶稣主张人们要站起来反抗压迫。另外，基督教极力反对竞技场上践踏人身体和尊严的残酷角斗，这一点更能说明问题。

在耶稣死后的 200 年里，拥有新主张和新思想的基督教吸引了越来越多的信徒，基督教的教义也渗透到整个罗马帝国。罗马帝国历代皇帝对基督教持有不同的态度，有的包容，有的敌视。公元 2～3 世纪，新生的基督教受到了压制。自从公元 303 年以后，罗马帝国皇帝戴克里先开始迫害基督教教徒，他命令法律不再保护基督教徒，并进行大量屠杀，还查封了基督教会积聚的巨额财富，烧毁了基督教的相关著作和所有的《圣经》版本。最值得一提的就是“焚毁书籍”事件，这意味着统治者已经察觉到书籍和文字在宗教精神传播方面发挥的重大作用。基督教和犹太教都是教导人们的宗教，都有相关文字专著，人们可以通过阅读来理解它们的教义和思想，这就是它们影响力历久弥新的原因所在。过去的宗教都没有像它们一样依赖人类的理性和智慧。在即将到来的蛮族入侵西欧的战乱当中，基督教成为保存学术传统的中流砥柱。

基督教继续发展，戴克里先皇帝的镇压和迫害丝毫没有让其消沉下去。在很多地方，统治者迫害基督教的愿望都没有得逞，因为很多官民都是基督教的信徒。公元 311 年，伽列里乌斯皇帝颁布了大赦令。公元 324 年，君士坦丁成为罗马帝国的皇帝，他对基督教教徒十分友善，还在临死之前接受了皈依基督教的洗礼。为了把基督教的标志刻在军队的旗帜和盾牌上，他甚至放弃了一切圣号。

后来，在短短的几年内，基督教就获得了更加稳固的地位，一跃成为罗马帝国的国教。那些与基督教相互竞争的其他宗教，有的被基督教吞并，有的则迅速灭亡。公元 390 年，狄奥多西大帝颁布了一条销毁亚历山大城里所有朱庇特像的诏令。公元 5 世纪以后，罗马帝国境内只剩下基督教的祭司和庙宇。

第 39 章　蛮族入侵，帝国分裂

公元 4 世纪后，罗马帝国的政治开始走向衰落，道德趋向瓦解，领土也遭到蛮族的侵略。那个时期，罗马帝国的皇帝都是崇尚武力的军事独裁家，经常根据军事策略的需要频繁迁都。他们有时把意大利北部的米兰作为首都，有时迁都到今天塞尔维亚的西尔敏或尼什，有时又把小亚细亚的尼科米底亚定为都城。罗马城位于意大利中部，远离帝国的核心地带，不再适合做首都，因此日渐衰落。但是，罗马帝国的大部分疆域依然一派祥和。罗马军队掌握大权，皇帝凭借手中的军队力量对人民进行着更加严酷的专制统治，越来越类似于波斯和其他东方君主制国家。戴克里先大帝披戴上类似东方的皇袍和皇冠。

总体上来看，罗马北部的边疆都设立在多瑙河与莱茵河沿岸。此时，这些地方已经遭到外族的入侵。比如，法兰克人和其他日耳曼民族入侵莱茵河地区；汪达尔人侵扰匈牙利北部地区；西哥特人侵略达契亚（今罗马尼亚）地区；东哥特人占领俄国南部；阿兰人进军伏尔加河流域。与此同时，匈奴进攻欧洲，阿兰人和东哥特人被赶往西方，或被迫向匈奴人朝贡。

在亚洲地区，波斯帝国重新崛起，这给罗马帝国造成了巨大压力，罗马领土开始不断缩小。波斯帝国在萨珊王朝的统治下变得蒸蒸日上。在此后的 300 年里，波斯帝国一直是罗马帝国在亚洲最强劲的竞争对手。

感兴趣的读者浏览一下那个时候的欧洲版图，就可以发现罗马版图存在着明显的薄弱地带，比如在今天的塞尔维亚和波斯尼亚地区，多瑙河向南拐了个弯，呈现出 U 字形，亚得里亚海距离这个拐弯处仅 200 英里，这一段区域便是连接东方希腊语世界和西方拉丁语世界的交通枢纽。在那个年代，罗马人从来不曾管理过海上交通，境外蛮族却投入大量兵力去争夺该区域，如果战争胜利，罗马帝国的领土和势力必将分裂成两部分。

如果罗马国力昌盛，就可以夺回达契亚，可惜当时的罗马帝国势力已经大不如从前。君士坦丁是一个具有雄才大略的皇帝，他将入侵的哥特人赶出罗马要塞巴尔干，最终却无法将罗马帝国的边界扩张到多瑙河对岸。他一度为了恢复日渐消亡的帝国精神绞尽脑汁，也曾借助基督教的凝聚力来感召罗马人民，让他们团结起来抵御外敌入侵，他还下旨将赫斯庞特海峡附近建设成为永远的都城。人们为了纪念君士坦丁大帝的丰功伟绩，将新都命名为君士坦丁堡。可惜直到他去世，新都仍未竣工。在君士坦丁大帝执政晚期，发生了一件很怪异的事情：长期遭受哥特人奴役的汪达尔人突然请求迁入罗马帝国境内，君士坦丁大帝竟然同意了他们的请求，并赐给他们一片土地——潘诺尼亚地区，也即今天多瑙河西岸的匈牙利。如此一来，汪达尔士兵变成了名义上的罗马士兵，但他们保留了自己民族的指挥官，罗马并未将其同化。

君士坦丁大帝为重振罗马帝国，付出了一生的心血，最后精疲力竭，操劳至死。君士坦丁大帝死后不久，哥特人再次攻破了罗马帝国的边境，几乎攻入君士坦丁堡。在艾德里安堡，他们大败东罗马帝国皇帝瓦伦斯，并效仿汪达尔人在潘诺尼亚的做法，在今天的保加利亚地区驻扎下来。表面上看他们是罗马帝国的臣民，实际上他们却是罗马帝国的征服者。

公元 379~395 年，狄奥多西大帝统治着罗马帝国。那时，罗马帝国在表面上很完整，但当时的军事形势不容乐观。哥特人阿拉列掌控着巴尔干半岛的军队；汪达尔人斯底利哥统率着意大利和潘诺尼亚的军队。公元 4 世纪末，狄奥多西大帝去世，留下了两个儿子，长子阿卡丢与次子霍诺留。阿拉列在君士坦丁堡推举阿卡丢继承皇位，斯底利哥在意大利推举霍诺留继承皇位。阿拉列和斯底利哥假借天子的名义发号施令，以此来抢夺罗马帝国的掌控权。阿拉列还大举进攻意大利，猛烈围攻并占领了罗马城（公元 410 年）。

公元 5 世纪上半叶，罗马帝国的整个欧洲部分成为那些掠夺成性的蛮族军队的抢夺目标。如今，我们很难描述当时复杂的世界形势。法兰西、西班牙、意大利和巴尔干半岛地区的繁华大城市依然存在，但是那里的百姓却过着贫穷、单调、恐惧的生活，他们常年遭受侵略者的践踏，人口急剧下降，经济日益衰落。地方官吏称霸一方，假借皇帝的名义镇压人民。教堂依然存在，但祭司们大多是没有学识和能力的人，甚至是文盲，他们心中充满了迷信和恐惧。值得欣慰的是，在那些未曾遭受劫掠的地方，随处可见书籍、绘画、雕刻等艺术作品。

罗马帝国日益衰退，到处都是一片荒凉，农村生活也不如往昔。有些地方因战乱与瘟疫的蔓延变得渺无人烟；有些地方盗匪猖獗，拦路抢劫。蛮族可以轻而易举地入侵这些地方，并选举自己的首领为当地的统治者，担任罗马帝国的官职。如果入侵者是半文明的民族，他们一般会采取比较宽容的政策对待被征服的居民。他们主动学习拉丁语，与当地居民友好交往，甚至联姻。但是，有些入侵者属于农耕民族，比如野蛮的盎格鲁人、撒克逊人和朱特人，他们对城市不感兴趣，于是大规模驱逐了当地的罗马化居民，并用自己的日耳曼方言取代当地的语言。日耳曼方言最终演变成英语。

在此，我们不详细介绍日耳曼人和斯拉夫人为争夺财富和寻求家园而南北转战的暴乱情景，仅以其中的汪达尔人为例来简单介绍一下。在德意志东部，汪达尔人登上了历史舞台。前面提到，他们过去定居在潘诺尼亚。大约在公元425 年，他们跋山涉水来到西班牙，却发现西哥特人和一些日耳曼人早已在此建立了自己的王国。公元 429 年，汪达尔国王金塞里克率领汪达尔人从西班牙出发，渡海抵达北非。公元前 439 年，汪达尔人占领了迦太基，并创建起一支舰队，获得了海上的控制权。公元 455 年，汪达尔人占领罗马城，那是一座尚未恢复元气的城市——早在近 50 年前，阿拉列就洗劫并占领了罗马城。后来，西西里、科西嘉、撒丁以及地中海西部很多岛屿被汪达尔人掌控。从疆域上来看，迦太基人在 700 年前建立的海上帝国和汪达尔人当时建立的海上帝国相差无几。公元 477 年，汪达尔人的帝国势力达到顶峰，然而汪达尔人只是该帝国的统治力量之一。1 个世纪之后，查士丁尼一世登上了皇帝宝座，这个海上帝国开始日益昌盛。但好景不长，查士丁尼一世去世后，该帝国的全部领土都沦为君士坦丁堡帝国的领土。

汪达尔人的入侵故事，只是众多类似冒险故事中的一个。后来，一批蒙古系匈奴人和鞑靼人来到此地，他们与以往的侵略者没有任何亲缘关系，只是比以往的侵略者更加凶猛和强悍，他们是精明能干、活力四射的黄色人种。只是，西方世界还尚未领教过他们的厉害。

第 40 章　匈奴人和西罗马帝国的灭亡

匈奴侵略者进攻欧洲，人类历史翻开了崭新的一页。大约在公元前 1 世纪，匈奴人还不曾真正接触过北欧人。拉普人千里迢迢从北方丛林的冻土地带向西迁移到拉普兰地区，却不曾在人类历史舞台上发挥任何作用。千百年来，人类历史的进程似乎颇具戏剧性，除了埃塞俄比亚人曾经入侵埃及等地区之外，东方的黄种人和黑色人种几乎从来不曾侵犯西方的雅利安人、闪米特人和浅黑色人种。

游牧的匈奴民族向西迁移，其原因有两点。第一，中国汉朝时期的领土不断扩张，人口急剧增加，国力日益昌盛；第二，中国的气候条件发生了变化，有的地方降雨量增多，沙漠中长出绿草，有的地方降雨量减少，森林和沼泽逐渐消失，还有的地方时而暴雨、时而干旱，严重影响了匈奴人的生活。此外，还有一个相对次要的原因，罗马帝国人口减少、经济萧条、国力衰退，需要吸收新生力量。罗马共和国后期的富人们挥霍无度，军人出身的税赋官横征暴敛，削弱了帝国的财产和活力。因此，可以总结出匈奴人向西迁徙的原因、途径和时机——东方生活的压力、西方帝国的衰落以及东西方之间畅通无阻的道路。

公元 1 世纪，匈奴人来到俄国欧洲部分的东部边界，直到公元 4~5 世纪，这个马背上的民族才真正统治了这片草原。公元前 5 世纪是匈奴人的世纪。第一批进入意大利的匈奴人就是傀儡皇帝霍诺留的主子——汪达尔人斯底利哥的雇佣兵团。不久，他们又占领了汪达尔人的原始居地潘诺尼亚。

公元 525~550 年，匈奴人当中涌现出一位伟大的军事将领阿提拉。阿提拉的军事力量十分强大，他在控制匈奴的同时，还统治日耳曼人。他的帝国势力范围包括从莱茵河到欧洲大平原，再到中亚的大片领土。他曾派使者前往中国，还曾在多瑙河东岸的匈牙利平原上建立大本营，用以接待使者，比如君士坦丁堡的使者普利斯克斯先生，此人在《出使记》中曾提到过阿提拉帝国。

这些匈奴人与被他们驱逐的原始雅利安人在生活方式上有着很多的相似之处，比如，普通居民居住在小屋或帐篷中，部族首领则居住在有围栏的木屋中，后者经常在木屋中举办宴会、饮酒作乐、聆听吟游诗人的说唱表演。即便是亚历山大大帝的马其顿骑士，也宁可待在阿提拉的营帐中，而不愿待在礼节烦琐的君士坦丁堡宫廷中和颓废不堪的狄奥多西二世（阿卡丢的儿子）身边。

游牧民族曾一度在地中海地区对希腊和罗马文明产生了重要的作用，就像很久以前，野蛮的希腊人对爱琴文明造成了巨大的影响一样。好像历史在一个更大的舞台全演了一遍。较之因季节变化而迁徙的半农半牧的古希腊人，匈奴人更喜欢真正的游牧生活，他们经常发动侵略战争，还到处抢劫，但从来不曾定居在某个地方。

多年来，阿提拉一直在欺凌狄奥多西国王。阿提拉的军队沿路大肆抢掠直抵君士坦丁堡。英国历史学家吉本考证表明，阿提拉摧毁了 70 多座巴尔干半岛上的城市。狄奥多西曾经以重金和贡品收买阿提拉，然后又派刺客追杀他，均以失败告终。公元 451 年，阿提拉改变进攻路线，转而进攻罗马帝国的拉丁语居民区。后来，匈奴人大举进军高卢，几乎将高卢北部城镇洗劫一空。就在这时，罗马人与法兰克人和西哥特人联合起来，共同抵抗阿提拉的军队，结果在特鲁瓦战役中大败阿提拉。根据相关统计，这场战役规模宏大，15 万～30 万士兵战死沙场，它打击了阿提拉侵占高卢的野心，但没有彻底摧毁阿提拉的军事力量。第二年，阿提拉率领大军进攻意大利，并取道威尼西亚，沿途将帕多瓦、阿奎拉、米兰洗劫一空。

接着，大批难民逃离意大利北部，帕多瓦的难民逃到了亚得里亚海北边的泻湖岛，并在那里建立了最初的威尼斯城。中世纪时，威尼斯城迅速发展成为世界上最繁华的商贸中心。

公元 453 年，阿提拉娶了一位年轻的妻子，但在隆重的婚宴之后，他就猝死了。他的侵略联盟也瞬间瓦解。自此，匈奴族融入周围人口稠密的雅利安各族当中，历史上不再有独立的匈奴民族。尽管如此，罗马帝国的最终灭亡还是跟匈奴人的大肆入侵有关，这是可以确信的历史事实。在阿提拉死后的 20 年里，汪达尔人和其他雇佣军团先后扶植了 10 位罗马帝国皇帝。公元 455 年，来自迦太基的汪达尔人进攻并占领了罗马。公元 476 年，日耳曼人的雇佣军首领鄂多亚克废黜了潘尼亚人的皇帝罗慕路斯·奥古斯都——这是一个令人敬畏的名字。接着，鄂多亚克通知君士坦丁堡宫廷：从现在起，西罗马不再需要皇帝了。西罗马帝国就这样尴尬地结束了。公元 493 年，哥特人狄奥多里克成为罗马帝国的君主。

在整个中欧和西欧地区，蛮族首领纷纷割地为王，在各自的地盘上掌控大权，只在表面上效忠皇帝。在这期间，出现了几百个甚至几千个各自为政的王侯。在高卢、西班牙、达契亚、意大利等地，拉丁语中虽然掺杂了一些当地方言，但它仍是通用语言。在不列颠和莱茵河东部地区，日耳曼语是通用语言。其中，波希米亚地区的通用语言是斯拉夫语系的捷克语，只有少数高级祭司和接受过教育的人可以用拉丁文进行阅读和写作。在那个年代，掌权者们垄断着财富，人民大众生活在水深火热之中，城堡建筑不断增加，道路状况却每况愈下。公元 6 世纪早期，整个西方世界走向衰落，呈现出一幅政治黑暗、文化衰败、社会支离破碎的凄惨景象。如果不是基督教徒和修道士的存在，拉丁文化就会消失殆尽。

罗马帝国崛起的原因是什么，罗马帝国全盘瓦解的原因又是什么？起初，公民权理念让罗马人民万众一心，罗马帝国才得以昌盛。从罗马共和国开始扩张到罗马帝国建立初期，大多数罗马百姓非常看重法律保护下的公民权，将其视为罗马公民的权利和义务，甘愿为它作出任何牺牲。罗马帝国也一度因为公民权的伟大与公正而闻名天下。可惜在布匿战争时期，这种公民权理念遭到财富递增和奴隶制蔓延的破坏。尽管公民权的概念得到了广泛传播，但早已变得面目全非了。

罗马帝国毕竟只是一个十分原始的组织机构：它不教育公民；没有对人民大众解释国家体制；没有让民众参与任何国家事务；没有一个确保民众能达成共识的学校教育体系；没有发布一条支持民众集体活动的新闻。自从马略与苏拉统治时代以来，热衷于争权夺利的军事家们从来不曾让公民参与帝国的事务。公民权的概念已经悄然消失，却没有人注意到这一点。人类社会中的所有帝国、政府和组织，最终都离不开人们的共识和意志。罗马帝国已经不再拥有这种意志，因此它必然会走向灭亡。

公元 5 世纪，尽管拉丁语系的罗马帝国走向灭亡，但它的名望和传统得以延续和发展，因为有一半基督教会使用拉丁语。帝国瓦解，基督教却依然存在，这是因为后者体现了人类的思想意志，并将相关著作和庞大的教师和传教士团体凝聚在一起，其力量远远大于任何法律和军队。公元 4~5 世纪，基督教不但没有跟随罗马帝国一起消失，反而迅速蔓延到整个欧洲。当阿提拉准备入侵罗马时，罗马大主教仅凭借道德的力量就打消了他的念头，这是任何军队都无法做到的事情。

罗马大主教即罗马教皇，声称要成为基督教会的最高领导人。既然罗马不再有皇帝，那么罗马教皇就会同时拥有皇帝称号和皇帝特权。他还自封为“大祭司长”，成为罗马领土之内职位最高的祭司，这是先前皇帝享有的最为古老的一种称号。

第 41 章　拜占庭帝国与萨珊帝国

希腊语系的东罗马帝国比拉丁语系的西罗马帝国具有更加旺盛的政治生命力。公元 5 世纪，罗马帝国的发源地西罗马帝国最终灭亡，东罗马帝国却躲过了此次劫难。阿提拉严重地威胁着狄奥多西二世，并大肆侵占东罗马帝国的领土，但是君士坦丁堡安然无恙；努比亚的军队沿着尼罗河南下，并肆意洗劫上埃及，是亚历山大城和下埃及却繁华依旧；萨珊王朝的波斯军队入侵小亚细亚，但是这里的大部分地区都成功抵御了外敌。

西罗马帝国的人们也许会认为，公元 6 世纪是一个暗无天日的世纪。但是，此时的东罗马帝国是希腊势力的复兴时期。公元 527～565 年在位的东罗马帝国君主查士丁尼一世是一位具有雄才大略的人，他的皇后狄奥多拉是一名才华横溢的演员。在海上军事方面，查士丁尼一世不但从汪达尔人手中夺回了北非，还从哥特人手中夺回了意大利的大部分领土以及西班牙南部的统治权。在宗教文化方面，查士丁尼一世在君士坦丁堡建立了宏伟的圣索菲亚大教堂，还组织人员编纂罗马法典。同时，他还努力创办大学，甚至宣布关闭新办大学的竞争对手雅典的哲学院——这是一所柏拉图时代传承下来的千年学府。

自从公元 3 世纪开始，波斯帝国一直是拜占庭帝国的天敌。两大帝国的战乱使得埃及、叙利亚和小亚细亚的人民长期生活在动荡不安之中。公元 1 世纪，这里人口众多、生活富足、文明程度较高，可是，后来的常年混战、杀戮抢劫、苛捐杂税，让老百姓民不聊生，也让帝国走向衰落。可怜的农民零星地居住在这片土地上，城市也变得颓废不堪。这个衰落过程令人黯然神伤，此时的埃及境况相对乐观。亚历山大城与君士坦丁堡一样，依然承载着东西方的萧条贸易。

波斯帝国和拜占庭帝国之间的频繁战争，导致科学和政治哲学都停滞不前，甚至与帝国一样渐渐走向消亡。雅典最后的哲学家们带着无比的敬意和崇高的求知欲望去保护古代的伟大文献，可惜这些文献还是没能逃脱查士丁尼一世的禁令。这一时期，人们知识匮乏、心智混乱，没有一个人可以做到大胆地独立思考，从而勇于传承这些文献中自由探索和自由言论的精神。原因有二：一是当时的社会和政治动荡不安；二是这两个帝国排外心理十分严重，它们都采取了自己新的宗教形式，极大地妨碍了人们的精神自由。

这些古老的帝国通常都是宗教支配的帝国，其生活中心不是膜拜神灵就是敬奉神圣如神灵的皇帝。比如亚历山大大帝曾被视为神灵；恺撒王朝的历代帝王都有自己的神庙祭坛，人们对他们敬香膜拜，认为这是忠于罗马帝国的象征。然而，古代的宗教只是行为和事实的宗教，并非占据人们心灵的宗教。如果一个人向神灵贡献祭品并鞠躬行礼，这就足够了，至于他心里想些什么，却并不重要。但是，新兴的宗教不一样，尤其是基督教，它关注人类的内心世界，并要求人们理解这种信仰，而不只是表面上的信奉与恪守。于是，有关信仰本质的激烈辩论随之展开。因为新兴的宗教都是精神信仰的宗教，所以世界上诞生了一个新名词——正教，它将人类的行为、语言和思想，都界定在一套严格的教义当中。如果一个人将教义理解错误，并将错就错地传给他人，那么这种错误不仅仅是知识性失误，还将导致道德的沦陷，灵魂的灭亡。

公元 3 世纪，阿尔达希尔一世建立了萨珊王朝。公元 4 世纪，君士坦丁大帝重振了罗马帝国。这两位君主都发现宗教团体是利用和控制人民意志的新途径，于是寻求了这些团体的援助。公元 4 世纪末期，这两位君主开始大肆打击宗教革新和言论自由。在波斯，阿尔达希尔一世发现了一种正合他意的宗教，这种古老的波斯宗教拥有自己的庙宇和祭司，还有在祭坛上点燃圣火的仪式。于是，阿尔达希尔一世将此宗教定为国教，命名为琐罗亚斯德教，意为拜火教。公元 3 世纪，拜火教开始迫害基督教和其他教派。公元 277 年，摩尼教的创始人摩尼被残酷地钉在十字架上，死后尸体被剥皮。在君士坦丁堡，基督教的异教徒们被赶尽杀绝。摩尼教的思想违背了基督教的信条，因此遭到最剧烈的打击；作为回击，基督教的信念也破坏了拜火教的纯洁性。如此一来，人们会认为一切宗教思想都是模棱两可的。科学的光辉也因此黯然失色，因为科学的前提就是拥有不受干扰的自由思想。

战火在拜占庭帝国的大地上蔓延，那里到处充斥着人类的恶行和邪恶的神学，演绎着一幕幕惊险的画面，美好与光明的岁月荡然无存。当北方蛮族侵略的势头略减，波斯帝国和拜占庭帝国就会在叙利亚和小亚细亚的土地上挑起战争，使得民不聊生。即便这两个帝国放下武器、结成同盟，也未必是北方蛮族的对手。突厥人即鞑靼人，在登上历史舞台的初期，总是忙于与他国结盟。公元 6 世纪，拜占庭皇帝查士丁尼一世和波斯帝国萨珊王朝国王科斯洛伊斯一世成为彼此最强大的对手。公元 7 世纪初，拜占庭皇帝赫拉克利乌斯与波斯帝国萨珊王朝第 22 代君主科斯洛伊斯二世（580 年继位）之间也形成了对峙局面。

在赫拉克利乌斯继位（610 年）之前，科斯洛伊斯二世一直处于优势地位。他征服了安提阿、大马士革和耶路撒冷后，又抵达小亚细亚的加尔西顿，与君士坦丁堡相对峙。公元 619 年，他又征服了埃及。然后，赫拉克利乌斯开始了反击。公元 627 年，赫拉克利乌斯率军在尼尼微打败波斯军队，当时波斯还派兵驻守加尔西顿。公元 628 年，科斯洛伊斯二世被儿子卡瓦德谋害篡位。如此一来，两个帝国都元气大伤，之后两者之间进入一段短暂的和平时期。

波斯帝国和拜占庭帝国之间爆发了最后一次战役。但是，一场出人意料的沙漠风暴结束了这场旷日持久的战争。

当赫拉克利乌斯忙于恢复叙利亚的正常秩序时，突然收到一封信。这封信最初被送往大马士革南边的波士特拉城的帝国前哨，用的是阿拉伯语，一种晦涩难懂的闪米特语系。皇帝收到这封信的时候，必须请翻译来解释才能弄懂信的意思。写信人自称“穆罕默德先知”，他在信里奉劝皇帝认可并服务于“唯一的真主”。皇帝的回复并没有历史记载。

在特西丰，卡瓦德也接到了同样的信。卡瓦德看后非常恼怒，他撕毁了来信，还赶走了信使。

这个所谓的“穆罕默德先知”，是阿拉伯民族中的贝都因人首领，他的军队总部设在不起眼的沙漠小镇麦地那。他宣扬的是一种信仰“唯一的真主”的新宗教。

这位穆罕默德说：“真主啊，卡瓦德既然如此大逆不道，那就让他亲手毁灭自己的王国吧！”

第 42 章　中国的隋朝和唐朝

公元 5~8 世纪的 400 年中，匈奴人从来不曾停止过西进的步伐。阿提拉的匈奴部族只是这些西进大军中的先锋队而已。后来，匈奴人在一些地方建立了定居点，如芬兰、匈牙利、爱沙尼亚和保加利亚，他们的后代说的是类似的突厥语，一些居住在保加利亚的突厥人说雅利安语。匈奴人冲击着欧洲、波斯和印度的雅利安文明，正如公元 10~15 个世纪以前，雅利安人冲击着闪米特和爱琴文明一样。

突厥人在如今中亚的西土耳其斯坦取得了稳固的地位。很多在波斯的突厥人担任官吏或成为雇佣兵。这时，帕提亚人已经吸收了波斯文化，融入了波斯民族，退出历史舞台。雅利安人也退出了中亚历史，取而代之的是匈奴人。突厥人控制了从中国边境到里海的亚洲领土。

公元 2 世纪末，一场瘟疫让罗马帝国元气大伤，也让中国汉朝走向衰落。因此，中国又变得四分五裂，再加上匈奴人的入侵，中国人民生活在动荡不安之中。然而，中国的复兴比欧洲更为迅速和全面。公元 6 世纪末，隋朝统一了中国。后来，东罗马皇帝赫拉克里乌斯在位时期，唐朝取代了隋朝，这标志着中国进入一个繁荣昌盛的新时代。

公元 7~9 世纪，中国成为世界上最安定文明的国家。汉朝不断向北部扩张领土，隋唐两代则向南扩张，并将文明传到南方。中国在中亚的边界已经越过了附属的突厥族领地，一直延伸到波斯与里海，当时的中国版图与今天的格局已经不相上下。

再次崛起的中国（隋唐时期）与汉朝时期有着很大的区别。一种更具活力的新兴的文学形式诞生了，即一场伟大的诗歌复兴运动。同时，佛教的普及让人们的哲学和宗教思想发生了根本性变化。艺术创作、工艺技能和居家生活等方面都有了很大发展。中国人有了喝茶的习惯，还发明了造纸术和木板印刷术。欧洲和西亚人烟稀少，人们住在简陋的茅屋里、隐匿的山寨中或城墙包围的城镇中，而此时中国人正过着有条不紊、安宁稳定、优雅舒适的生活；当西方人沉溺于荒唐的神学无法自拔的时候，中国人却拥有了宽容、开放、探索的自由精神。

公元 627 年，东罗马皇帝赫拉克里乌斯在尼尼微战胜，中国唐朝皇帝唐太宗登基。赫拉克里乌斯希望背着波斯帝国寻求一个强大的盟国，于是派使者出使唐朝。公元 635 年，一队基督教传教士来到中国，成功获得了向唐太宗讲解《圣经》的机会。唐太宗阅读了《圣经》的中文译本，并宣布接受这种外来宗教的思想，还特许在中国建造教堂和修道院。

公元 628 年，穆罕默德派遣使者来中国。这些使者从阿拉伯出发，沿着印度海岸来到广东。唐太宗对使者的态度与对卡瓦德和赫拉克里乌斯的态度大相径庭，他彬彬有礼地倾听了使者的布道，并产生了极大的兴趣，还派人在广州修建清真寺。据说，这是世界上现存的最古老的清真寺。

第 43 章　穆罕默德和伊斯兰教

即便是一位业余的历史研究者，在熟知 7 世纪初的世界历史形势之后，也会自然而然得出如下预言——几百年以后，蒙古人种必将掌控欧亚大陆的统治权。那时，西欧没有任何要建立秩序和缔结联盟的迹象；波斯帝国和拜占庭帝国一直互相排挤；印度国力下降，甚至有灭亡之象；强盛的中国不断对外扩张，人口甚至多于欧洲总人口；新兴的中亚国家突厥，效仿中国在扩张领土。因此，蒙古人种主宰欧亚大陆的预言并非空穴来风。公元 13 世纪，一位英勇的蒙古可汗成吉思汗，征服了从太平洋沿岸到多瑙河的辽阔疆域。同时，突厥人统治了东罗马帝国和波斯帝国全境，以及埃及和印度的大部分区域。

如果说前文中的预言有些失误，那么，究其缘由，是因为忽略和低估了阿拉伯沙漠地带的潜在力量和欧洲拉丁语地区的复兴力量。自远古时代以来，阿拉伯半岛仿佛就是弱小游民躲避战乱的港湾。几百年来，闪米特人从来不曾在此建立自己的国家。

但是后来，贝都因人突然登上了人类的历史舞台，演绎了 100 年的精彩历史。他们不断传播自己的语言和文化，从西班牙一直到中国的边界。他们还将一种全新的文化带到这个世界上，即新兴的宗教阿拉伯宗教，它迄今为止依然是世界上最活跃的力量。

穆罕默德是麦加城一位富商遗孀的年轻丈夫，他点燃了阿拉伯宗教的圣火，第一次为世人所知。在 40 岁之前，穆罕默德一直默默无闻，只是对宗教辩论表现出极大的兴趣。那时，麦加城是一个异教城市，供奉着一块闻名阿拉伯世界的“麦加黑石”。麦加城是朝圣者们向往的圣地，但是很多犹太人居住在阿拉伯半岛，阿拉伯半岛南部地区信奉的是犹太教，叙利亚信奉的却是基督教，有基督教堂为证。

与 1200 年前的希伯来先知一样，穆罕默德在 40 岁时获得了预言本领。他先给自己的妻子灌输“唯一真主”的理念，然后传授给她善有善报、恶有恶报的思想。当然，他的思想在很大程度上受到基督教和犹太教的影响。他召集一些信徒，让他们跟随在自己左右，在大街上公开反对朝圣者的“偶像崇拜”理论。但是他的行为遭到了麦加市民的憎恶，因为正是那些朝圣者曾让麦加城变得繁荣昌盛。然而，穆罕默德并不气馁，他更加大胆和鲜明地传授思想。他说，耶稣基督和亚伯拉罕是神灵挑选出来的先知，自己是神灵指派的最后一位先知，他的使命就是完善宗教体系。

他创作了很多诗歌，并说这些都是天使传授给他的能力。他还声称上帝给他托梦，让他接受上帝的使命。

穆罕默德的影响力不断壮大，最后引起了市民的忌恨，他们策划了一个阴谋陷害他。他和他的朋友兼弟子艾卜·伯克尔得知这个消息之后，迁移到麦地那，信奉穆罕默德的麦地那人友好地接待了他们。之后，麦加和麦地那之间展开了战争，最后以谈判而告终。麦加的教徒承诺穆罕穆德是先知，并信奉“唯一真主”的理念，但他们执意要像以前一样在麦加朝圣。如此一来，穆罕默德在没有打乱麦加朝圣传统的前提下，确立了自己作为“唯一真主”的地位。公元 629 年，穆罕默德回到了麦加城，成为麦加城的领导者。公元 630 年，他派使节前往各地，去拜访各国统治者，其中包括卡瓦德、赫拉克里乌斯和唐太宗等。

穆罕默德花了 4 年多时间来扩张自己的势力，到 632 年去世，他的势力范围一直伸展到整个阿拉伯。穆罕默德在他的余生里娶了很多妻子，从现代人的角度来看，他并不完美，但具有虔诚的宗教激情，是个矛盾的综合体。他曾经口述过一本有关伊斯兰教的著作——《古兰经》，并宣扬这是上帝的圣谕。就其文学性和哲学性而言，《古兰经》算不上完善之作。

尽管穆罕默德的生活与作品都有着明显的缺陷，但他传授给阿拉伯人的伊斯兰教义却有着巨大的能量和启迪意义。第一，他确立了“一神论”，指出圣父是唯一的真主，信徒们必须全心全意地信仰他、膜拜他，这确保了神学的单一性。第二，伊斯兰教属于完全先知性的宗教，其宗教思想彻底摆脱了祭司和神庙，杜绝了血祭惨状的发生。《古兰经》明确规定麦加朝圣是一种限制性的仪式活动，以免产生纠纷。穆罕默德还采取了各种预防措施，以避免人们在他死后将他神灵化。第三，伊斯兰教还强调，不管哪个人种、何种出身、何等地位，任何人在真主面前都是一律平等的兄弟姐妹。

因为上述种种特征，伊斯兰教在人类事务中形成一股强大的影响力。据说，伊斯兰帝国的真正创始人不只穆罕默德一个，还有他的朋友和助手艾布·

伯克尔。如果说善变的穆罕默德成就了伊斯兰教最原始的精神和想象力，那么艾布·伯克尔就是良知和希望的创造者。每次穆罕默德动摇的时候，艾布·伯克尔都会坚持下去。当穆罕默德去世后，艾布·伯克尔成为哈里发（伊斯兰教主），他带着坚如磐石的信念，真诚而又理智地将自己奉献给伊斯兰教的事业。此外，根据他 628 年在麦地那写给各国君主的信件可知，他曾拥有一支大约三四千人的阿拉伯军队。

第 44 章　阿拉伯的伟大时代

人类的历史进入了令人惊叹的征服阶段。公元 634 年，在约旦河支流的亚莫克战役中，东罗马帝国赫拉克里乌斯皇帝染上了水肿病，加上在波斯战争中耗费了巨大的财力、物力，他的军队元气大伤。他只能眼睁睁地看着穆斯林军队不费一兵一卒占领了他刚刚征服的巴尔米拉、安提阿、叙利亚和耶路撒冷等地。随后，这些地方的居民皈依了伊斯兰教。接着，穆斯林军队转为东进。与此同时，波斯人在拉士丹找到了一位拥有一支象军的卓越将军。公元 637 年，该象队在卡迪西亚与阿拉伯人进行了持续 3 天的激战，却以失败告终。

于是，穆斯林帝国征服了波斯帝国，势力越来越大，领土扩展到小亚细亚，并一直延伸到中国的边界。穆斯林军队进犯埃及，还捣毁了亚历山大城图书馆中流传下来的图书抄本，埃及人几乎不战而降，臣服于这些信奉《古兰经》的侵略者。这次征服从非洲北部海岸一直延伸到直布罗陀海峡和西班牙。穆斯林军队征服埃及之后，建立了一支舰队，几乎拥有了占领君士坦丁堡的军事实力。公元 672～718 年，穆斯林军队多次在海上攻击君士坦丁堡，但是这座伟大的城市奋力反抗，最终抵挡住侵略军的步伐。公元 710 年，侵略军进攻西班牙；公元 720 年，侵占比利牛斯山脉。公元 732 年，阿拉伯侵略军进攻法兰西中部，但在普瓦蒂战役中一败涂地，只好撤回比利牛斯山脉。

阿拉伯帝国定都大马士革，帝国领土辽阔，西至西班牙，东至中国，但是帝国很快衰落下去。由于阿拉伯人信奉不同的信条，从而削弱了帝国的团结性。我们在此最关注的是对人类心智和共同命运所产生的影响，而非政治上的解体。从世界范围内的知识传播来说，阿拉伯文化的传播比 1000 年前的希腊文化更加迅速、势头更猛，对中国以西的世界人民产生了极其深远的影响，激发了他们的才智，更新了他们的观念。

新鲜活跃的阿拉伯思想与波斯拜火教、基督教和摩尼教碰撞出火花，还与叙利亚和希腊翻译文本中的希腊科学文献进行了亲密接触。同时，阿拉伯思想在世界各地激发了犹太人活跃的思辨传统，尤其是在西班牙。此外，阿拉伯思想在埃及融汇了希腊文化，在中亚接触了佛教，领略到中国的物质文明，比如中国的造纸术和书籍印刷术。最后，阿拉伯思想还接触到印度的数学和哲学。

不久以后，阿拉伯人遗弃了视《古兰经》为唯一宝典的排外性信仰，他们每征服一个地方，就会发展当地的学术活动。公元 8 世纪，所有的“阿拉伯化”世界均出现了教育机构。公元 9 世纪，西班牙科尔多瓦学校的学者们，常常与开罗、巴格达、布哈拉、撒马尔罕等地的学者进行书信交流；犹太人接纳了阿拉伯人的思想，这两种阿拉伯语系的闪米特人互相交流与合作了相当长一段时间。甚至在阿拉伯政权瓦解之后，他们之间的知识交流依然延续着，并在公元 13 世纪产生了较为显著的成果。

如此一来，闪米特人得以复兴，希腊人开创的系统积累与考证事实的方法也得以复兴。想当初，亚里士多德和亚历山大博物馆播下这颗知识的种子，后来历经数年，现在又重新发芽、生长。此外，医学、数学、物理学等领域也收获颇丰。比如，阿拉伯数字取代了烦琐的罗马数字，我们至今依然在使用；符号“0”第一次应用到数学中；化学和代数的一些术语源自阿拉伯语；大陵五、毕宿五和牧夫座等星座名称也源自阿拉伯语，这表明当时阿拉伯人已经熟悉某些天文知识；他们的哲学思想成为中世纪的法国、意大利以及整个基督世界的新思想。

当时，阿拉伯的实验化学家思想守旧，只知道专攻炼金术，因此被人们称为“炼金术士”。起初他们就知道自己的发明创造会给人类和自己带来多大的影响与好处。他们发明了很多有价值的东西，比如合金、香料、染料、蒸馏技术、药剂、光学玻璃等冶金方法和工艺技术。可是，他们没有实现自己所追求的“点金石”和“长生药”等主要目标。“点金石”就是将一种元素变成另一种元素，以获得冶炼黄金的秘籍。“长生药”是一种让人返老还童并延年益寿的药物。后来，这一系列折磨人的实验——阿拉伯冶金术传入了基督教世界，他们坚持不懈的精神也成为世人学习的榜样。接着，炼金术士的行为逐渐演变成一种社会性协作活动，他们意识到彼此之间互相沟通的益处。渐渐地，最后一批冶炼术演化成最初的实验哲学家。

古代的冶金术士总是试图寻求“点金术”与“长生药”。在这个漫长的探索过程中，他们却发现了近代的实验科学方法，它深刻地启迪人们去掌握自己乃至世界的命运。

第 45 章　拉丁语基督教的发展

值得注意的是，公元 7～8 世纪，雅利安人控制的势力范围明显在缩小。1000 年以前，雅利安民族控制了中国以西几乎所有的文明世界。如今，蒙古人种的势力范围已经扩张到匈牙利。雅利安人几乎失去除了小亚细亚的东罗马帝国之外的所有亚洲属地，以及西班牙的大部分领土和整个非洲。伟大的希腊世界已经失去往日的光彩，领土缩减到以君士坦丁堡为中心的小小范围之内；罗马帝国已经成为历史，人们只能凭借西方基督教祭司使用的拉丁语回忆那个曾经的繁华帝国。与上述几个衰落国家形成鲜明对比的是，在经历了千年的黑暗岁月之后，闪米特人的文化传统得到了前所未有的复兴。

然而，日耳曼人在北欧的生命力并没有衰竭下去。他们的社会和政治思想十分混乱，他们的势力只局限于欧洲中部和西北部，但是他们并没有放弃希望，而是悄悄地为复兴做准备，缓慢而沉稳地建立起一种全新的社会秩序，以便打造一个更为强大的帝国。

前文已经讲过，公元 6 世纪，西欧已经失去了统一的中央政权，地方王侯纷纷割据、各自为政。但是，这种局面没有持续太久，一种新的体制渐渐诞生于这种混乱的局面中，这就是封建制度，也即合作与联盟的体制。如今欧洲依然保留着封建制度的痕迹。封建制度实际上是强权社会的一种体现形式。在封建社会里，个人无论在什么地方都缺乏安全感，需要随时放弃部分自由来得到他人的援助和保护。个人需要找更有威信和力量的人来当自己的主人和保护者，然后效忠于这个主人，为其服兵役和纳税。与此同时，城市也在寻求保护者，甚至教会和修道院也在寻求类似的附庸关系。在大多数情况下，受保护人在获得保护前要向保护者发誓永远效忠。这样一种金字塔状的制度在双向发展着，时而自上而下，时而自下而上。这种制度在不同的区域有着很大的差异。最初，暴力冲突和私下斗争频繁发生，最终还是形成了一种新的法律秩序。随着这种金字塔状的制度不断发展与完善，封建制度得以形成。公元 6 世纪初，在当今的法国与荷兰早已出现了克洛维创立的法兰克王国，后来又相继出现了西哥特王国、伦巴第王国等。

公元720年，穆斯林军队穿过比利牛斯山脉，发现了法兰克王国。它由没落的克洛维王室的后裔王宫总管大臣查理·马特操控。公元732年，查理·马特在普瓦蒂战役中大败穆斯林军队，取得了决定性的胜利。查理·马特同时还统治着阿尔卑斯山以北，以及从比利牛斯山到匈牙利的欧洲领地，控制着一批法兰西拉丁语系、高地日耳曼语系与低地日耳曼语系的封建诸侯。后来，查理·马特的儿子丕平，不仅推翻了克洛维王朝，还夺取了该国的领土和称号。公元768年，查理·马特的孙子查理曼继承王位，他发现自己的王国如此庞大，于是多次萌发恢复“拉丁皇帝”称号的念头。后来，他率军入侵意大利北部，顺利成为罗马的统治者。

如果站在更为广阔的世界历史的角度来探求欧洲历史，那么我们将会比纯粹的民族主义历史学家更明白，拉丁罗马帝国的传统是多么压抑与痛苦。1000多年以来，欧洲人为了赢得虚幻的霸权地位而互相纠缠争斗，并为此付出了惨重的代价。纵观这一历史时期，各种战争发展到无法遏制的地步，令欧洲人几近疯狂。统治者的勃勃野心是导致争斗的原因之一，这一点在查理曼大帝身上体现得淋漓尽致，他一心想成为恺撒大帝。查理曼王国包括几个文明程度不同的日耳曼族封建小国。莱茵河以西的日耳曼人学会了各种拉丁化方言，这些方言逐渐演化成后来的法语；莱茵河以东的日耳曼人却继续使用日耳曼语。于是，这两支征服者之间的交流变得困难起来，国家也开始走向分裂。查理曼大帝去世后，根据法兰克王国的惯例，他的儿子们继承王位，加速了国家的分裂。查理曼大帝之后的欧洲历史，首先是一部君主与王室成员争夺帝位、王位、爵位、主教之位与欧洲城市掌控权的斗争史，同时导致日耳曼语民族的矛盾日益加深。那个年代，皇帝登基时都会进行加冕仪式，因为他们最大的愿望就是想尽一切办法去占领那个破旧不堪、徒有其名的罗马城，并在那里举行加冕仪式。

欧洲局势混乱的第二个原因，是罗马教会不希望世俗的王子继位，而是希望罗马教皇成为皇帝。其实，罗马教皇早就成为“大祭司长”，他出于实际目的才掌控了日渐衰落的罗马大权；他没有部队，却在拉丁语世界拥有队伍庞大的教士宣传体系；他没有控制人类肉体的能力，却可以操控人类的灵魂，有一把可以决定人们通往天堂还是地狱的神奇钥匙。在整个中世纪，罗马教皇为了成为至高无上的皇帝，以便平分与掌控权力，于是以基督教世界终极主宰者的身份，盛气凌人地出现在人们面前，调停王侯们的纷争，试图让他们听从自己的指令。他们时而显得老谋深算，时而显得老态龙钟——因为他们都是年迈之人，而且他们的平均任期不超过两年。

但是，王侯之间的争斗以及国王与教皇之间的冲突，不是造成欧洲局势混乱的全部原因。当时的君士坦丁堡还有一位宣扬要掌控整个欧洲的希腊语系皇帝，但他复兴的只是拉丁语系的罗马帝国。于是，希腊语系罗马帝国和拉丁语系罗马帝国之间的矛盾迅速滋长，其中，希腊语基督教徒和新兴的拉丁语基督教徒之间的冲突一触即发。罗马教皇声称自己是基督教的最高首领，即基督教的第一圣徒圣彼得的继承人，但这并没有得到君士坦丁堡的皇帝和主教们的承认。于是，有关“三位一体”信条的合理性，引发了激烈而长期的论战。1054 年，统一的基督教会走向分裂，希腊语系教会与拉丁语系教会开始划清界限并公开对立。中世纪时，拉丁语基督教派走向衰落，这正是两种教派对立冲突的结果。

基督教世界走向分裂后，又出现了 3 组对抗的势力。在北海沿岸和波罗的海一带，生活着一群残存的北欧诺曼人，他们拒绝基督教的教义，基督教很难同化他们。他们依靠以海盗为生的海上居民，曾在整个基督教势力范围内大肆抢劫。向南，他们抵达西班牙的海岸；向东，他们沿着俄罗斯河前进，来到荒芜的河流中部，还曾在河流南部开辟航道；同时，他们还将劫掠范围延伸到里海与黑海；在俄国，他们创建公国，成为最初的俄国人，且差点就侵占了君士坦丁堡。公元 9 世纪初，当英格兰还是一个信奉基督教的低地日耳曼语系国家时，其国王是查理曼大帝的门徒和学生埃格伯特。后来，阿尔弗烈德大帝继承了埃格伯特的王位。公元 886 年，诺曼人夺走了阿尔弗烈德大帝统治下一半的英格兰领土。公元 1016 年，诺曼人在克努特的领导下占领了英格兰的全部领土。公元 912 年，另一支诺曼人在罗尔夫的率领下占领了法兰西北部，并在此建立起诺曼底公国。

克努特大帝掌控了英格兰、挪威、丹麦这 3 个地方的大权。在他死后，帝国很快土崩瓦解，这是蛮族政治的弱点——先王的儿子们瓜分帝国。如果诺曼人继续统一下去，将会发生什么呢？这是一个耐人寻味的问题。诺曼人是一个活力四射的强悍民族，他们曾经驾驶大木船前往冰岛和格陵兰岛，成为第一批踏上美洲大地的欧洲人。后来，诺曼人从撒拉森人那里夺回了西西里岛，还洗劫了罗马城。我们想象一下，克努特王国原本可以发展成为一个更加强大的海上强国，势力范围从美洲一直延伸到俄国。

在日耳曼人和拉丁化欧洲人的东部地区，混居着斯拉夫人和突厥部族。其中，占优势地位的是马扎尔人，也即匈牙利人，他们于公元 8~9 世纪西迁至此。查理曼大帝曾经统治过他们，查理曼大帝死后，他们就在今天的匈牙利境内定居下来，他们也曾像同一人种的祖先匈奴人那样，在每年的夏天抢劫欧洲人。公元 938 年，他们越过德意志，进军法兰西，再穿过阿尔卑斯山，抵达意大利北部，然后打道回府，一路上烧杀抢劫。

后来，已经获得大部分制海权的撒拉森人，从南方猛烈进攻罗马帝国的残余势力。他们唯一的海上强敌就是黑海的俄罗斯诺曼人和西部的诺曼人。

当时，这些强悍好战的部族包围着罗马帝国，在帝国的周围设下各种潜伏的危机和势力，但是，查理曼大帝和他之后的野心家们以神圣罗马帝国的名义，上演着一场又一场罗马帝国的复兴闹剧。查理曼大帝死后，西欧的政治生活还一直在“复兴”中纠结不定。与此同时，罗马帝国的希腊部分也开始走下坡路，最后只剩下没落的君士坦丁堡和它周边的几英里土地。查理曼大帝死后的千百年里，欧洲社会呈现出一片死气沉沉的惨相。

在欧洲的历史上，查理曼大帝可谓闻名天下，但他的个人形象却模糊不清。据说，他不会阅读，也不会写字，但他非常尊崇知识，喜欢在饭桌上听人朗读，还喜欢与人进行神学辩论。每年冬天，他会邀请一批学者前往亚琛或美因茨进行探讨，以从中获取知识，和他们一起探讨知识与学问；每年夏天，他则向西班牙、撒拉森、斯拉夫、马扎尔、撒克逊以及未开化的日耳曼等部族发起战争。但是，不知道他何时产生了继罗慕路斯·奥古斯都成为罗马皇帝的念头，也许在夺取意大利北部领土之前，也许是受到教皇利奥三世的怂恿，这位教皇的目的就是让拉丁教会脱离君士坦丁堡。

就教皇是否出席皇帝加冕仪式的问题，罗马教皇与未来皇帝之间存在着非同寻常的较量。公元 800 年的圣诞节，罗马教皇在圣彼得大教堂给前来祭拜的查理曼大帝举行了加冕仪式，这让人出乎意料。据说，当时教皇给查理曼大帝戴上一顶皇冠，还祝贺他成为奥古斯都和恺撒，在场的观众都热烈拥护，查理曼大帝却不高兴，因为他认为真正出风头的是教皇。后来，查理曼大帝给儿子下了一道密旨，让他禁止教皇插手加冕仪式，他要自己亲手加冕。在帝国复兴之初，教皇与皇帝之间就为了争权夺利而开始了长期的斗争。可惜，查理曼大帝的儿子，即历史上有名的“虔诚王路易”，并没有遵循父亲的遗训，而是服从教皇的安排。

“虔诚王路易”死后，查理曼帝国走向分裂。日耳曼语系的法兰克人与法语系的法兰克人之间的矛盾愈演愈烈。新继位的皇帝奥托是撒克逊人"猎鸟人亨利"的儿子。公元 919 年，奥托在德意志王侯和主教大会上被推选为德意志国王。随后，奥托势力向南扩展，一直到罗马城。公元 962 年，奥托登上了罗马皇位。公元 11 世纪初，这个撒克逊人的王朝走向灭亡，让位给德意志统治者。查理曼大帝开创的加洛林王朝结束之后，那些说法兰西方言的西部封建王侯和贵族们不再服从德意志皇帝的统治，不列颠也从神圣罗马帝国分离出来。诺曼底大公、法兰西国王和许多封建小诸侯也脱离了帝国的统治。

987 年，法兰西王国脱离了加洛林王朝，休 · 卡佩掌握了法兰西的政权。直到 18 世纪，他的子孙们依然统治着卡佩王朝。在休 · 卡佩时代，法兰西王国只管辖着巴黎及周边的一小块领地。

1066 年，国王哈罗德 · 哈尔拉德率领挪威诺曼人，诺曼底大公率领拉丁诺曼人，两支军队同时进攻英格兰。在斯坦福德，英格兰国王击败了挪威诺曼人；在黑斯廷斯，拉丁诺曼人却打败了英格兰军队。英格兰被诺曼人征服了，不再参与斯堪的纳维亚人、日耳曼人和俄国人的事务，而是与法兰西开始亲密接触，也引起了诸多冲突。在此后的 4 个世纪里，英格兰卷进了法兰西封建王侯的斗争中，把很多精力浪费在了法兰西战场上。

第 46 章　十字军东征与教皇统治时代

有趣的是，查理曼大帝与伊斯兰教哈里发曾经有过书信来往。后者就是《天方夜谭》中的传奇英雄哈伦·拉希德。据记载，哈伦·拉希德派使节从巴格达出发（巴格达如今已取代大马士革，成为穆斯林的都城），给查理曼大帝送去一顶华丽的帐篷、一座水钟、一头大象和圣墓教堂的几把钥匙。最后一个礼物巧妙地挑拨了东罗马帝国和新兴的神圣罗马帝国之间的关系，促使两国为争夺耶路撒冷基督徒的真正保护权而交战。

这些礼物让我们意识到一个事实：公元 9 世纪，当欧洲各国为争夺地盘而发生战乱时，埃及和美索不达米亚的大地上已经产生了一个繁荣、富强、高度文明的阿拉伯帝国。这里的科学和文学一片兴盛，艺术水平迅速提升，大众思维非常活跃，迷信和畏惧心理不曾践踏人们的精神世界。撒拉逊人统治的西班牙和北非陷入混乱的时局当中，但学术活动依然十分活跃。在欧洲 100 年的黑暗岁月里，犹太人和阿拉伯人一直在阅读和研究亚里士多德的作品，他们并没有抛弃那些被人遗弃的科学种子和哲学种子，而是顽强地守护着它们。

在哈里发统治区的东北部，居住着许多突厥部落，他们似乎大多是伊斯兰教徒，他们的宗教信仰与波斯人和阿拉伯人的学问追求相比，显得更为狂热与质朴。公元 10 世纪，阿拉伯人的国家日益衰落，即将土崩瓦解，突厥人的势力范围却日渐强大。突厥人和哈里发帝国之间的关系，就好像 14 世纪以前米提亚人和巴比伦末代帝国之间的关系。公元 11 世纪，塞尔柱突厥人来到美索不达米亚，表面上他们拥戴哈里发为君主，实际上哈里发只是他们的傀儡和俘虏而已；这些突厥人征服了亚美尼亚，清除了东罗马帝国在小亚细亚的残余势力；1071 年，发生了墨拉斯格德战役，他们彻底清除了东罗马帝国的统治势力；他们还攻打并占领了与君士坦丁堡隔海相望的尼西亚要塞。

东罗马帝国皇帝迈克尔七世被强劲而凶悍的敌人吓得束手无策。他与诺曼人进行了激烈的战争，后者占领了都拉索城；他还与渡过多瑙河的佩彻涅格人进行了激烈交锋。他身陷绝境，只好四处求援。但值得注意的是，他并没有向西方的皇帝寻求帮助，只是写了一封信给拉丁基督教的首领、罗马教皇格雷哥里七世。后来，他的继位人阿历克修斯·科穆宁更为急迫地写了一封求援信给罗马教皇乌尔班二世。

上面的故事发生在希腊教会与拉丁教会决裂后的第25年。那时，人们还很清晰地记得往日的争执场景。因此，对罗马教皇来说，拜占庭的灾难给了他一个绝好的机会，他可以借此来证明拉丁教会的地位远高于希腊教会。同时，罗马教皇还利用这个机会解决了另外两个影响西方基督教界的紧迫问题：一是愈演愈烈的私斗风气，严重地扰乱了当时的社会秩序；二是基督教化的北方人和低地日耳曼人，尤其是诺曼人和法兰克人，他们的战斗力过剩，需要一条宣泄的出路。于是，1095年，声势浩大的十字军远征开始了，这是一场宗教战争，其对象是圣城耶路撒冷的突厥侵略者。除此之外，教会还号召教徒停止基督教内部的任何战争。战争发动者们公开声明，一定要从异教徒手中收复耶路撒冷。据说，隐士彼得穿着粗布衣服，光着脚丫，骑着驴子，身上驮着一个巨大的十字架。他走遍法国和德国，在教堂、街头的每一个角落宣扬自己的长篇大论，用民主游说的方式进行广泛的宣传。他对突厥人向基督教徒实行的残忍行为表示谴责，并声称只有基督教徒才有资格掌管圣城耶路撒冷，否则就是基督世界的耻辱。基督教几百年来的传教激发了一股强大的浪潮，席卷了整个西方基督教世界。

当时，在人类历史上出现一种新现象，一个单纯的观念就可以在人民大众中产生强烈的反应，无论是在罗马帝国的历史上，还是在中国或印度的历史上，这种现象都不曾出现过。即便有过类似的现象，也都是规模很小的运动，比如犹太人从巴比伦人的囚禁中重获自由后的行为，以及后来的伊斯兰教徒都曾表现出这种团结精神。当然，这种运动与传教过程中出现的新精神之间有着紧密的联系。耶稣及其门徒、希伯来的先知、摩尼、穆罕默德都是人类灵魂的引导者，他们引导个人意识直接面向上帝。事实上，以前的宗教只是一种迷信，无法打动人的心灵。以前的宗教非常依赖神秘的祭祀，通常会在神庙里举行各种活动，通过恐怖手段控制人民大众。但是，新的宗教却不同，它更以人为本。

欧洲历史上的第一次平民暴动就是第一次十字军远征。如果将其称为“近代民主的诞生”，未免有些小题大做，但那时的确出现了近代民主。不久以后，新兴的民主意识大大冲击了各类社会和宗教问题。

这毕竟是第一次民众运动，结果可歌可泣。很多普通市民为了使圣城脱离困境，没有等待统帅和武器的到来，就迫不及待地从莱茵兰、法国以及中欧地区出发，向东挺进，这就是所谓的“人民十字军东征”。有两支队伍来到匈牙利，大肆杀害马扎尔人。事实上，他们犯了一个天大的错误，因为马扎尔人不久前皈依了基督教，不再是异教徒。后来，这两路人马遭到了屠杀。在莱茵兰，第三路人也不分青红皂白地屠杀犹太人，然后向东抵达匈牙利，在此遭到惨败。同时，彼得的两支军队到达君士坦丁堡，越过博斯普鲁斯海峡，遭到塞尔柱突厥人的杀戮。1096 年，欧洲第一次民众运动——十字军东征就此结束。

1097 年，真正的军队越过了博斯普鲁斯海峡。这支队伍的领导者和主力是诺曼人，他们占领了尼西亚。接着，他们沿着 14 个世纪以前亚历山大走过的路线前进，进军安提阿。他们耗时一年才攻陷了安提阿。1099 年 6 月，他们开始攻击耶路撒冷。一个月以后，他们发动了更加猛烈的攻击，对大批民众进行了惨无人道的大屠杀，到处血流成河，鲜血甚至溅到了骑马人的身上。7 月 15 日傍晚，十字军一路冲进耶路撒冷教堂，消灭了一切抵抗力量。他们十分疲劳，身上血迹斑斑，却喜极而泣，跪地祈祷。

不久以后，希腊人和拉丁人的矛盾变得更加尖锐。十字军是拉丁教会的仆从，而耶路撒冷的希腊大主教认为，圣城宁可被突厥人统治，也不能被骄纵的拉丁人统治。在这种情况下，十字军只好与突厥人和东罗马帝国作战。结果，东罗马帝国夺回了小亚细亚的大片土地，拉丁诸侯只剩下耶路撒冷和叙利亚一些小城邦，它们成为拉丁人和突厥人之间的缓冲地带，最终却也没能被保住。1144 年，穆斯林占领了叙利亚最主要的城市埃德萨。后来，开始了第二次十字军东征，这是一次毫无意义的东征，没有夺回失去的土地，只是安提阿得以幸存。

1169 年，库尔德冒险家萨拉丁掌握了埃及的统治权，他重新召集伊斯兰士兵，发动了一场反对基督教徒的战争。公元 1187 年，他占领了耶路撒冷，引发了十字军的第三次远征，但这次远征没有夺回耶路撒冷。公元 1202~1204 年，爆发了第四次十字军东征，拉丁教会不再找借口挑起与突厥人的战争，而是公开向东罗马帝国宣战。东征军从威尼斯出发，1204 年，他们占领了君士坦丁堡。威尼斯作为一座崛起中的贸易城市，在这次远征中起到了重大作用，使得东罗马帝国的很多岛屿和海岸都被纳入威尼斯的领土。在君士坦丁堡，佛兰德的拉丁人鲍德温被推选为皇帝，使得希腊教会和拉丁教会再次统一起来。公元 1204~1261 年，拉丁人皇帝统治着君士坦丁堡，直到希腊人摆脱了罗马人的统治。

如果说公元10世纪是北欧人的世纪，公元11世纪是塞尔柱突厥人的世纪，那么公元12~13世纪初就是罗马教皇的巅峰时期。在教皇的领导下，统一的基督世界出现了前所未有的高效势态。

几百年来，淳朴的基督教信仰在欧洲的广大地区源远流传，罗马却生活在黑暗与耻辱中。也许任何一位作家都不愿意为公元10世纪的教皇约翰十一世与约翰十二世辩解，因为他们实在令人憎恨。然而，拉丁基督教的教徒们仍然保持着淳朴的心灵和认真的态度，大部分修女和祭司都规范而虔诚地生活着，这就是教会的信心和力量所在。格雷哥里大教皇，也称格雷哥里一世（公元590~604年在位），利奥三世——为查理曼戴上皇冠的皇帝，都是历史上的伟大教皇。11世纪末，希尔德布兰德——教皇格雷哥里七世（公元1073~1085年在位），是伟大的政治家和圣职者，以及十字军第一次东征时的乌尔班二世（公元1087~1099年在位）。其中，后两位教皇让教皇控制皇帝的方式达到极盛时期。无论是从挪威到西西里和耶路撒冷，还是从保加利亚到爱尔兰，这个时期的教会拥有至高无上的权力。格雷哥里七世曾经逼迫亨利四世皇帝到卡诺萨请罪，亨利四世穿着麻衣，光着脚丫，在乡下城堡庭院的雪地里等待了3天。公元1176年，德皇腓特烈一世，即巴巴罗萨·弗里德里希，来到威尼斯，跪在教皇亚历山大三世的面前，宣誓永远效忠于他。

公元11世纪初，教会的伟大力量源自人们的意志与良知，然而教会没有维持道德威望的力量基础。到14世纪初，教会的权力已经不复存在。人民大众对基督教的信任明显减弱，不再听从它的召唤、行使它的旨意，原因何在呢？

第一个原因是教会贪财。教会将永远存在，一些孤寡老人把自己的土地作为遗产捐赠给教会，一些有罪并决定悔过的人也把自己的土地捐赠给教会。于是，四分之一的欧洲土地成了教会的财产，但教会的胃口和贪欲无休无止。公元13世纪，社会上普遍认为祭司不是好人，总想猎取金钱和遗产。

国王和王侯发现那些维持军事力量的封建领土都分给了修道士和修女，实际上还是由外国人支配着这些土地，因此十分憎恶这种财产转让行为。早在格雷哥里七世之前，就发生过王侯与教皇之间圣职任命权的争执，即有关谁来任命主教的争论。如果教皇掌控任命权，那么国王不仅失去了人民的信任，更失去了支配领地的权力。此外，教徒们享有免税权，只需向罗马缴税。此外，平民在向王侯缴税之外，还要向教会缴纳十分之一的税收。

公元11世纪，几乎所有的拉丁基督教国家都发生过这样的事情：教皇和君主为夺取圣职任命权发生了争执，最后的胜利往往属于教皇。教皇宣布，他有权解除人民对王室的义务，也有权认可王位继承人，有权将王侯驱逐出教会，也有权开除某个国家的教籍。那些被开除教籍的国家必须停止一切宗教职权，洗礼、坚信礼和忏悔等行为除外。那时的教士不仅失去了主持日常宗教仪式和婚礼的权力，还丧失了主持丧礼的权力。公元12世纪，教皇们凭借这些教规来控制和威慑那些不满的王侯和难以驯服的民众。这原本是一种非同寻常的权力，只有在迫不得已的时候才能使用。可是，教皇们却为所欲为地滥用这种权利，最终导致权力失效。在12世纪的最后30年里，罗马教会将英格兰、苏格兰及法兰西逐出教籍。教皇们还利用十字军来讨伐那些怀有敌意的王侯。最终，十字军精神走向灭亡。

如果罗马教会不只是打击王侯，并且会笼络民心，也许它对整个基督教世界的统治会长久一些。可是，教皇的这些权力使得教士们变得非常傲慢与猖獗。公元11世纪以前，罗马教士可以与普通人通婚，他们和四邻之间联系紧密，可谓是人民的一部分。但是到了格雷哥里七世时期，教士们需要通过保持单身来维护自己与罗马的关系，于是他们疏远了平民百姓。同时，罗马教会和普通百姓之间也出现了裂痕。当时，罗马教会已经拥有自己的法庭，凡是涉及神父、修道士、学生、十字军、寡妇、孤儿和无助之人的案件，都必须由教会法庭予以处理。此外，教会法庭还要判决那些涉及遗嘱、婚姻、誓约、巫术、异教和亵渎神灵的案件。如果一个平民和教士发生冲突，那么前者必须听从教会法庭的判决。无论是和平年代，还是战争时期，承担义务的都是平民百姓，而不是教士。因此，基督教徒对教士们的仇恨日益加剧。

罗马教会却几乎没有注意到这一点：他们拥有至高无上的权力，主要得益于百姓的信仰，可是他们却对人民百姓施加压力，并用教条式的教义来压制百姓的不满与困惑。当教会干预道德的时候，人民支持它；当教会干预教义的时候，人民就反对它。比如，法国南部的沃尔多教派号召人们恢复质朴的信仰和生活，英诺森三世却命令十字军对其进行讨伐和镇压，并进行烧杀掳掠。阿西西城的圣方济各（公元1181~1226年）呼吁人们效仿耶稣的俭朴生活，并宣扬为他人服务的主张。结果，方济各会的信徒们遭到残酷的惩罚，有人被迫害，有人被监禁，还有人被驱逐出境。公元1318年，有4个方济各会信徒在马赛接受了火刑，被大火活活烧死。与此同时，英诺森三世大力支持残忍的正统教派——由多米尼克（公元1170~1221年）创办的多明我会。英诺森三世在多明我会的帮助下建立了宗教裁判所，用来迫害异教徒和自由思想。

如此一来，教会无限扩张自己的权力欲望，毫不顾及社会上的腐败现象，从而摧毁了普通市民的自由信仰——这是教会全部力量的根源。我们可以从教会衰亡的故事中明白一个道理：即便没有外敌入侵，内部腐败也会让其走向灭亡。

第 47 章　诸侯反抗与教会分裂

罗马教会为确保自己在基督教国家中的核心地位而进行了长期的斗争，其间在教皇的选举制上表现出明显的弱点。

罗马教皇只有制定强大、牢固、持久的方针，才能统一所有的基督教国家，保持这些国家的和平秩序，以实现自己的野心。因此，教皇的首要素质是才学过人，其次是要选好懂得探讨教会各项政策的继承人；再次是拥有清晰明朗的选举过程和形式，且不可轻易质疑或变更。但是，罗马教皇没有做到这些，他们不但没有明确投票选举教皇人员的资格，也没有明确神圣罗马帝国皇帝和拜占庭帝国皇帝是否对此具有发言权。教皇格雷哥里七世——伟大的政治家兼教皇希尔德布兰德——在规范选举方面花费很多精力，只允许红衣主教拥有选举权，而皇帝只有对教会提交的公文决议作例行批准的权力。但他对继承人的选举问题没有做任何规定。于是，红衣主教就谁能成为下一任教皇争论不休，以至于教皇的位置空缺很长时间。

公元 16 世纪以前，教皇的选举过程缺乏严格规定，带来许多不良后果。比如为了选举而发生争执，甚至出现过冒充教皇的现象。教会碰到此种情况时别无他法，只好卑躬屈膝地请皇帝或局外人来调解。此外，每个教皇死后（尽管他很伟大），总是会留下很多问题，而此时教会群龙无首，乱成一团。有些继位者是前任的政敌，一上任便诋毁前任；还有一些继任者垂垂老矣，时日不多。

教皇机构的这些弱点，使德意志王侯、法兰西国王（以及统治英格兰的）诺曼系和法兰西系国王有了可乘之机。他们想尽各种办法干预选举，以便能确立一个对自己有利的教皇。这种干预随着教皇地位的改变而改变，当教皇在欧洲事务中的权威越大、越有地位时，干预就会越激烈。因此，很多教皇都变得软弱不堪，但其中也出现过一些具有雄才大略的教皇。

这一时期，出现了一位引人注目的教皇——英诺森三世，他年富力强，38

岁就成为教皇。然而，他与他的继承者们同样面临一个棘手的问题，经常和皇帝弗里德里希二世进行激烈的斗争，后者被称为“世界奇才”，他和罗马教会的争斗成为历史上的转折点。最终，罗马教会胜出，彻底摧毁了他的王朝。但是，教会和教皇本身也损失惨重，逐步走向腐朽和衰落。

弗里德里希的父亲是德意志皇帝亨利六世，而他的母亲是西西里诺曼王罗杰一世的女儿。公元 1198 年，弗里德里希年仅 4 岁，少不更事的他承袭了西西里王国，教皇英诺森三世是他的监护人。当时，诺曼人刚占领西西里，宫廷里有很多东方人，其中很多阿拉伯人都受过高等教育。年轻的皇帝在成长过程中耳濡目染，受到这些知识分子的影响和教育。毋庸置疑，这些来自东方的知识分子都竭尽所能用自己的思想去影响他。于是，弗里德里希学会了用穆斯林的观点观察基督教，用基督教的观点观察伊斯兰教。这种双重教育深深地影响了他的世界观，使他对事物的认知产生了矛盾心理，他认为所有的宗教都是骗人的，都是一种欺诈行为。他公开宣扬这种观点，而这些“亵渎神灵”的言论也被一一记载下来。

随着年龄的成长，弗里德里希和监护人有了冲突和对立。英诺森三世对他的要求越来越严格，他使用各种手段阻止弗里德里希继承皇位，让他必须在德意志摆平异教，必须放弃南意大利和西西里的广阔疆域，因为教皇害怕他的力量再次增大。此外，弗里德里希同意德意志主教免除各种赋税，但他并没有履行诺言。教皇曾因一己之私，诱使法兰西国王发动了一场战争，残酷地镇压了沃尔多派。现在，他也想让弗里德里希效仿法兰西国王，在德国境内挑起战争。但是，与沃尔多派教徒相比，弗里德里希是个更激进的人，他完全没有镇压的热情。因此，在英诺森三世让他组织十字军向耶路撒冷进军时，他仅仅表面附和，却迟迟没有采取实际行动。

弗里德里希成为皇帝后依然住在西西里，他喜欢这里胜过德国。他无心履行对英诺森三世所做的各种承诺。这种明争暗斗一直持续到 1216 年，教皇英诺森三世在愤懑中死去。

英诺森三世死后，霍诺里乌斯三世继承了教皇的位置，但他对弗里德里希仍然毫无办法。公元 1227 年，格雷哥里九世成为教皇，他暗下决心，即使付出沉重代价，也要让这个皇帝乖乖地听话。为此，他顶住压力，开除了弗里德里希二世的教籍，并进一步剥夺了他的一切宗教权力。然而，西西里王朝充满了阿拉伯色彩，对它来说，这些行径不会产生任何实质影响。教皇进一步采取措施，他痛斥这个皇帝的悖教和其他种种罪行，并以公开信的方式送到皇帝那里。作为反击，弗里德里希公布了一个措辞更为激烈的公文予以回击。几乎所有王侯都收到了他的公文，公文中没有任何避讳，明确指出教皇和王侯之间的争端，揭露了教皇企图统治整个欧洲的野心，并指出这种做法将会严重损害王侯们的利益。他号召王侯们团结起来抵抗教皇，并暗示王侯们要特别注意教会的财产。

当燎原之火散播之后，弗里德里希决定兑现他 12 年前的承诺，开始召集十字军东征，这便是历史上著名的第六次十字军东征（1228 年）。但这次东征简直是一场闹剧，弗里德里希二世率军一路抵达埃及，与苏丹会晤，并共同商议国家大事。巧合的是，这两位绅士都对基督教心存怀疑，因此这次会谈达成了积极的共识，他们推心置腹，彼此交换意见，签署了一个互利的商业协议，哈里发同意将耶路撒冷交给弗里德里希。十字军的这次东征完全通过私人交涉得以完成，既没有在战场上兵戎相见，也没有出现“喜极而泣”的情况。这次十字军远征令人惊叹，他们的领袖与教皇心存芥蒂，并被开除教籍。所以，他的耶路撒冷国王加冕礼没有宗教的象征意义，是纯粹世俗的，是他自己取下圣坛上的皇冠戴在头上，因为所有的主教都躲着他。凯旋后，这些侵入领地的教皇军队被他赶走，教皇也被迫恢复了他的教籍。

斗争仍未结束，格雷哥里九世在 1239 年再次挑起与弗里德里希的争端，他耍弄手段，再次开除了弗里德里希的教籍，于是又上演了一场闹剧，使教皇的权威受到严重损害。此后，英诺森四世继承了格雷哥里九世的位置，这场斗争仍在继续。弗里德里希抖擞精神，又写了一封措辞严厉的公开信，大肆抨击教皇的所作所为，斥责主教们的傲慢和违教行为，还结合当时的社会热点，把种种贪污腐败的现象都归罪于教士们的贪婪和骄奢。他还鼓动王侯没收教会的所有财产，以重振教会的名声。这一建议深深影响了王侯们的思想。

我们在此不能详细介绍弗里德里希的晚年生活了。他一生中逸事无数，充满传奇色彩。他追求美好的东西，对生活方式也很讲究。很多人认为他放荡不羁，他的确是一个富有好奇心、让人无法猜透的人。他召集了大量的犹太教、基督教以及穆斯林的哲学家；尽自己所能地用撒拉森的文化去影响意大利人；基督教的研究者之所以有机会接触阿拉伯数字和代数，都要归功于他的引见。在他的帮助下，哲学家麦克尔·斯科特不但翻译了亚里士多德的大量著作，还翻译了阿拉伯科尔瓦多人哲学家阿韦芳埃斯对这些著作的评价。公元 1224 年，弗里德里希帮助创建了那不勒斯大学，还扩大了世界上最古老的勒诺大学医学院。他还开办了一个动物园，写了一本有关放鹰的书，说明他曾经细致地观察过鸟类的生活。此外，他还是最早一批用意大利语写诗歌的人，他的宫廷可谓是意大利诗歌的发源地。有人称他为“第一个近代人”，这一称号恰如其分地体现出他在知识方面的超然见解。

当法兰西国王的权力日渐增长，并与教皇发生冲突时，教皇的权力便急剧衰落。弗里德里希二世在位时，德意志已经开始分裂。在霍亨斯陶芬王朝之后，法兰西国王成了教皇的支持者、护卫者以及竞争者。数代教皇都支持法兰西君主。得到了罗马支持和帮助的法兰西亲王们，建立了西西里和那不勒斯王国，因此法兰西国王憧憬着恢复查理曼帝国。弗里德里希逝世后，后继无人。1273 年，哈布斯堡家族的鲁道夫被推举为皇帝，结束了虚君时代。此后，拉特兰宫的政策在德、法之间摇摆不定，以继任教皇自己的好恶为准。而此时的东方发生了剧变。1261 年，希腊人从拉丁皇帝那里夺回了君士坦丁堡；迈克尔·帕莱奥洛加斯，即迈克尔八世是新王朝的缔造者，他先是假意和教皇和解，但最后终于和罗马教皇彻底分道扬镳。再加上亚洲各个拉丁王国的陷落，教皇在东方的势力逐渐消退。

公元 1294 年，博尼法斯八世成为新一任教皇。作为一个意大利人，他对法兰西怀有敌意，并曾一度独断专行，体现出了罗马伟大传统的意识和使命感。公元 1300 年，他主持了大庆典，很多朝圣者涌向罗马。“教皇财库的金钱多如繁星，以至于两个助手只能用耙子来收集圣彼得墓上堆积的献礼。”但是这个庆典的胜利只是表面现象，暗地里的斗争已经开始。公元 1302 年，博尼法斯和法兰西国王发生了冲突。他执意要开除法兰西国王的教籍，还未开始行动就被纪克姆·德·诺加雷出其不意地在阿纳尼宫殿里逮捕了。这个法兰西国王的代理人冲进宫殿，闯进卧室，对惊慌失措的教皇进行大肆的威胁和侮辱。阿纳尼人十分憎恨诺加雷侮辱教皇的暴行，他们起来反抗，一两天后，镇上的人民放了教皇，让他返回罗马。然而厄运再次降临，他又遭到阿西尼家族某些成员的逮捕，再次沦为阶下囚。年岁已高的教皇受不了这种惊吓，没过几周，便在囚禁中死去。

需要指出的是，法兰西国王对教皇的粗暴行为，得到了法兰西人民的拥护。精明的法兰西国王采取行动前曾召开了由贵族、教会和平民参与的三级会议，并得到他们的赞成。与此同时，意大利、德意志甚至英格兰的人都对处理教皇的行为没有表示出异议。可以看出，人们对基督教的热情已经大大减退。

罗马教廷的威严一扫而空。博尼法斯八世死后，法兰西国王菲利普指定克勒芒五世（法兰西人）担任教皇。他没有去过罗马，而是把教廷设在了阿维尼翁镇。这个镇虽然是法兰西的领地，却属于罗马教皇教区，不归法兰西管制。此后的几任教皇也都居住于此，直到公元 1377 年，格雷哥里十一世成为教皇，教廷才回到罗马梵蒂冈宫。其间，红衣主教中的很多人都是法兰西人，他们的习惯与社会关系都在阿维尼翁深深地扎下了根。公元 1378 年，格雷哥里十一世去世，意大利人乌尔班六世被推选为教皇，一些红衣主教提出抗议，不予承认。他们自己另选克勒芒七世为教皇，支持他和罗马教皇对抗，这就是历史上的“教皇分裂”。此时的教廷分为两大势力：神圣罗马帝国、英格兰、匈牙利、波兰和欧洲北部诸国的君王都拥护罗马教皇；与之对抗的教皇则在阿维尼翁居住，法兰西国王及同盟者苏格兰国王、葡萄牙、西班牙以及部分德意志王侯是他的支持者。两边的教皇都排除异己，不断打压对方，把对方的信徒开除出教籍。

欧洲人民在这种历史背景中为了自己而思考宗教问题，是很正常的行为。

前面讲到过多明我会和方济各会，这两个教派只是基督教世界中正在崛起的新兴宗教中的两个代表。它们都站在自己的角度反对或者支持教会。尽管教会同它们存在着各种矛盾，也曾对方济各会使用过暴力，但仍然以各种手段对方济各会和多明我会加以同化和利用。其他的教派却没有这种待遇，它们大多被教会批判或消灭。牛津大学教士威克利夫（公元 1320 ~ 1384 年）曾多次直言不讳地对教会的无知和教士的腐败加以批评，他召集那些贫苦的牧师，成立了威克利夫教派，并在英格兰的大街小巷大肆宣传自己的观念。他还投入大量精力，把《圣经》译成英文，以方便人们认清教会或辨别他和教会之间的是非曲直。与圣多明我派和圣方济各比起来，他学问更高，能力更强。在贫苦阶层，他有众多信徒；在上层社会中，也有很多他的支持者。罗马对他恨之入骨，曾一度下令拘禁他，可他直到去世都是一个来去自由的人。

将天主教会引向没落的腐朽与邪恶势力，却没有让他在坟墓中得到安宁。根据公元 1415 年，康斯坦茨宗教会议的一项条约，他的遗骸被掘出并焚毁。公元 1428 年，罗马教皇马丁五世命令主教弗莱明执行了这项行动。因为这种举动是教会的正式行动，而不是对一个狂妄者冲动的惩罚。

第 48 章　匈奴人入侵

公元 13 世纪，当欧洲大陆正在为统一所有的基督教国家，并使其服从教皇的统治而进行各种战争时，世界的东方（亚洲）却在此时发生了影响世界历史进程的重大事件。中国北部的蒙古族鞑靼人突然崛起，发动了史无前例的扩张活动。鞑靼人在公元 13 世纪初期还过着一种相对原始的生活，他们是马背上的游牧民族，住在毛毡帐篷里，主要食物是肉和马奶，跟以前匈奴人的生活方式很接近。那时，他们已同中国的中原政权分离，并与突厥各个部落达成了军事联盟，在喀喇昆仑建立了牢固的大本营。

当时，中国正四分五裂，民不聊生。公元 10 世纪，中国历史上的鼎盛王朝唐朝已完全失去了昔日的繁荣，开始走向衰败，此后很长一段时间战乱不断，最后只剩下 3 个主要的政权：南方的宋朝（首都在南京）、北方的金国（首都在北京）以及中西部的西夏。此时强大的匈奴人在成吉思汗的率领下横扫各地，于公元 1214 年进军金国，并迅速占领了北京。后来，他不断西征，一路所向披靡，先后占领了土耳其斯坦西部、亚美尼亚、印度、波斯（今伊朗），还攻陷了拉古尔、俄国南部以及匈牙利和西里西亚。成吉思汗去世时，蒙古的疆域十分辽阔，从太平洋一直延伸到第聂伯河。

后来，窝阔台继承王位，他秉承前辈的遗志，继续征战四方。他的军队训练有素、装备精良，还把火药用在野战炮上。他先是彻底征服金国，又率军横扫亚洲，继而进攻俄国（公元 1235 年），其进军之神速令人惊叹。公元 1240 年基辅被摧毁，俄国的广大领地几乎都成为蒙古人的天下。此外，波兰也难逃厄运。公元 1241 年，在西里西亚的利埃格尼兹战役中，波兰和日耳曼联军被蒙古军队彻底摧毁。在这场关键的战役中，皇帝弗里德里希六世似乎没有付出多大的努力。

伯里在注释吉本所著的《罗马帝国衰亡史》时说：“直到最近，欧洲人才知道，公元 1241 年春天，蒙古军队轻易攻取波兰、匈牙利的原因，不仅仅是军队数量处于优势地位，还因为完善的战略。但是，很多人仍然不愿承认这个事实。他们仍然天真地认为当时的蒙古人是一群野蛮的游牧民族，并无战略计划，仅仅凭借军队数量和蛮力才得以成功，这些见解都是不可取的。”

“从维斯瓦河下游向特兰西瓦尼亚进军的军事行动中，指挥官运筹帷幄，部署得当，命令得到有效的贯彻执行，其效率之高着实让人感到震惊。而欧洲的指挥官只能望其项背，无论是弗里德里希二世本人，还是他的高级将领，在战略上都无法与窝阔台相提并论，他们的战略思想都显得幼稚和浅薄。此外，关于战争的策略，还有一点值得注意，在发动战争前，匈奴军队对匈牙利和波兰的政治情况都摸得一清二楚。他们通过组织极好的密探系统来获取情报，但东欧各国就像幼稚的野蛮民族，对对手的情况几乎一无所知。”

当匈奴人在利埃格尼兹获胜之后，并没有乘胜追击。因为前方的森林和丘陵地形不适合他们的骑兵战术。鉴于此，他们将目标转向南方，打算在匈牙利暂时安顿下来，屠杀或同化马扎尔人，这和当年马扎尔人屠杀或同化以前的斯基台人、阿瓦尔人以及匈奴人的混血后裔一样。从匈牙利平原出发，他们西进和南下，就像公元 9 世纪的匈牙利人、公元 7 世纪和公元 8 世纪的阿瓦尔人以及公元 5 世纪的匈奴人那样。然而，历史总是受偶然事件的影响，在此关键时刻，窝阔台突然死亡，这支战无不胜的匈奴军队顿时群龙无首，不得不经过罗马尼亚和匈牙利返回东方。

此后，蒙古军队将他们的作战重心放在了亚洲，并于公元 13 世纪中后期征服了中国宋朝。蒙哥于公元 1251 年继窝阔台成为大汗，而他的弟弟忽必烈则掌管中国事务。忽必烈于公元 1280 年正式成为中国皇帝，国号为元。元朝的统治一直延续到公元 1368 年。在中国的政权得到巩固后，旭烈兀（蒙哥的另一个弟弟）向波斯和叙利亚发动战争。这场战争极其惨烈，他们在占领巴格达后屠城，还破坏了苏美尔人自古以来就一直使用的灌溉系统，该灌溉系统曾使美索不达米亚平原人丁兴旺、繁荣昌盛。美索不达米亚平原遭此浩劫，几乎变成了荒芜之地，到处都是废墟和沙漠。任何一支军队都不可能永远获胜，匈奴军队也不例外。在公元 1260 年的巴勒斯坦，旭烈兀的部队被埃及苏丹军队彻底击溃，横扫欧洲的蒙古人最终没能实现征服埃及的计划。

此役战败后，蒙古政权岌岌可危，蒙古人的广阔疆域开始四分五裂。后来，中国中原地区发生大规模的农民起义，并在公元 1368 年推翻了元朝的统治权，创建了明朝。那些居住在西伯利亚大草原被蒙古军队征服的俄国人，一直向蒙古游牧部落进贡。公元 1480 年，俄国大公拒绝进贡，这也为近代俄国的建立奠定了基础。

公元 14 世纪，蒙古人又诞生了一位强有力的领导者帖木儿（成吉思汗的后代），他在西土耳其斯坦建立了自己的政权，并于公元 1369 年自封为“大汗”。他曾一度让蒙古人看到了本民族昔日的辉煌，其势力范围从叙利亚一直扩张到德里。同以往的征服者相比，他最具破坏力，然而好景不长，他去世以后，帝国也随之瓦解。帖木儿的后代巴布组织了一支用枪炮武装的军队，于公元 1505 年征服了印度平原。之后，其孙阿克巴（公元 1556~1605 年）完成了对整个印度的征服。这个被阿拉伯人称为“莫卧儿王朝”的蒙古人王朝在德里建都，深深地影响了印度的历史，一直延续到 18 世纪。

公元 13 世纪，蒙古人在征战的过程中，将突厥部落的一支——奥斯曼突厥人从东土耳其斯坦驱逐到了小亚细亚。该部落就此在小亚细亚巩固了自己的政权，不断向外征伐，经过达达尼尔海峡，先后征服马其顿王国、塞尔维亚和保加利亚，并最终占领了君士坦丁堡周围的广阔疆域，君士坦丁堡变成了一座“孤岛”。奥斯曼苏丹穆罕默德二世于公元 1453 年从欧洲方向发起进攻，用强大的攻势占领了君士坦丁堡。这激发了欧洲人的潜在意识，重组十字军的浪潮一时喧嚣四起，可惜历史不会重演，十字军时代已经过去了。

公元 16 世纪，奥斯曼人不仅征服了巴格达、匈牙利、埃及以及北非的大部分地区，他们的舰队还在地中海称霸，甚至一度威胁维也纳，迫于形势，连罗马皇帝也要向他们进贡。公元 15 世纪，基督教国家趋于没落，只有两件事可以掩盖这种趋势：其一，公元 1480 年，莫斯科公国复兴并恢复独立；其二，基督徒重新夺回了西班牙。西班牙半岛最后一个穆斯林王朝格林纳达，于公元 1492 年落入阿拉贡国王斐迪南和卡斯提尔王后的伊萨贝拉手中。

公元 1571 年，在勒潘多海战中，基督教徒一雪前耻，给傲慢的奥斯曼人沉痛一击，地中海又回到了基督教的统治之下。

第 49 章　欧洲人的理性复苏

欧洲的历史继续向前发展。公元 12 世纪，种种迹象表明，欧洲在知识层面上又有了新的活力，一些学者开始着手研究希腊早期科学，甚至有意传承意大利人卢克莱修那种沉思的传统。这次复兴有一个重要前提：十字军东征以后，人们的生活相对安宁和舒适，多次远征对人们的思想产生了重大影响。各地的贸易往来得到恢复，城市恢复了昔日安逸和悠闲的生活，教会的教育水平不断提高，并且在平民中得到普及。公元 13 世纪和 14 世纪，那些重获独立或准独立的城市迎来了迅速发展的大好时期。这些城市有伦敦、威尼斯、安特卫普、汉堡、维斯比、纽伦堡、巴黎以及诺夫哥罗、卑尔根、布鲁日等，它们都是典型的贸易城市，来自各地的人们在那里旅游、讨论和交易。人们痛恨教皇与王侯之间的争夺，痛恨迫害教徒的野蛮行为，市民不再迷信教会的权威，并对很多事情提出了质疑和探讨。

前面已经提到阿拉伯人如何让欧洲人重新阅读亚里士多德的著作，以及弗里德里希二世怎样让阿拉伯科学和哲学在欧洲复兴。然而，犹太人激起了人们的反思和理性，他们的存在本身就对教皇的权威提出了质疑。另外，冶金术士神秘、令人着迷的研究也得到了广泛传播，这在一定程度上也激发人们去从事玄妙而具有实际意义的实验科学研究。

这一时期，人们的思想普遍觉醒，不仅是受过良好教育的知识分子，就连普通人的思想也开始改变。尽管时不时会有传教士的宗教迫害，但是基督教教义所到之处都能引起人们精神上的狂热，它在正直的上帝和个人良知之间建立起直接联系。由此，人们就会根据自己的需要，有勇气对高级教士、宗教信条以及王侯进行质疑，并作出自己独立的分析与判断。

公元 11 世纪，关于哲学的讨论在欧洲再次兴起。许多优秀的大学在巴黎、牛津、博洛尼亚和其他中心城市相继出现。到了中世纪，“经院哲学家”复兴，对某些概念的意义和价值进行重新思考，并展开了相应讨论，这为即将到来的澄清思想的科学时代奠定了基础。

牛津大学方济各派有一位著名的修士——罗杰·培根（约公元1210~1293年），人们称他为实验科学之父。他在人类历史进程中占有重要地位，有人认为他仅次于亚里士多德。

他在其大量著作中对那些无知的人和行为予以猛烈的抨击，并提出当时骇人听闻的说法——时代的无知。当今社会言论自由，人人都可以提出自己的想法，既可以说这个世界庄严，又可以说这个世界愚蠢，可以否定前人的成果，甚至可以嘲笑他们的笨拙、幼稚，这些做法都不会给自己带来人身伤害。然而，生活在中世纪的人们，只要没被屠杀，没被饿死，没有死于瘟疫，都坚信自己的信仰十全十美，并且对批判他们信仰的人极度排斥。罗杰·培根的著作犹如一道闪电划破夜空，他对种种无知和愚昧的抨击，对人类知识的进步起到了一定的促进作用。当他提出必须有积累知识的意识，必须进行科学实验的主张时，人们似乎重新看到了亚里士多德的精神。罗杰·培根反复倡导的主题就是“实验，再实验”。

罗杰·培根在学术上坚持独立，即便是亚里士多德，也曾遭受过他的质疑。他质疑的原因是人们不去积极地面对现实，却在家中钻研亚里士多德著作极其拙劣的拉丁文译本。针对这种现实，他用措辞激烈的笔调写道：“如果我有某种权力，就会烧毁亚里士多德所有不堪的著作，因为读这些著作只是在浪费我们的时间、产生荒谬的结论，并且增加我们的无知。”想象一下，假如亚里士多德可以重回人间，发现人们迷信般地崇拜他而不是研究他的思想，并且像罗杰·培根所指出的那样，他著作的译文着实拙劣，也许亚里士多德也会赞同罗杰·培根的说法。

罗杰·培根不想被当时的主流社会抛弃，于是假装在表面上和社会正统保持一致，或多或少地隐藏了自己的真实想法，但他在著作中不遗余力地向人们呼吁：“清醒地看看这个世界吧，不要再受教条和权威的控制了。”他结合自己的实践，总结出无知的几大来源：过于迷信权威、墨守成规、百姓的无知、人类因虚伪和傲慢而不肯受教育的劣根性，他对这些行为予以强烈的抨击，并呼吁人们对其进行彻底的抛弃。抛弃这些行为，将会看到一个完全不同的世界——“也许会出现一种不需要船桨的航海机器，一个人驾驶这种机器就能在海洋中自由航行，与拥挤、笨重的划水船相比，这种航行机器速度更快、更便捷。此外，人们还可以研制出一种新型的车子，不用畜力拉动，而是由不可估量的动力开动，就像古代战争中装有镰刀的战车一样。人们还可能发明一种航空飞行器，可以像飞鸟一样来去自如。”

罗杰·培根的想象力如此丰富，但直到300年以后，人们才开始真正进行这种尝试，去探索和开启那些未知的领域——而他早就对此有了清晰的认识。

阿拉伯人给基督教国家带来了巨大改变，他们不仅带来了哲学家和冶金术士的激励精神，还带来了中国的造纸术。可以毫不夸张地说，欧洲理性复活在一定程度上要归因于纸的广泛使用。大概在公元前2世纪，中国人已经开始使用纸张。公元751元，袭击撒马尔罕穆斯林的中国人遭到失败，被囚禁起来进行劳动，其中几个中国俘虏就是娴熟的造纸工。后来，致力于东西方贸易的阿拉伯商人学会了造纸技术。自公元9世纪以来，阿拉伯人的手写纸稿至今仍被保留着。据史料记载，造纸术最初通过希腊，或是基督教徒收复西班牙时夺得了摩尔人的造纸作坊，从而传入了基督教国家。然而在当时的西班牙，造纸技术没能得到很好的发展，纸的质量反而下降了。公元13世纪末期，欧洲的基督教国家才制造出质量上乘的纸张。但造纸技术在意大利发展得越来越好。公元14世纪，造纸技术传到德意志和欧洲其他广大地区。到了公元14世纪末期，随着造纸技术的成熟，纸的质量有了大幅提高，同时纸的价格大大降低，这使印刷书籍变得越来越便捷，印刷术得到了很大发展。此后，人类进入一个全新的文明时期。知识传播变得方便而快捷，不再是少数学术精英的专利了。

印刷术得到了很好的发展，主要体现在两个方面：其一，《圣经》得益于印刷术的发展在世界上得以普及；其二，学校的教科书不再那么昂贵，由于大量书籍的出现，知识迅速被传播。不但书籍的数量暴增，内容质量也有了很大提高，阅读起来更清楚也更容易。读者不用再为那些因印刷技术低劣而导致的模糊难辨的字迹花费太多时间，可以畅通无阻地一边阅读，一边思考。阅读逐渐成为普通大众的生活方式，书籍不再是华丽的装饰品，也不再只是学者的珍藏品。一些学者开始为普通人写书，他们改用普通语言，不再使用一般人难以看懂的拉丁文。公元14世纪成为欧洲文学的萌芽时期。

以上讲述的是阿拉伯人对欧洲复兴所作出的贡献。现在来看看匈奴人的远征对欧洲产生的巨大影响。匈奴人的到来使欧洲人在地理方面得到了启发。西欧和亚洲在一定时期内都臣服于大汗，同属于一个政权，人们能公开来往，道路通畅，各国的使节来到喀喇昆仑的宫廷相互交流。伊斯兰教和基督教的宗教夙愿所造成的亚欧之间的争端也有所减少。与此同时，罗马教廷的思想也开始影响蒙古人，希望他们皈依基督教，而此前，原始的萨满教是当时蒙古人唯一的宗教。一时间，教皇的使者，印度的佛教僧人，来自巴黎、意大利和中国的技工，阿拉伯官员，拜占庭以及亚美尼亚的商人，波斯和印度的数学家与天文学家，都聚集到蒙古大汗的宫廷中，互相交流和学习。在历史上，我们很少了解到蒙古人对学问的好奇和探索，他们大多是战争和杀戮的代名词，而此时他们却成了知识的传播者，对世界产生了巨大的影响，从成吉思汗与忽必烈具有传奇色彩的人生经历可以看出，他们和亚历山大大帝、查理曼大帝一样，都有着极高的悟性，并富有创造力。

当时许多异国人士涌向蒙古宫廷，其中有一位著名的威尼斯人马可·波罗。他将自己在东方的见闻整理成册，写成了书，得到广泛流传。公元1272年左右，马可·波罗跟随他的父亲和叔叔抵达中国。他的父亲和叔叔此前曾经到过中国，大汗对他们的印象很好，因为那是他第一次见到“拉丁人”。此后，大汗派人护送他们返回欧洲，邀请知识渊博的人来中国，向他介绍基督教，介绍那些他从未见过又十分向往的欧洲物品。这次他们带着马可·波罗，是第二次见到大汗了。

他们上次来中国是取道克里米亚，而这次是取道巴勒斯坦。他们带着大汗的金牌和其他证物，一路畅通无阻。此前大汗说想得到一些耶路撒冷城市中的灯油，所以他们就先来到耶路撒冷，随后取道西里西亚抵达亚美尼亚。但当地战争不断，社会混乱，他们只得向北走了很远的路。然后又从亚美尼亚，经过美索不达米亚来到波斯湾的霍尔木兹，打算走海路。由于某些原因，他们并没有坐船走海路，而是向北走，穿过波斯沙漠，进入巴尔克，又越过帕米尔高原，抵达喀什噶尔，后来经过和田，穿过罗布泊，到达黄河流域，一路奔波，最终抵达北京。在北京，大汗准备了宴席，热情地为他们接风洗尘。

马可·波罗知识渊博，又精通鞑靼语，因此深得大汗的欢心。大汗授予他官职，并多次派遣他前往中国的西南部考查。他用文字讲述了在这个繁荣安宁国度的所见所闻，“一路上有众多豪华的旅店供旅客歇脚”，“有成片成片优美的葡萄园、花园和田野”“有众多精美的神庙、繁荣的市镇以及精美的丝绸和织锦”……这些描写使欧洲人产生了怀疑，接着，就激起了他们丰富而美好的想象力。他在书中还提及中国的领邦缅甸，提及当地人用几百头大象组成的特殊军队，还详细记述了这种特殊的军队如何被蒙古弓箭击败，并连带介绍了被蒙古人征服的事情。此外，他还谈到日本，只不过他笔下的日本所拥有的黄金数量有所夸张。马可·波罗曾作为宣慰使管制扬州城长达3年的时间，他还曾作为大汗的特使去过印度。对中国人而言，与其说他是个欧洲人，不如说他是个蒙古人。中国史料中有过这样的记载：公元1277年，一名叫波罗的人官居中书省……这是对他故事的真实性一个非常可贵的证明。

《马可·波罗游记》的出版在欧洲引起了轰动。15 世纪，风靡欧洲的传奇小说中出现了契丹（中国北方）和汗八里（北京）等，这些名称都是马可·波罗故事里的名称。

200 年之后，有一个热那亚水手克里斯托弗·哥伦布，他非常喜欢《马可·波罗游记》，并坚定地认为，向西航行，环游世界，就能抵达中国。在塞维利亚，有一本哥伦布做了旁注的《马可·波罗游记》。克里斯托弗·哥伦布之所以产生这个念头，与当时的时代背景有关。首先，君士坦丁堡在公元 1453 年被突厥人占领之前，一直是连接东西方贸易的中心，热那亚人能在那里进行自由贸易活动。但拉丁系威尼斯人是热那亚人最大的竞争者，他们与突厥人联合起来，一起对付希腊人。当突厥人占领君士坦丁堡后，他们就以敌对的方式对待热那亚商人，因此热那亚商人需要寻找一条新的通道前往东方。随后，被人遗忘已久的地圆说再次被提起。人们认为，既然地球是圆的，一直向西航行一定可以抵达中国。而这一想法得到了两件事情的支持：第一，航海指南针的发明使人们不必在夜晚中探寻方向，也不用靠星星来确定正确的路线；第二，诺曼人、葡萄牙人、塔罗尼亚人以及热那亚人都曾远渡大西洋，抵达马德拉群岛、亚速尔群岛和卡那利群岛等地。

哥伦布想尽办法获得了航船。他游说欧洲各国王室，请求他们资助，并在脱离摩尔人控制的格林纳达获得了斐迪南和伊萨贝拉的帮助。有了航船和资金，他开始率领船队向未知的海洋进发。在茫茫无际的大海上，船队克服了风浪及种种风险，历时 2 个月零 2 天，到达了一块大陆。哥伦布自认为已经到达了印度，可事实并非如此，这是一块新大陆，此前人们并不知道它的存在。哥伦布从新大陆返回了西班牙，不仅带回了当地的棉花、珍禽异兽、黄金，还带来了两个打算接受洗礼、身刺文身的当地土著人。哥伦布一直坚信他发现的大陆是印度，所以他称这两个人为印第安人。后来人们才知道，这个全新的大陆是世界的另一个部分，并给他取名为美洲大陆。

哥伦布的成功，大大激发了欧洲人的航海欲望。葡萄牙人于 1497 年绕过非洲来到印度，葡萄牙船舶在公元 1515 年抵达了爪哇岛；受雇于西班牙国王的葡萄牙探险家麦哲伦在公元 1519 年率领船队，由塞维利亚出发，一直向西航行，开始了环绕地球一周的壮举。其中一艘“维多利亚”号船历经波折后，在 1522 年回到塞维利亚，首次绕着地球环行一周。出发时船队有 280 人，回来时只剩下 31 人。而麦哲伦本人则在菲律宾群岛上被当地人杀死。

各种新生事物接踵而至，如纸质书籍的大量出现，接二连三环游世界的壮举，发现新大陆……经典的古希腊著作再次激起了人们的热情，又被世人重新印刷和研究，使人们重新拾起柏拉图的梦想以及共和时代的尊严与自由。罗马时期，欧洲人第一次有了法律和秩序的意识，后来在拉丁教会的影响下，这些意识又逐渐恢复。然而，在天主教和罗马异教的统治下，人们的创新和求知欲被长期压抑。现在随着新生事物的诞生，拉丁思想的支配地位已经不复存在。公元 13~16 世纪，由于受到闪米特人、匈奴人的影响，再加上人们对希腊经典著作的重新重视，欧洲人终于突破传统，再次复兴，成为世界的领导者，引领人类科学和技术继续向前发展。

第 50 章　拉丁教会的改革

欧洲理性精神的复活对拉丁教会产生了极大的影响，教会内部开始分裂，即使没有分裂的教会，也在很大程度上被改头换面。

前面提到，公元 11～12 世纪，教会在基督教世界进行近乎独裁的专制统治；公元 14～15 世纪，教会渐渐失去威严，以前虔诚信仰宗教的民族，死心塌地地追随教会，却最终因为教会的傲慢、迫害民众的行为以及独裁统治，而渐渐成为教会的对立面；弗里德里希二世对宗教的怀疑，导致王侯与宗教独裁进行斗争，自己则坐收渔翁之利。教会的四分五裂对教会特权形成很大冲击，使教会的权力迅速下降，反抗的力量也开始向教会发起进攻。

此时，各种新思想层出不穷，英国人威克利夫的思想开始在整个欧洲广泛传播。公元 1398 年，捷克学者约翰·胡斯在布拉格大学对威克利夫学说作了系列阐述。不久，他的思想在普通百姓中迅速传播，并引起了人们极大的热情。公元 1414～1418 年，教廷为了自救，在康斯坦茨召开了大会。胡斯也参与其中，皇帝承诺会保证他的安全。即便如此，他还是被捕，以异端邪说危害大众的罪名，于公元 1415 年被活活地烧死。教会的残暴行为并没有吓倒波希米亚人民，胡斯派信徒举行起义，引起一连串的战争，这成为拉丁系基督教分裂的导火线。教皇马丁五世为统一基督教，决定镇压这次起义，颁布了组织十字军的训谕。

教皇先后共组织 5 次十字军平叛起义，但都以失败告终。这与公元 13 世纪时镇压沃尔多派时的情形相同，几乎整个欧洲的无业游民都卷入了这场战争，讨伐波希米亚人。但波希米亚的捷克人与沃尔多派不同，他们群情激昂，抵御外敌。公元 1431 年，在多马日利策战役中，十字军一听到胡斯派军队嘹亮的战歌，枪声还没有响起，他们就从战场上纷纷逃离，溃不成军。教廷迫于形势最终妥协，并于公元 1436 年在巴塞尔召开了会议，经过讨价还价，最终与胡斯派达成协议，承认了胡斯派的教义。

公元 15 世纪，一场大瘟疫蔓延整个欧洲，社会动荡不安，百姓生活在水深火热之中，英格兰和法兰西爆发了大规模的农民起义。胡斯战争以后，德国的农民也发动了起义，规模不断壮大，还蒙上了深厚的宗教色彩。印刷术对此产生了很大的影响。公元 15 世纪中期，荷兰出现了大量使用活字印刷术的工人，随后该技术传到了英格兰和意大利。卡克斯顿于公元 1477 年在威斯敏斯特创办了印刷厂。得益于先进的印刷技术，《圣经》开始广泛传播，人们有关《圣经》的争论也更为常见。有意思的是，欧洲成了一个被《圣经》统治的世界，人们的思想都或多或少受其影响。而此时的教会正面临分裂，无力自卫，王侯们正积极准备，企图抢夺教会在其领地所掌握的巨额财富。

在德意志，马丁·路德（公元 1483～1546 年）领导人民展开了一场反对教会的斗争。他先于公元 1517 年在维特根伯格对各种正统教义和礼节进行批判。一开始，他效仿经院哲学家的方式，用拉丁文展开论战。后来他借用当时先进的印刷术，用德文向广大民众传播自己的思想。与当时胡斯的境况相同，教廷要置他于死地。但因为他在王侯中有很多朋友，又由于印刷品的影响，他的思想得到很好的传播，拥有大量信徒，最终他才免遭杀身之祸。

在那个新思潮启蒙、传统信仰削弱的年代，很多统治者为了自己的利益，都切断了与罗马教廷的宗教关系。他们尝试建立更本土化的宗教，希望自己担任这种宗教的领袖。于是很多国家在此时脱离了罗马教廷，如英格兰、苏格兰、丹麦、德国北部、挪威以及波希米亚，直到现在，它们还保持着独立。

但是这些谋求独立的王侯们对民众的道德和理性自由并不关心。他们只是在利用民众的暴动和对宗教的反抗意识，来增强自己的力量，与罗马教廷抗衡。如果脱离了罗马教廷的管制，有效控制了本地的教会，他们就会立刻掌控民众运动。然而，基督的教诲具有神奇的力量，这种力量使得人们即使在王权之下，仍然超越服从和忠诚，以追求自尊和正直为目标。所以，脱离了罗马教廷的王权教会又分裂成若干教派，这些教派不再盲从罗马教义。比如，在苏格兰和英格兰，很多教派只把《圣经》作为自己宗教信仰的指针，拒绝承认国家教会的清规戒律。在英格兰，这些人被称为“不信奉国教者”。公元 17～18 世纪，这些人在政治舞台上发挥了重要作用。他们不同意王侯担任教会的领袖，以致在公元 1649 年砍掉了查理一世的头。在信奉国教者的统治下，英格兰度过了欣欣向荣的 11 年。

历史上的所谓宗教改革运动，一般是指北欧各大教派逐渐脱离拉丁基督教世界的运动。宗教改革的影响，也同样在罗马教廷内部引起了深刻变化。教会开始进行重组，新理念开始焕发生机。这其中，一位西班牙的年轻士兵发挥了重要的作用，他就是伊尼戈·洛佩兹·德·雷卡尔。他于公元 1538 年成为一名教士，负责建立耶稣会，尝试让宗教机构引进军事传统中慷慨侠义的精神。这在历史上产生了深远的影响，使耶稣会成为历史上最大规模的传教机构之一。耶稣会成功地将基督教带到了中国、印度以及美洲各国；它有效阻止了罗马教会的分裂，还使天主教世界的智力水平和教育水平大大提高，唤醒了各地天主教徒的良知。当今的天主教充满勃勃生机，主要得益于耶稣会的复兴。

第 51 章　查理五世皇帝

神圣罗马帝国在皇帝查理五世的统治下变得繁荣昌盛，达到鼎盛时期。查理五世被认为是自查理曼大帝以来最伟大的统治者，也是欧洲历史上最伟大的君主之一。

从某种意义上说，查理五世的伟大功绩并非完全自己奋斗的结果，其绝大部分功劳应该归功于其祖父马克西米利安（公元 1459~1519 年）。历史上，人们采用各种手段获得权力，有的通过阴谋诡计，有的依靠军队发动战争，但哈布斯堡家族则是通过联姻来获得权力。马克西米利安的事业很大程度上源于他所继承的遗产——奥地利、斯提利亚、阿尔萨斯以及其他地区，通过婚姻关系，马克西米利安又取得了尼德兰和勃艮第。第一个妻子死后，他虽然保住了尼德兰，却失去了勃艮第的大部分地区。之后，他又想故伎重演，企图通过联姻获得布列塔尼，可是没有成功。公元 1493 年，马克西米利安再次通过联姻获取了米兰公园。后来，为了扩充自己的势力范围，他还强迫自己的儿子跟一个智障女——哥伦布航海的支持者、西班牙国王斐迪南和王后伊萨贝拉的女儿——结婚。斐迪南和伊萨贝拉权倾一时，统治范围极其广泛，包括西班牙、撒丁岛、西西里王国以及美洲的大部分地区。就这样，马克西米利安的孙子查理五世继承了他的广大领土，包括美洲的大部分地区、欧洲除土耳其之外的三分之一到二分之一的地区。查理又在公元 1506 年继承了尼德兰。公元 1516 年，其外祖父斐迪南去世以后，他成为西班牙实际上的统治者。公元 1519 年，他的祖父马克西米利安去世。第二年，他便成为国王，年仅 20 岁，风华正茂。

他的长相并不出众，金色卷发，白白的皮肤，嘴唇很厚，长长的下巴，看起来甚至有些笨拙。那个年代，才华过人、长相出众的年轻君主大有人在。在法国，弗朗西斯一世 21 岁便成为统治者；在英格兰，亨利八世 18 岁时便继承了王位。当时，苏里曼大帝正统治突厥，巴布尔（公元 1526~1530 年在位）正统治印度，这两位同样是极具才华的统治者。此外，教皇利奥十世（公元

1513~1521 年在位）也是个才华卓越的人。弗朗西斯一世和教皇利奥都设法阻止查理成为君主，不想让他一个人大权独握。亨利八世和弗朗西斯一世都想成为帝国的候选人，但自公元 1273 年以来，皇帝一直都是由哈布斯堡家族的人继承，查理在此时表现出了自己的手腕，他贿赂各方，争取各种势力的支持，最终登上了王位。

同其他年轻的皇帝一样，刚开始，他只是大臣们手中的傀儡。后来，他逐渐有了自己的想法，慢慢掌控了大局。他开始察觉到身在高位的危险，一些具有破坏性的东西隐藏其中。虽然皇帝的地位至高无上，却极不稳固。

路德宗教改革在德国引起的骚乱，是查理继位后面临的一大危机。因为教皇曾经反对他当皇帝，所以为孤立教皇，他完全有理由与改革派站在一起。但他没有这么做，他决定反对路德教派，这与他从小生长在西班牙这个天主教国家不无关系。后来，他与新教的王侯们冲突不断，特别是德国萨克森的当权者，他们之间的矛盾已经不可调和。基督教面临着分裂的危险，而他却不幸地处于这个分裂口上。他想尽办法弥补裂口，但丝毫没有成效。德国爆发了大规模的农民起义，再加上宗教骚乱，帝国面临着严峻的威胁，局势变得异常严峻。他的死对头弗朗西斯一世在西面虎视眈眈；而狂野的突厥人正在东面准备发动攻击，脚步已经踏进匈牙利，还和弗朗西斯结成联盟，向奥地利索要贡品。此时的查理尽管掌握着西班牙的财政和军队，却无法从德国得到资金。财政上的危机使社会状况变得更糟，他被迫大量举债。

整体来看，查理与亨利八世联合起来对抗弗朗西斯一世和土耳其的策略是对的，也取得了很好的成效。当时，主要战场是意大利北部，双方的将领都是平庸之辈，因此援军是否赶到成为双方军队前进或者后退的决定性因素。德国人大举进犯法国，却没有攻下马赛，回到意大利后，又丢掉了米兰，并在帕维亚遭到围攻。弗朗西斯一世围攻帕维亚，不仅没有成功，还被赶来的德国援军击溃，他自己也受伤被俘，成为阶下囚。之后，教皇与亨利八世决定联手对付查理，因为他们担心查理的势力过于强大。当时，米兰德军的指挥者是康斯特布尔·波旁，这个领袖因为缺乏军饷而彻底失去了对军队的控制，士兵们忍饥挨饿，逼迫他们的司令向罗马进攻。公元 1527 年，他们攻下了罗马，对这座城市大肆洗劫。教皇为了逃命，躲到了圣安其洛堡。在意大利，查理大帝取得了胜利。公元 1530 年在波伦亚，教皇为他加冕，他成为最后一位受到教皇加冕的德国皇帝。

然而，此时的他并非高枕无忧，突厥人向匈牙利大肆进攻。他们在公元

1526 年占领了匈牙利首都布达佩斯，并杀死了匈牙利国王；公元 1529 年，苏里曼大帝几乎占领了维也纳。查理大帝十分恼火，他决定惩罚突厥人。可非常不幸，在这外敌压境的紧要关头，要使德国各个王侯团结一致，依然困难重重。弗朗西斯一世不肯和解，一场新的德法战争又爆发了。公元 1538 年，查理大帝占领了法国南部，于是两国联合起来对抗突厥人。然而，当时德国的王侯们一心要与罗马决裂，因此他们与施马尔卡尔登结成同盟，共同反对查理大帝。严重的国内斗争让查理大帝忧心忡忡，他根本没有精力再为基督教世界进行收复匈牙利的大战役了。国内争斗连绵不断，一会儿是血腥的屠杀，造成社会恐慌；一会儿又陷进阴谋和外交权术的深渊。为了争夺权力，王侯们竭尽所能地使出阴谋诡计，互相攻击，这种混乱一直延续到公元 19 世纪，中世纪的欧洲被折腾得鸡犬不宁。

查理大帝好像没有找到解决困境的关键。在当时的时代和环境中，他的确称得上是一位伟大人物，但他始终认为神学上的分歧是导致欧洲分裂和宗教纷争的真正原因。为了消除这种分歧，他召开会议，并颁布文告和声明，但均不见成效。因此，研究德国史的人应该很了解纽伦堡的宗教合约、雷拉斯堡议会的解决方案和奥格斯堡的临时合约等类似的文件。查理五世盛极一时，却烦恼无尽，从以上所提可见一斑。结合当时的时代背景来看，欧洲的王侯们没有诚意和解，他们挑起各地的宗教纠纷，不过是为了争夺权力而设下陷阱和筹码而已。

英国的亨利八世维护教皇权威，曾著书攻击异端，教皇授予他“信仰卫士”的称号。后来他爱上一位名叫安妮·博林的女子，便与自己的妻子离了婚。他还觊觎教会的巨额财产。公元 1530 年，他终于撕下面具，加入新教。此时的丹麦、挪威和瑞典早就和新教站在一起了。

公元 1546 年，德国爆发了宗教战争，在战争开始的几个月以前，马丁·路德去世了。在此，没有必要赘述战争中具体的情节。赫森的菲利普是查理的主要反对者，他被指控背叛信仰而遭到逮捕；新教萨克森的部队在洛肖遭到惨败，突厥人在得到每年进贡的许诺后才罢兵而去。公元 1547 年，弗朗西斯一世去世，查理至此才算松了一口气，他终于可以集中精力为国内恢复和平继续努力。但好景不长，公元 1552 年，德国又陷入战争的深渊，而这一次远比以前更加惨烈，查理从因斯布鲁克仓皇逃窜，才没有被俘。随着《帕骚条约》的签订，又形成了一个表面平静，暗地里却尔虞我诈的局面。

以上就是 32 年的查理帝国政治简史。可以从中发现一个有趣的事实，无论是英国人、法国人、德国人还是突厥人，所有欧洲国家都为争夺欧洲的统治权而进行战争，他们却从来不曾意识到美洲与亚洲之间新航线的伟大政治意义。当时的美洲正在发生着一些惊天大事——皮萨罗越过巴拿马海峡，攻占奇异的秘鲁国；科尔特兹率领小队人马，为西班牙征服了正处于新石器时期的阿兹特克王国，即如今墨西哥的印第安人帝国。这些事件只是给西班牙国库增加了巨额白银，并没有对欧洲产生重大影响。

《帕骚条约》签订之后，查理大帝表露了心中真正的想法。他对帝国的荣耀不再感到自豪，而是感到失望和厌倦。每当他回忆起欧洲战事，就会备感厌恶。他的身体向来欠佳，他患有痛风病，又生性懒散。他下定决心退位，让弟弟斐迪南统治德国，让儿子菲利普二世管理西班牙和尼德兰。然后，他来到塔古斯河以北被橡树和栗子树包围的于斯特修道院。公元 1558 年，他在那里与世长辞。

查理大帝为何要隐居？这个疲惫的政治伟人为何要与世隔绝？后人们有过很多版本的描述，有人说他厌倦了尘世的纷争，希望在寂寞和简朴中寻求与上帝同在的安宁。其实，他的隐退生活既不简朴也不寂寞，他的住所像宫殿一样华丽，还拥有 150 多名随从侍奉左右。他只是不用再为朝廷大事操劳。此外，他的儿子菲利普二世非常孝顺和听从查理大帝。

如果查理大帝不再有雅兴管理欧洲事务，那么他一定对另外的东西感兴趣。普雷斯科特说："在奎克沙达、瓦利阿多里德、加兹特卢的国务大臣的日常通信中，几乎每次都提到皇帝的疾病和饮食。就像平时的国务议政一样，这个话题是一定要提及的内容。对国务大臣们而言，把政治急件和烹调事宜奇怪地混合在一起时，要想保持严肃的态度是一件很难的事情。那些从瓦利阿多里德到里斯本的急差经常要绕道行驶，经过亚兰迪拉采购御膳食品。每个星期的星期四，都必须带回鱼类，以供第二天的斋日之用。查理嫌附近地区的鳟鱼太小，于是派人去瓦利阿多里德买大鱼。每一种鱼都合他的胃口，事实上，任何水产品都是他的最爱。鳝鱼、牡蛎、青蛙等在他的膳食中经常出现。他还喜欢吃坛装的腌制鱼类，特别是凤鲚。他经常因为有关人员没有从那些低地王国多带一些凤鲚而感到懊悔。此外，他还很喜欢吃鳝鱼饼……"

公元 1554 年，查理大帝从教皇尤里乌斯三世那里得到训喻，同意他免除斋戒，还特许他在圣餐日的早上开斋进食。

后来，他回归自然，最关注吃饭和服药这两件事。他一生都没有养成读书的习惯，但他像查理曼一样，喜欢听别人大声朗读，还作出所谓的"优美绝伦的评论”。他对机械玩具兴趣盎然，喜欢听音乐和讲道。国事消息不再是他的兴趣所在，只是业余爱好而已。查理大帝和皇后的感情非常好，皇后去世后，他便开始倾心于宗教。对查理大帝而言，宗教只是一种拘泥于细节的庄重仪式。每到四旬斋期间的星期五，他都会和其他教士一起用鞭子抽打自己，甚至打出血痕，以表自己的忠诚之心。他的痛风病和抽打行为让他的身体饱受煎熬，却解除了他政治上的烦恼。后来，瓦利阿多里德附近出现了新教思想，查理知道后很生气：“告诉宗教法庭庭长和他的议会，他们必须忠于职守，要在邪恶没有蔓延之前，迅速拿起斧子彻底清除邪恶思想。”他不用一般审判程序来处理犯罪事件，也不会进行从宽处理。他认为，当一个犯人得到宽恕以后，就有机会重新犯罪。他还把自己在尼德兰处理类似事件的方法作为例证，拿出来告诫大家：“冥顽不灵的犯人，判处火刑；认罪悔过的犯人，判处斩首。”

查理十分关注葬礼仪式。这几乎象征了他在历史中的地位和角色。他仿佛感到，欧洲某些重要的东西已经死去，必须举行葬礼仪式，才能对一切有所交代。他认为，这些逝去的事物已经完成了自己在世上的使命，应该烟消云散。他参加了于斯特举行的每一个葬礼，还为不在本地的逝者举办仪式；他在妻子的周年忌日举行葬礼，还给自己举行了预备葬礼。

“教堂的四周挂起黑色的幔帘，即便是几百支闪烁的蜡烛也驱赶不了这片黑暗。查理大帝的亲戚都戴上重孝，教徒们都身着礼服，他们围在教堂中央一个蒙着黑布的巨大灵柩前，葬礼就此开始。修士们哭成一片，人们一个接着一个地登上台阶，向查理大帝的魂魄告别，祈祷天堂可以接纳这个灵魂。当人们看到查理大帝的瘦弱身影，想到他即将与世长辞，不禁泪流满面。查理大帝夹在亲属中间，披着深色的斗篷，举着燃烧的蜡烛，参加了自己的预备葬礼。葬礼仪式结束后，神父接过查理大帝手中的蜡烛，表示查理大帝已经把自己的灵魂交给了完美的上帝。”

这次预备葬礼之后不到两个月，查理大帝就去世了。跟他一起离去的，还有神圣罗马帝国的短暂荣耀。他早已将自己的领地分给了弟弟和儿子。神圣罗马帝国作为一个腐败垂死的帝国，一直维系到拿破仑一世时期。

第 52 章　政体实验时代：欧洲的君主、议会与共和国

天主教瓦解了，神圣罗马帝国也处于崩溃的边缘。公元 16 世纪开始的欧洲历史，是一部各国人民为了更好地应付新形势而在黑暗中摸索的历史。在漫长的古代历史中，朝代不断更替，被征服民族的语言也在变化，但是君主或神庙控制下的政权形式却一直保持着原来的样子。人民的生活逐渐变得安稳。对于公元 16 世纪开始的现代欧洲而言，朝代更替已经不再重要，人们转而对政治与社会组织的多元化实验产生了浓厚的兴趣。

在前文中提到，公元 16 世纪以来，人类为适应新形势而自发进行改善社会与政治的奋斗。新形势本身在越来越快地不断变化，为适应新形势而作出的努力显得更为复杂。这是一种无意识的适应过程，人们通常是不情愿的，因为大多数人都讨厌自发的变化。一般情况下，这种适应过程落后于形势的变化过程。公元 16 世纪以后，政治和社会制度变得愈发杂乱无章与动荡不安。此后的人类历史中，人们面临着从来不曾遇到的新需求和可能性，只能迟疑不决地、试探性地对人类社会整体模式进行有计划且有意识的改造。

人类生活中的哪些变化破坏了帝国、祭司、农民和商人之间的平衡呢？伴随着这些变化的，是野蛮征服对人类生活的定期更新，在千年的旧世界历史中，野蛮征服使人类活动保持着特定的节奏。

人类事务本身就极其复杂，这些变化更是复杂多样。这些主要变化貌似源自同一个原因——人们对自然事物本质认识的增长。这种认识源自少数智慧人士。最初，这种认识的传播速度非常缓慢，但是在最近的 500 年里，这种认识在广大人民之间迅速传播开来。

人类生活的精神变化，是人类生活变化的主要组成部分。这些变化与知识的增长相伴而行，两者巧妙地融为一体。人们不仅追求基本的生活需要，还渴

望探索更广阔的空间，专注于更繁多的事务，作出更伟大的贡献。在过去的20多个世纪中，佛教、基督教、伊斯兰教等宗教的共同特征就是如此。这些宗教采取了前所未有的办法去处理人类的精神问题。就其本质和效果而言，它们与早期以祭司和神庙为中心的血祭宗教完全不同，是对血祭宗教的改善与替代。它们激发了普通人民的自尊心、责任感和参与感，这是早期文明中不曾有过的东西。

政治和社会生活中的第一个显著变化，是古代文字的简化与普及，它推动了帝国版图的迅速扩张和各地之间的政治交流。第二个显著变化，是运输工具的多元化，开始是马匹，后来出现了骆驼，接着又发明了车辆，还拓宽了道路，让出行畅通无阻。后来铁的出现大大提高了军事效力。第三个显著变化，是铸币的出现，引起了深刻的经济变革，这是一种简便、快捷却危机重重的契约方式，它改变了债务、债权与交易的本质。于是，人类思想不断发展，帝国疆域不断扩展。地方神灵已经消失，人类历史迈入一个新的时代——世界性宗教教义主宰民众的神权政治时代。人们开始重视真实记载历史和地理的书籍，开始认识到自己的愚昧无知，并系统研究人类知识。

有一段时间，以希腊和亚历山大为起点的辉煌科学进程遭到了破坏。日耳曼人的攻击、匈奴人对西方的侵略、瘟疫的蔓延与宗教改革引起的动乱，大大破坏了政治和社会秩序。在战乱冲突干预下的文明制度重新崛起，奴隶制不再是经济生活的基础。最早出现的造纸厂为印刷品提供了原材料，印刷品让信息迅速传播，使得人们之间的合作更加密切。追求知识和系统研究科学的现象，重新在各地兴起。

公元16世纪，出现了一系列发明与设计。作为系统思维的必备副产品，它们对人际交流与互动产生了深刻的影响，它们不再拘泥于小范围内，而是追求更广阔的空间、更快的发展、更大的利益与更频繁的合作。面对这种情况，人们根本没有做好思想准备。直到20世纪初期，人们的思维才开始变得灵敏起来。在此之前，史学家们无法向人们解释，如何才能跟上这些潮水般的发明新形势。对于过去4个世纪的人类历史，就像一个沉睡的囚犯，牢房着火了，他却没有苏醒，没有意识到危机的来临，还以为这些熊熊烈火和响声只是他的梦境而已。

历史不是个人的故事，而是社会的记载，历史中最重要的发明，可以影响整个人类的发展。公元16世纪最主要的新发明，是印刷品和装指南针的远洋航船。印刷品的出现，推动了教育、学术、探讨、公共信息传播和政治活动的进程，让信息更加普及，从而引起了革命性的变化；带指南针的远洋航船的发明，让人们环游世界的梦想成为可能。值得注意的是，公元 13 世纪，蒙古人首次将枪支和火药带到了西方世界，并得到了改善和运用。这些东西让躲在城堡里的贵族们忧心忡忡，也让城墙围筑的城市危机四伏，让封建制度荡然无存。秘鲁和墨西哥在西班牙的枪林弹雨中土崩瓦解，君士坦丁堡也因此而沦陷。

公元 17 世纪，系统的科学出版物依然很浅显，但已有了很大进展，对以后的新时代有着深远的意义。这个时期出现了一位最伟大的人物——弗朗西斯·培根爵士（公元 1561～1626 年），即后来的英国大法官——维鲁拉姆勋爵。他是考彻斯特的实验哲学家吉尔·伯特的学生，从某种意义上说，他还是后者的代言人。他大力宣扬观察和实验，在著作《新大西洋岛》中，他凭着丰富的想象力，有力地表达了自己要为科学研究献身的伟大理想。

后来，英国又出现了伦敦皇家学会等众多学会，其他国家为鼓励学术研究，也陆续出现了系列出版和交流的国家学术机构。在这些欧洲学术团体中，涌现出很多发明家，大大打击了那些禁锢和破坏人类思维的怪异神学。

公元 17～18 世纪，尽管没能出现像印刷品和远洋航船一样，对人类发展起到直接的推动作用的伟大发明，但知识和科学的积累却并未停滞。公元 19 世纪，这种积累已经硕果累累。同时，相关人员仍在进行着勘探地形和绘制世界地图的试验。地图上出现了很多鲜为人知的地方，比如塔斯马尼亚岛、澳大利亚和新西兰。英国开始用焦炭冶炼铁，这比过去的木炭炼铁有着很大的优势，铁的成本有所下降，铁的数量有所增加。这是近代机械时代即将到来的迹象。

科学在发芽、开花、结果，就像天堂里的树木一样。公元 19 世纪以来，科学果实不断增多，科学发展没有停过。蒸汽、钢铁和铁路开启了科学先河，接着，桥梁、建筑和巨大的油轮以及各种机器相继出现。一切发明创造都可以为人们的物质生活作出贡献。令人匪夷所思的是，电子科学的神秘宝库也向人们敞开了大门……

在上文中我曾打过比方，公元 16 世纪以来的政治和社会生活好比不知牢房失火的沉睡的囚犯。事实上，公元 16 世纪的欧洲人依然在做着一个美梦——他们信仰的天主教会统一罗马帝国。生活中一些不可控制的因素常常会进入我们的梦乡，它荒唐而具有破坏性。后来，英国的亨利八世和德国的路德打破了天主教的统一大梦，梦中呈现的是查理五世沉睡的脸和贪婪的胃。

公元 17~18 世纪，这个大梦演变成独裁的君主权力。这个时期，几乎欧洲各国都在忙于巩固政权和专制，还企图将各自的势力范围延伸到弱小国家。民众非常憎恨王侯们滥用权力，还为反抗苛税进行着不懈的斗争。第一次站出来反抗的是土地所有者，然后是掌握海外贸易和国内工业的商人与有产阶级。但是，敌对双方都没有取得彻底胜利。有的地方国王占了优势，有的地方有产阶级占了上风。这样的情况会经常出现，在某个国家，国王就是太阳和权力中心；而在邻国，有产阶级掌控着国家实权。

在这些国家中，国王的大臣充当着非常重要的角色。然而，在天主教国家，这些大臣通常是位高权重的主教。他们站在国王的身后，扮演着不可或缺的角色，服务于国王，又控制着国王。

由于篇幅限制，不能在此详细叙述这些国家舞台上的所有戏剧。荷兰商人加入了新教，拥护共和政体，还摆脱了查理五世的儿子，即西班牙国王菲利普二世的统治。在英国，亨利八世与他的大臣沃尔西、女皇伊丽莎白与她的大臣伯利，共同奠定了君主专制的基础。然而，詹姆斯一世和查理一世却愚蠢地结束了这一切。公元 1649 年，查理一世因叛国罪而被斩首，这是欧洲政治思想史上的转折点。公元 1649~1660 年，英国实行了共和政体，王权数次遭到议会的压制，权力变得极不稳定。到了乔治三世（公元 1760~1820 年）统治时期，他竭尽全力恢复王权，终于取得了部分成就。在欧洲国王里，法国国王在完善君主制方面是最成功的典范。他有两位伟大的大臣——黎塞留（公元 1585~1642 年）和马扎兰（公元 1602~1661 年），他们功不可没，帮他在法国建立起王权的威信。同时，“大君主”国王路易十四（公元 1643~1715 年）的杰出才能和长期统治也发挥了重要的辅助作用。

路易十四是欧洲最典型的君主。他是一个才能出众的人，雄心勃勃，气魄非凡，善于灵活运用外交政策，但他的野心超过他的能力，让他的帝国趋向崩溃的边缘。他的短期目标是在巩固法国的基础上，将势力扩展到莱茵河和比利牛斯山。他的长远打算是重建罗马帝国，并让法国国王成为查理曼大帝的继承人。路易十四把贿赂视为比战争更重要的治国政策，他曾贿赂过英国查理二世，也贿赂过波兰的很多贵族，我们将在后面的章节中提到这些内容。路易十四的钱，也即法国纳税阶级的钱，被路易十四送往世界各个地方。在他心中，皇室威望压倒一切。在壮丽而宏大的凡尔赛宫殿中，客厅、回廊、花园、喷泉、庭院、挂镜、美景等，都受到了全世界人民的仰慕。

路易十四的奢侈作派给欧洲国王和王侯带来了不良影响，这些人效仿路易十四，建立自己的豪华宫殿，完全不顾国家的实力和财产。贵族们纷纷将自己的别墅建成新的款式。精致的家具和针织品等轻工业逐渐发展，奢华的工艺品广泛流行，包括彩色陶器、金属制品、镀金木雕、印花皮革、雪花石膏雕塑、动听乐曲、精美绘画、印刷制品等，以及优质葡萄酒和美味佳肴。在精美的家具与大挂镜之间，走动着一些奇怪的“绅士”，他们的头上戴着洒了金粉的厚重假发，身上穿着镶有花边的绸袍，脚上穿着红色高跟鞋，手中握着巨大的手杖以掌握身体平衡。贵妇们的穿着也令人惊叹不已，她们梳着高耸的发髻，身上穿着由金属架支撑起来的绸裙。路易十四在绅士与贵妇们中间装模作样。他自视为世界的太阳，却没有注意到下层社会中骨瘦如柴的人们正在愤怒地注视着他。

此时的德意志民族处于君主政体和其他政体的实验时代，政治上仍然四分五裂。很多王侯贵族效仿凡尔赛宫的奢华生活。公元 1618～1648 年，德国人和瑞典人、波西米亚人为争夺政治优势而进行了长达 30 年的毁灭性战争，德意志因此付出了惨痛的代价。这次战争的结果是签订了《威斯特伐利亚和约》，德意志被瓜分得支离破碎，这一点显示在当时的地图上。我们可以在 1648 年的地图中看出，公国、公爵领地和自由国纠缠在一起，甚至有的地方一分为二，部分属于帝国，部分脱离帝国。瑞典军队已经抵达德国内部，除了少数岛屿在帝国境内外，其他地区远在莱茵河对岸。在这幅补丁一般支离破碎的地图上，公元 1701 年，普鲁士王国成立，并渐渐崛起，在数次战争中取得胜利。弗里德里希（公元 1740～1786 年在位），即普鲁士君主，在波茨坦建造了宫殿，在这里大臣们说法语，读法国文学，在文化上可以与法国相媲美。

公元 1714 年，汉诺威的选帝侯，即德国有权选举神圣罗马帝国皇帝的诸侯，成为英国的统治者。于是，在帝国版图上又增加了一个横跨帝国的王国。

在查理五世的后裔中，奥地利分支依然在当皇帝；西班牙分支统治着西班牙。这一期间，东方又出现了一位皇帝。公元 1453 年，君士坦丁堡沦陷，此后，莫斯科大公伊凡三世（1462～1505 年）声称自己是东罗马帝国的王位继承人，并将东罗马的双头鹰作为自己的徽章。他的孙子伊凡四世（即暴君伊凡雷帝，公元 1533～1584 年）改用了“沙皇”称号。公元 17 世纪后半期，欧洲人不再误认为俄国是遥远的亚洲国家。俄国沙皇彼得大帝（公元 1682～1725 年）在位时，俄国卷入欧洲战场，并在涅瓦河畔创建了帝国的新首都彼得堡，彼得堡成为俄国和欧洲之间的窗口。此外，彼得大帝还聘请了法国建筑师，在距离彼得堡 18 英里处的彼德霍夫建造了宫殿，花园、阳台、小瀑布、画廊、喷泉等焕然一新，与大的王国相提并论。法语成了俄国的官方语言，就像在普鲁士一样。

当时的波兰地处奥地利、普鲁士与俄国之间，国内由大土地所有者控制，国家秩序极为混乱，国王由贵族地主选举出来，后者为了维持自己的地位，只给前者极小的权力。法国想尽办法要让波兰成为一个独立国家，但波兰还是被俄国、普鲁士与奥地利瓜分了。同时，瑞士是由众多共和州组成的联邦；威尼斯是一个共和国；意大利与德国一样，处于各地王侯纷纷割据的状态。教皇因害怕各天主教国家反叛，而不敢干涉天主教国家的内政，也不敢提世界基督教界的共同利益。整个欧洲没有任何统一的政治观念，欧洲大地分崩离析、混乱不堪。

这些君主国与共和国的最高统治者们，总是企图扩展自己的领土。他们追求的“外交政策”，就是入侵邻国或彼此之间结成侵略同盟。欧洲人至今还生活在君主时代的复杂阴影之下，被那个时代的猜疑、敌意与仇恨所困扰。对于近代知识分子来说，那个时代越来越像个闹剧，越来越索然无味，越来越令人厌倦。你总是会听到这样的事情，某个王妃引起了战争，某个大臣因忌妒另一个大臣而发动了战争。聪明的学者必定会厌烦这些搬弄是非的无稽之谈。更为有意义的历史事实是，尽管当时诸侯割据现象严重，知识和科学却得以发展，发明创造也不断涌现。公元 18 世纪，出现了怀疑与批判宫廷和政治的文学作品。在伏尔泰的《老实人》中，可以读出作者对欧洲世界无限混乱局面的极度厌倦之情。

第 53 章　欧洲新帝国在亚洲与海外的扩张

当欧洲的中心陷入分裂与混乱时，那些西欧人，尤其是英国人、法国人、荷兰人、西班牙人、葡萄牙人和斯堪的纳维亚人等，正准备横渡海洋，将领土扩展到整个世界。印刷术将欧洲的政治思想带进了不确定的巨大纷扰中，另一项伟大发明远洋航船却把欧洲的疆域扩展到遥远的大洋彼岸。

早期的荷兰人和欧洲人迁徙到海外，不是为了移民，而是为了贸易和采矿。西班牙人是最早到达美洲大陆的人，他们声称自己掌控着整个美洲大陆。不久以后，葡萄牙人也来到这里，要与西班牙人分享统治权。当时的罗马教皇将美洲大陆分给了西班牙和葡萄牙。以佛得角群岛以西 370 海里处为分界线，葡萄牙享有东部的统治权，西班牙享有西部的管辖权。葡萄牙人继续向南部和东部扩展势力。公元 1497 年，瓦斯科・达・伽马从里斯本开始，越过好望角，到达桑给巴尔岛，最后抵达印度的加尔各答。公元 1515 年，葡萄牙船队来到莫桑比克和爪哇岛。他们在印度洋沿岸建立和巩固了贸易口岸。葡萄牙人还占领了莫桑比克、果阿、印度的两小块土地，以及中国的澳门和帝汶岛的部分领土。

那些因教皇决策而失去美洲权益的国家，都不认可葡萄牙和西班牙的权利。不久以后，瑞典人、英国人和丹麦人迁徙到北美和西印度群岛进行瓜分，后来荷兰人也参与其中。就连最效忠天主教的法国国王也和其他教徒一样，根本不理睬教皇的举措。后来，欧洲的战争转为海外领土的争夺战争。

英国人变成这场漫长的海外争夺战的大赢家。丹麦和瑞典忙于跟德国之间的纠纷，无法建成一支强大的海外远征军队。瑞典国王古斯塔夫・阿道夫，即新教的“北方之狮”，在德国战场上大败，令瑞典元气大伤。荷兰人击败了英国人，还占领了瑞典人在美洲建立的几小块殖民地。远东的主要竞争者是英国、荷兰与法国；美洲的主要竞争者是英国、法国和西班牙。英国具有对抗欧洲的绝对优势——“银带”英吉利海峡；此外，拉丁帝国的传统对英国影响最小。

法国对欧洲问题考虑过多。整个公元18世纪，它总是错失向东和向西扩张的良机，因为它要解决西班牙、意大利与德国的内乱。公元17世纪，很多英国人遭到政治和宗教纷争的困扰，只好来到北美寻找永恒的家园。他们在此劳作并养育后代，因此，英国在北美战斗中占有明显的优势。公元1756年和1760年，英国曾经两次夺走法国在加拿大的美洲殖民地。几年以后，英国贸易公司又在印度半岛取得了压倒法国、荷兰与葡萄牙的优势地位。此时，巴布尔、阿克巴和他们的继承人统治的印度帝国已经衰落，印度的控制权落在一家伦敦贸易公司——英国东印度公司手中，这段故事是整个征服史上最惊人的一幕。

东印度公司最初成立于伊丽莎白女王统治时期，当时只是一个海外贸易团体。后来，这个公司渐渐开始建立军队、武装船舶。它不仅经营香料、染料、茶叶和珠宝等，还逐渐插手王侯们的领土管理和税收事宜，并且开始干预印度的命运。东印度公司原本是一个商业机构，如今却变成可怕的海盗，没有人管制他们的劣迹。该公司的船长、官员，甚至船员和士兵，都可以明目张胆地带着赃物回英国，这难道不是一个很奇怪的现象吗？

这些人在这片富饶辽阔的土地上胡作非为。在英国人眼里，印度是一个奇异的国家，生活在这里的棕色人种只是一群不值得怜悯的异类民族，建筑和庙宇是他们神秘行为的产物。这些英国将军和官员回国后，经常互相揭发彼此的敲诈勒索和强迫行为，让国内人民义愤填膺。于是，议会通过了对英国殖民者罗伯特·克莱夫的谴责议案。公元1774年，无法承受巨大压力的克莱夫选择了自杀。公元1788年，第二任印度行政长官沃伦·黑斯廷斯被弹劾。公元1792年，他被判无罪。这是世界历史上从来不曾有过的奇怪事件，英国国会管理着伦敦贸易公司，而这个公司却统治着比整个英国领土更广、人口更多的国家。对于大多数英国人而言，印度是一个遥远、奇异的神秘国度。只有一些穷困潦倒、敢于冒险的年轻人才愿意去那里，等到多年以后，他们衣锦还乡，成了傲慢的土豪。许多英国人无法想象，也不愿意想象，那些棕色人种如何在这个阳光明媚的东方国度里生生不息。他们总是认为印度是一个奇怪的地方，因此不愿意对东印度公司进行有效的监督和统治。

当西欧国家忙于夺取奇异的海外帝国而在世界各大海洋上你争我斗时，亚洲也在准备着征服两块庞大的国土。公元 1368 年，中国摆脱了匈奴人的统治，在汉族人建立的明朝统治下繁衍生息，一直到公元 1644 年。后来，满族人再次入侵中国大地，满族人的统治一直延续到 1911 年。俄国也开始向东扩张，并成为世界强国。这支处于旧世界的伟大力量，既不完全属于东方，又不完全属于西方，对人类命运产生了重大的影响。它的势力扩张主要归因于哥萨克人的出现，这是欧洲东部的一个信奉基督教的草原蛮族，也是处于封建农耕状态的西方国家（比如波兰、匈牙利）与东方鞑靼人之间的民族。哥萨克人占据了人烟罕至的欧洲东部，此处非常类似于 19 世纪中期美国西部的荒野之地。凡是无法在俄国生存的受迫害的无辜者、反抗的奴隶、异教徒、强盗、流浪者、杀人犯等，都来到南部大草原寻找庇护之所。他们为了生存和自由，与波兰人、俄国人和鞑靼人互相厮杀。毫无疑问的是，从鞑靼来到东方的逃难者也加入了哥萨克人的行列。这些边民被纳入俄罗斯帝国的军队当中，跟当初苏格兰高地的某些部落被纳入英国政府收编的军队当中一样。哥萨克人占领了亚洲的一些领土，成为抵抗衰落的蒙古民族的重要力量。哥萨克人先进攻土耳其，再经过西伯利亚，抵达黑龙江。

我们很难解释公元 17 ~ 18 世纪蒙古势力衰退的具体原因。从成吉思汗和帖木儿时代开始，中亚就从主宰世界的霸主地位，滑落到不对世界政治产生任何影响的低谷。这种颓败有着众多复杂的因素，比如气候的变化、没有记载的瘟疫、某种疟疾传染病等。就整个世界历史而言，也许它只是一次短暂的衰落。某些权威学者认为，来自中国的佛教教义也安抚了这个民族，弱化了该民族的斗志。公元 16 世纪，鞑靼和土耳其这两个蒙古民族的分支不但无力对外扩张，还被西方的俄国与东方的中国瓜分和驱逐。

整个 17 世纪，哥萨克人从俄国的欧洲部分向东方扩张，寻找可以耕作的土地，并过上定居生活。在南方，哥萨克人建立了围墙和兵站，并在此定居，形成一条活动边境线，用以防范依然处于强势地位的土库曼民族；在东北方，俄国没有设立边界，直到它的疆域扩展到太平洋……

第 54 章　美国独立战争

公元 1750～1775 年，欧洲内部出现了分裂状态，政治和宗教都失去了昔日的统一观念。但是，印刷的书籍、地图和新发明的海上航行，极大地激发了人们的想象力。欧洲不但没有在混乱中四分五裂，反而征服了世界各地的海岸。在那个混乱不堪、完全没有计划的时代，欧洲人凭借自己独居的偶然优势，占领了大部分荒凉的美洲大地。南非、澳洲和新西兰是他们理想家园的下一个目标。

哥伦布到达美洲以及瓦斯科・达・伽马到达印度的主要原因，就是他们渴望贸易。其实，历史上所有航海家的愿望都是贸易。欧洲殖民者在人口众多、物产富饶的东方国度进行了贸易性殖民策略，殖民地成为他们的交易市场，他们在此赚钱，然后带回自己的国家消费。可是，美洲的情况却并非如此，美洲生产力水平低下，贸易往来较落后，最吸引欧洲人的是美洲地区的金银矿开采，尤其是西班牙占领的美洲地区，拥有丰富的银矿。到达美洲的欧洲人当中，除了商人以外，还有大批的采矿者、勘探者、自然资源探寻者以及现在的种植园主。在北方，他们还采集兽皮。开矿和耕作都需要长期居住，有关当局鼓励人们在海外创建家园。最后，由于原因种种，许多欧洲人来到大洋彼岸，过上了定居的生活。公元 17 世纪，英国清教徒为了逃避宗教迫害，乘船来到美洲的新英格兰；公元 18 世纪，博爱主义者奥格索普将军将负债入狱的英国人送到佐治亚殖民地。公元 18 世纪晚期，荷兰把一批孤儿带到好望角。公元 19 世纪，尤其是蒸汽轮船出现后，欧洲开始大规模地迁徙到美洲和澳大利亚等荒无人烟的新大陆，这次移民持续了数十年，是一次大规模的移民热潮。

所以，这些新大陆上有很多欧洲人，欧洲文化也在很多地方得以传播，相比之下，本土文化略微逊色。这些海外移民把文明传播到了新大陆，但传播过程却显得杂乱无章、目标模糊。欧洲各国从来不曾预见到这种情形，他们也不知道如何应付这种局势。欧洲的政客与阁僚依然把新大陆看作海外探险的临时地点和国家收入的源泉，看作“领土”和“属地”。直到这些移民形成自己独特的文化时，他们才有所反应。然而，移民越来越多，从海上已经不能完全控制他们，他们在向内陆蔓延。可是，很久以后，欧洲的政客与阁僚依然把他们看作无助的子民。

我们必须记住一个事实：直到公元19世纪，欧洲大陆与其所有海上殖民地的联络都要依靠轮船。在陆路上，马匹依然是最快捷的交通工具，政治组织的团结与统一依然受到马匹交通的限制。

公元1775年，北美洲北部三分之二的领土处于英国王权的掌控之下。法国已经放弃了美洲。除了葡萄牙所属的巴西以及法国、英国、丹麦、荷兰手中的几个小群岛之外，加利福尼亚、路易斯安那、佛罗里达以及美洲南部的所有领土都处于西班牙的控制之下。缅因州和安大略湖南部的英国殖民地首先证明了一个现实问题，即航船已经不能把海外移民控制在同一个政治体系中了。

这些英国殖民地移民的来源非常复杂，彼此之间差异颇大。有的来自英国，有的来自法国、瑞典、荷兰；有的是新英格兰激进的新教徒，有的是马里兰的英国天主教徒。新英格兰人反对奴隶制，自己耕种自己的田地；弗吉尼亚与南部的英国人经营种植园，人口不断增多，还拥有了很多来自非洲的黑奴。各个殖民地之间没有自然相通的共同点，因此很难实现自动的统一。从一个地方到另一个地方，人们必须乘坐轮船，就像横渡大西洋一样，航程十分漫长与沉闷。愚昧自私的英国政府不顾移民的反对和自然条件的限制，把一个政府强加给他们。英国政府命令移民纳税，却不告诉他们税收的用途；移民们的商品交易只好为英国利益作出牺牲；英国政府为了高额利润而继续贩卖奴隶，完全不顾对此反对的弗吉尼亚人——弗吉尼亚人非常喜欢使用奴隶，但是他们非常害怕奴隶人口猛增后会奋起反抗。

此时，英国正在逐渐转变为更加专制的君主政体，偏执顽固的乔治三世（公元1760~1820年）的所作所为，让英国政府与殖民地政府之间的矛盾冲突愈演愈烈。

英国政府为了维护伦敦东印度公司的利益，颁布了一项牺牲殖民地商人利益的法规，从而引发了彼此间的冲突。公元1773年，一帮移民化装成印第安人，在波士顿港口将进口的茶叶倒入大海。公元1775年，英国政府试图在波士顿附近的莱克星顿逮捕两位美洲领袖，这成为战争的导火线。打响战争第一枪的是莱克星顿的英国人，第一次战斗发生在康科德。

因此，美国独立战争就这样爆发了。在此后一年多的时间里，英国移民依然不愿意与自己的祖国断绝联系。公元1776年夏，参加起义的各州召开会议，发表《独立宣言》。乔治·华盛顿成为总司令，他和其他殖民领袖一样，在英法战争中接受过军事训练。公元1777年，英国将军伯格恩试图从加拿大前往纽约，不幸在弗利曼斯战役中大败，被迫在纽约州东部的萨拉托加投降。同年，英国遭遇了法国和西班牙的宣战，英国的海上交通遭受到严重的威胁。公元1781年，康沃利斯将军率领另一支英国军队，在弗吉尼亚的约克敦战败投降。公元1783年，双方在巴黎进行和平谈判，从缅因州到佐治亚州的13个殖民地组成一个主权独立的国家。美利坚合众国就此诞生。但加拿大的英国移民依然效忠于英国王室。

在接下来的4年，美国各州只有一个处于某些邦联条款约束之下的软弱中央政府，它们似乎马上就要分裂成独立的国家。然而，这种分裂危险却被英国的敌意与法国的威胁所阻止。公元1788年，《联邦宪法》出台，并得到各州的认可。这项宪法要求创建一个总统拥有相当权力的联邦政府。公元1812年，美国与英国进行第二次战争，强化了原本淡薄的民族统一意识。当时的美国疆域十分辽阔，各州的利益大相径庭，彼此的联络方式比较落后，美国好像总有一天会解体，正如欧洲的某些国家变得四分五裂一样，也许这只是个时间问题。对于那些边疆地区的国会议员而言，每次去华盛顿参加会议，就是一次漫长而危险的旅行。美国各州机构累赘，普及文化知识和实行公共教育变得困难重重。同时，国内也有很多阻止分裂的力量，汽船、电报和铁路的出现和应用，让各地人民团结起来，让美国的分裂局势得到明显的缓和，并成为第一个伟大的现代国家。

21年之后，西班牙属殖民地效仿独立的“美国十三州”，脱离了欧洲的控制。但是，这些殖民地分散在美洲各地，巨大的山脉、沙漠、森林阻隔着它们，葡萄牙属的巴西殖民地阻挡着它们，让它们无法统一起来成为各自独立的共和国。起初，这些国家之间还相互发动战争与革命。

巴西在通向必然的独立时，走了一条与众不同的道路。公元1807年，法国军队在拿破仑的领导下征服了巴西的母国葡萄牙，该国国王逃难到巴西。从这时到巴西独立的那段时间里，与其说巴西属于葡萄牙，还不如说葡萄牙属于巴西。公元1822年，在葡萄牙王子佩德罗一世执政期间，巴西宣布独立。但是，新大陆不赞成君主政体。公元1889年，巴西国王返回欧洲，巴西合众国与其他美洲共和国一样，成为一个共和国。

第 55 章　法国大革命与君主制的复辟

英国丧失了“美洲十三州”以后，君主制的心脏地带发生了社会和政治动乱。这让欧洲人清楚地意识到，从本质上讲，世界上的任何政体都是暂时的。

前面已经说过，法国的君主政体是最成功的欧洲君主政体，它曾经被互相竞争的很多小宫廷所羡慕与效仿。可惜它的辉煌建立在不公平的基础之上，导致了后来戏剧性的瓦解。法国君主制浪费了大量的生命和财富。教士和贵族享有免交税收的权利，整个国家的重担压在中下层阶级的身上。农民被税收压得喘不过气，中产阶级受到贵族的控制和羞辱。

公元 1787 年，法国国王发现自己陷入债务危机，被迫召集国内不同阶层的代表共同商议如何解决供不应求的困难。公元 1789 年，教士、贵族和平民代表组成总议会——相当于英国议会的早期形式——在凡尔赛举行了三级会议。自从公元 1610 年以来，这种会议从来不曾召开过，因为法国实行的是君主专制。如今，平民代表可以借此机会发泄长期以来的内心积怨。于是，他们进行了激烈的争论，强烈要求控制这次会议，结果获得成功，三级会议改名为国民议会。国民议会限制了王权，就像英国议会限制英国王权一样。后来，法王路易十六从外省调来军队，促使巴黎乃至整个法国境内爆发了革命热浪。

君主制很快就被摧毁。巴黎人民攻下冷酷可怕的巴士底狱，暴乱蔓延到整个法国。在东部和西北部，很多属于贵族的城堡被广大农民烧毁，城堡的主人被杀或被驱逐，他们的房产证明文件被彻底烧毁。在短短一个月内，古老而颓废的贵族体制被彻底摧毁。很多保皇党的领头王侯与侍臣都纷纷逃往国外。在巴黎以及其他大城市，纷纷成立了临时政府。这些市政机构建立起一支新的武装军队——国民警卫队，用以抵制王权。国民议会开始致力于为这个崭新的时代创建一个崭新的政治与社会体系。

国民议会的任务就是聚集起强大的团结力量。它对不公正的专制王朝进行了大规模扫荡；它废除了免税制度、农奴制度、贵族头衔和特权，立志在巴黎创建一个君主立宪政体。国王放弃了凡尔赛宫的奢华生活，在巴黎的杜伊勒里宫过起平淡生活。

国民议会进行了整整两年的斗争，以建立一个有效的现代政府。它所做的大多数工作都是实验性的有效工作，也是经得起考验的工作。当然，也有很多没有意义的工作。国民议会修改了法典，废除了严刑逼供、非法监禁、迫害异端等规定；把诺曼底、勃艮第等法国古老的州改为 80 个郡；任何阶级的军人都有机会获得最高头衔。此外，国民议会还设立了简单又完善的制度，法官由民众来选举产生，只是任期太短，影响了制度的执行。它让群众成了上诉的最高管理者，法官与国民议会的议员一样，必须迎合民众。国家没收并统一管理整个教会的庞大财产。国家会随时解散那些不从事教育或慈善工作的宗教机构，教士的工资由国家负担。对于法国的低级教士而言，这项措施是件好事，因为他们之前的报酬与高级教士差距很大。此外，祭司和主教需要通过选举产生，这沉重地打击了罗马教会的根本思想——权威自上而下，所有权力都掌握在教皇手中。实际上，国民议会的宗旨就是把法国的教会变成法国新教的教会。即便不能在教义上实现这个理想，也要在组织形式上实现它。后来，国民议会选定的教士，和那些忠于罗马的顽固派教士之间产生了冲突。

公元 1791 年，国王和王后与向国外逃亡的贵族和君主主义者相互勾结，外国军队也汇集在法国东部的边界上，导致了法国立宪君主制实验戛然而止。6 月的一个晚上，国王、王后及其儿女们从杜伊勒里宫出来，准备逃往外国流亡贵族处。不幸的是，他们在瓦雷纳被捕，并被带回巴黎。接着，法国境内掀起了一股爱国主义与共和主义热潮。法国宣布成立共和国，并向奥地利和普鲁士宣战。公元 1793 年 1 月，法国国王与英国国王一样，因叛国罪被处以死刑。

随后，法国进入一个非常奇特的时期，法国人心中燃起一股保卫法兰西共和国的火焰。他们决定，无论对内对外，都绝不妥协。在国内，他们铲除了保皇党和反对共和国的余党；在国外，法国成为所有革命的拥护者和援助者。他们希望整个欧洲，乃至整个世界的国家都成为共和国。法国青年纷纷加入共和国军队；一首神奇的新歌响彻法国的各个角落，那是一首如美酒一般让人热血沸腾的歌——《马赛曲》。战士们高唱新歌，在炮火中勇猛向前，把外国军队打得屁滚尿流。公元 1792 年年底以前，法国军队的势力范围远远超过了路易十四的领地，甚至已经站到了外国的土地上。他们来到布鲁塞尔，还占领萨瓦，攻占美因茨，从荷兰人手中夺取了斯凯尔特河。后来，因法国政府处死路易十六，英国把法国代表驱逐出境，接着法国向英国宣战。这是一件十分愚蠢的事，因为英国是海上的霸主，法国虽然清除了贵族军官，减少了传统束缚，成立了一支有着极大热情的步兵和优秀炮兵的军队，但是海军纪律却遭到了破坏。尽管之前在英国有很多自由主义运动组织对法国革命表示同情，但这次宣战让英国人民团结一致对付法军。

在此不必详述在随后几年里法国对欧洲联盟的作战情况。总而言之，他们将奥地利人永远赶出了比利时，并使荷兰成为共和国。冻结在塞尔特岛的荷兰舰队居然在没有开枪的情况下，就向一小撮法国骑兵投降。在一段时期里，法国进攻意大利的行动遭受了打击。公元1796年，一位新上任的将领拿破仑·波拿巴，率领一群衣衫褴褛、饥饿难耐的共和国军队穿过皮埃蒙特高原，抵达曼图亚和维罗纳。查尔斯·弗兰西斯·阿特金森说："让盟军震惊的是共和军的数量与速度。没有任何部队能与这些临时集结的军队相抗衡。他们没钱买帐篷，因此也不需要车辆搬运东西，一般的职业军队会因为这些不利因素而逃之夭夭，公元1793~1794年的法国士兵却颠覆了这个传统。如此庞大的军队很难实现足够的补给，但是法国士兵很快培养了'就地生存'的本领。公元1793年，现代战争临时露宿的作战方式终于诞生，并迅速发展，充分发挥了国民实力来征用军需。不同于往日小心翼翼的小头部队，他们拥有足够的营帐和粮食，还喜欢滥用法律。两者形成强烈的对比，前者代表着坚决果断的精神，后者则代表了少冒风险的胆怯心理。"

当这些衣衫褴褛的爱国人士唱着《马赛曲》为法兰西而战时，他们自己也不清楚，这样究竟是在掠夺还是在解放他们的敌人。在巴黎，某种可耻猥琐的方式正在消耗着共和主义的革命热情。革命运动的领导人罗伯斯庇尔，下定决心根据自己的想法去挽救共和国。他认为拯救共和国的前提是保住自己的权力，因为他觉得只有自己才能拯救这个国家，只有处决国王和屠杀贵族分子才能成就共和国精神。当时，几个地方发生了叛乱。其中，在西部的旺代郡，贵族与主教怂恿人民反对征兵和没收正统派主教的财产；在南部的里昂和马赛，也发生了几起动乱，土伦的保皇党同意英国军队和西班牙军队进入法国。对于当时的革命，似乎没有比大屠杀更有效的镇压手段。

革命法庭登上历史舞台，一系列大屠杀开始了。刚发明的断头台恰好派上了用场。王后被送上了断头台，罗伯斯庇尔的反对者们被砍了头，甚至那些不相信上帝的无神论者也遭遇断头的悲剧。一天又一天，一个星期接着一个星期，越来越多的人死在残忍的断头台上。罗伯斯庇尔的统治似乎建立在血流成河的基础上；他还需要更多的鲜血，正如吸鸦片的人需要更多的鸦片一样。

公元1794年夏天，人民推翻了罗伯斯庇尔的统治，也将他送上了断头台。后来，5个执政官组成的督政府接掌了大权。在接下来的5年，他们对外继续进行防卫战，对内维护祖国的统一。这样的统治顺其自然，就好比动荡历史中一段神奇的插曲。宣传者的革命热情促使法国军队进入荷兰、比利时、瑞典、德国南部和意大利北部。他们所到之处，都推翻国王，并建立了共和国。但是，这种革命热情并没有阻止督政府掠夺解放区人民财产以减轻法国财政困难。战争变得越来越不像为神圣自由而战，而是越来越像旧制度下的侵略战争。法国放弃大君主政体的最后一个特征，就是放弃传统的对外政策。人们发现，督政府的对外政策与革命前一样可耻了。

不幸的是，法国出现一个人，他最强烈地表现出法国民族以自我为中心的精神。他带给法国10年的荣耀，又带给法国彻彻底底的惨败。他就是率领督政府军队战胜意大利的著名人物拿破仑·波拿巴。

在整个督政府统治的5年中，拿破仑·波拿巴苦心策划，努力向上爬，并最终爬上权力的巅峰。他是一个理解力有限的人，也是一个非常直率且精力充沛的人。他起初是罗伯斯庇尔派的极端主义分子，并以此身份获得了平生的第一次升迁，但他并不真正了解欧洲的新形势。他的最高政治梦想，就是复辟西罗马帝国。他企图消除神圣罗马帝国的历史影响，创建一个以巴黎为核心的新帝国。维也纳的皇帝不再是神圣罗马帝国的皇帝，而只是奥地利的皇帝。拿破仑还与他的法国妻子离婚，以便娶到奥地利公主。

公元1799年，拿破仑成为法国第一执政官，实际上就是法国的君主。公元1804年，他效仿查理曼大帝，成为法兰西皇帝。在巴黎，教皇为他举行了加冕仪式，他学着查理曼大帝的模样，在典礼趋向高潮时，从教皇手中拿过皇冠戴到自己头上。他的儿子也成了罗马的加冕之王。

拿破仑接连好几年屡次获胜。他征服了意大利、西班牙的大部分领土，打败了普鲁士与奥地利，占领了俄国西部的整个欧洲地盘。但是，他从来不曾从英国人手中获取制海权。公元1805年，在特拉法尔加战役中，他的舰队被英国海军上将纳尔逊击败。公元1808年，西班牙起兵反抗拿破仑，一支英国军队在惠灵顿的统领下挫败法国军队，迫使其从西班牙半岛撤回北方。公元1811年，拿破仑与沙皇亚历山大一世发生了冲突。公元1812年，拿破仑率领60万联合大军进犯俄国，由于俄军奋力反抗，加之严寒的天气，让法军大败，差一点儿全军覆没。接着，德国和瑞典奋起反抗。公元1814年，拿破仑的军队在巴黎附近的枫丹白露大败，拿破仑被赶到厄尔巴岛。公元 1815 年，他回到巴黎进行最后一搏，却在滑铁卢一战中被英国、比利时和普鲁士的联军打败。公元 1821 年，作为英国的阶下囚，拿破仑在圣赫勒拿岛与世长辞。

至此，法国革命激发出来的各种能量最终消耗殆尽。战胜国同盟在维也纳举行了会议，其宗旨是尽快解决这场革命风暴带来的严重危害。接下来，欧洲维持了将近 40 年的和平局面，那是一种精疲力竭之后的和平。

第 56 章　拿破仑垮台后的欧洲紧张局势

公元 1854~1871 年，欧洲没有完全实现社会和谐与国际和平，这主要表现在两个方面：第一，贵族仍然干涉人们的著作、思想、讲学等自由，还想恢复不公平的特权；第二，维也纳外交家确立了不合理的国界线，让欧洲局势日趋紧张。

西班牙的君主政体复辟倾向明显，甚至宗教裁判所也得以恢复。公元 1808 年，拿破仑把西班牙的统治权交给自己的哥哥，大西洋的西班牙殖民地却效仿美国，反抗欧洲强权体系。南美洲的玻利瓦尔将军可以与美国的乔治·华盛顿相提并论，他率领南美洲人民进行起义。西班牙不具备镇压这次起义的实力，只好像美国独立战争那样将起义拖延下来。奥地利提出一个建议，根据神圣同盟的精神，欧洲各国应该支持和援助战争中的西班牙，但是英国反对这个建议。美国第五任总统门罗也加以阻止，欧洲列强在西班牙实行君主复辟的阴谋最终泡汤。公元 1823 年，门罗总统采取果断行动，并公开声称：欧洲无论哪个国家，只要向西半球扩张，都会被视为美国的天敌，这就是“门罗主义”。门罗主义宣称：美洲以外的列强，都不可以在美洲进行扩张活动。在长达一个世纪的时间里，门罗主义不准西方列强干预美洲，西属美洲的新国家因此得以自由发展。西班牙在欧洲丧失了管理殖民地的权力，但可以在协约的保护下进行一切活动。公元 1823 年，欧洲会议委托法国镇压西班牙的民众起义。同时，奥地利也镇压了那不勒斯的一次民众起义。

公元 1824 年，路易十八去世，查理十世继承王位。查理十世企图复辟专制政府，还想破坏出版和大学的自由。他打算用 10 亿法郎的高价，来赔偿 1789 年大革命中被烧毁的贵族城堡和被没收的财产。1830 年，巴黎市民群起反抗查理十世，拥立路易·菲利普——在恐怖政治时代被处死的奥尔良公爵菲利普的儿子——为国王。英国对这次革命持公开支持的态度，欧洲的其他各国君主也没有干预法国，因为法国毕竟是一个君主制国家，再加上奥地利与德意志忙于处理国内再次爆发的自由主义运动，因此路易·菲利普（公元1830~1848 年在位）统治法国长达 18 年之久。

各国君主背道而驰，让维也纳会议构建的和平陷入动荡局面。维也纳外交官划定的不合理国界线也让政局更加紧张，并给人类和平带来了更大的威胁。把思想不同、语言不通、文学风格各异的各族人民的事务放在一起处理，是一件很难办的事，尤其是当这些差异因宗教纷争而日益加剧的时候。只有某种强烈的共同利益，才能让不同语言和传统的各族人民团结起来，比如瑞士山地族人为了抵抗共同的敌人而紧密地团结起来，瑞士还实施最大限度的地方自治制度；马其顿各族人民居住在一起，村落零散，所以有必要采取州自治制度。如果读者仔细阅览维也纳会议构建的欧洲地图，就会发现这次会议似乎故意要激起民愤。维也纳会议摧毁了荷兰共和国，多此一举地将奥属尼德兰法语系的天主教徒与信仰新教的荷兰人凑在一起，成立了尼德兰王国。维也纳会议还把原来的威尼斯共和国，以及远到米兰的整个北意大利地区的统治权，交给德语系的奥地利人。意大利的几个部分和法语系的萨瓦联合起来，恢复了撒丁王国。奥、匈帝国由匈牙利人、日耳曼人、南斯拉夫人、罗马尼亚人和捷克斯洛伐克人组成，这些民族之间原本不和，如今再加上意大利人，局势变得愈加紧张。公元 1772 年，奥地利占领了波兰，这又加剧了战争的爆发。波兰人民信仰天主教，并具有共和精神，统治着波兰大部分人的俄国沙皇却信仰希腊正教，还把波兰的一些重要地区管辖权交给了信奉新教的普鲁士。接着，俄国沙皇在维也纳会议的认可下，得到了异族芬兰。差异颇大的挪威和瑞典也被同一个国王统治着。读者们应该已经发现，德国正处于极其危险的混乱状态中。奥地利和普鲁士侵占了包含若干小邦的德意志联邦部分领土；丹麦国王因为在荷尔斯泰有一些德语系地区，因此加入了德意志联邦。卢森堡也加入了德意志联邦，尽管它的真正统治者是尼德兰国王，而且这个国家有很多人讲法语。

如果让讲德语、信奉德国思想的德国人，讲意大利语、信奉意大利文学的意大利人，讲波兰语、信奉波兰文学的波兰人各自为政，以各个区域的不同语言划分出不同的国界，那么这不仅对他们自己有利，对其他民族也是利大于弊。然而，这一事实并没有引起维也纳会议的关注。难怪当时德国最流行的歌谣唱道：“只要是讲德语的地方，就是德国人的故乡。”

公元 1830 年，法语系的比利时人受到法国革命的影响，开始反抗尼德兰王国和荷兰人的联合统治。欧洲列强既担心比利时成立共和国，又担心法国吞并比利时，于是急忙镇压这次叛乱，并让萨克斯·科堡·哥达得列奥波特一世担任比利时君主。同年，德国和意大利也爆发了起义，但都以失败告终。波兰人反对公元1825年接任亚历山大的沙皇尼古拉一世，在华沙进行了长达一年的反抗斗争，最终还是被沙皇镇压下去。从此以后，波兰语遭禁，希腊正教取代罗马天主教，成为波兰的国教。

公元1821年，希腊人开始反抗土耳其的统治。两个民族进行了长达6年的艰苦战争，欧洲各国却袖手旁观。有一些信仰自由的人反对这种置之不理的态度，于是自发组织并加入起义队伍。最后，俄国、英国和法国采取了联合行动。在后来1827年的纳瓦里诺战役中，英法舰队打败了土耳其舰队，沙皇也侵入土耳其境内。公元1829年，他们签订了《亚得里亚堡条约》，规定希腊重新拥有自由，但不能恢复以前的共和传统。欧洲列强给希腊找了一个日耳曼国王，即巴伐利亚的奥托亲王。他们还在多瑙河诸省（今天的罗马尼亚）和塞尔维亚（原南斯拉夫的一部分）设立信仰基督教的总督。然而，在把这地区的所有土耳其人都赶出去之前，需要更多的流血牺牲。

第 57 章　物质科学的发展

公元 17、18 世纪到 19 世纪初，欧洲列强与诸侯之间发生了多次冲突。公元 1815 年的《维也纳条约》逐渐代替了公元 1649 年的《威斯特伐利亚条约》；欧洲文化逐渐被那些越海远航的船舶传播到整个世界；人类知识日益丰富，对世界的了解日趋深刻。在欧洲国家和欧洲化的国度，人们对世界的了解不断加深。然而，这种趋势却与政治生活相分离。公元 17～18 世纪，这种趋势在政治生活领域没有产生任何直接而明显的影响，在民众思想方面的作用也微乎其微。公元 19 世纪后半期，这种趋势在富裕和具有独立精神的小范围内悄悄发展起来。如果没有英国人所谓的有产绅士，那么科学的进展就不会始于希腊或兴于欧洲。这个时期，学院对科学和哲学思想的发展起了某些作用，但不是主要作用。各项研究的主要动力就是资助，但是如果没有独立思想的鼓励，依靠资助的研究将会缺乏主动精神，以及支持和推动发明的动力。

我们知道，公元 1662 年成立的伦敦皇家学会，为实现培根《新大西洋岛》中所描述的梦想作出了巨大努力。公元 18 世纪，人们已经能够清楚地解释物质与运动的一般概念；在数学领域也取得了很大进步；在显微镜、望远镜等光学设备的应用上获得了系统性进展；还在自然史的分类方面有所更新与发展，尤其是解剖学的研究。人们开始进行一项伟大的研究——由亚里士多德提出设想，然后由达·芬奇进行测试的地质学研究——有关岩石记录的研究。自然科学的进步大大推动了冶金技术的发展。冶金技术得到了改良，人们开始大规模地制造铁和其他原料，这使得某些实用性的发明得以实现，各种机器得以发明，最终引发了工业革命。

公元 1804 年，瓦特的蒸汽机得到有效利用，特里维西科用蒸汽机的原理制造出世界上第一台火车头。公元 1825 年，在达灵顿和斯托科顿之间出现了第一条可以通车的铁路。后来，斯蒂芬森制造出了“火箭”车头，拉着 13 吨重的车厢，以每小时 44 英里的速度在铁路上前进。公元 1830 年以后，铁路的发展非常迅速。公元 19 世纪中期，整个欧洲都有了铁路。一直与人类生活有着密切联系的陆上运输，在速度上突然发生了翻天覆地的变化。比如，当初拿破仑在俄国惨败以后，从维尔纽斯回到巴黎时，花 312 个小时走了大约 1400 英里的路程。拿破仑想尽一切办法提速，但平均速度只有每小时 5 英里。如果他是一个普通的旅行者，恐怕花费两倍的时间也很难走完这段路。这个速度近似于公元前 1 世纪在罗马和高卢之间旅行的最高速度。自从有了铁路，这段路程的旅行时间就缩短至 48 小时之内。也就是说，铁路将欧洲各主要城市之间的旅行时间缩短了十分之一，这意味着政府行政管辖的范围可能扩大了十倍。然而，这种理论还有待欧洲人的执行。在欧洲，马匹与公路时代的国界线依然存在；在美洲，铁路却带来了明显的作用。当美利坚合众国谋划着向西扩张时，铁路产生了巨大的影响。无论边境有多遥远，人们都可以利用铁路到达华盛顿，让美利坚合众国的大规模领土得以维护。

轮船的出现稍早于蒸汽机。公元 1802 年，克莱德运河的福斯湾出现了一艘名为“夏洛特·邓达斯”号的轮船。公元 1807 年，美国人富尔顿在纽约以北的哈德逊河上，驾驶着一艘装有英国发动机的“克来蒙”号轮船。第一艘可以在海上航行的轮船是美国制造的“凤凰”号轮船，航行路线是从纽约到费城。公元 1819 年，美国的“萨凡纳”号轮船第一次横渡大西洋。上述轮船由于轮桨容易破损，导致船只不能前行，所以这种船舶不适合远洋航行。螺旋桨蒸汽轮船出现较晚，人类克服了很多困难才发明出来。公元 19 世纪中期，蒸汽轮船的载重终于超过帆船，海上运输得以迅速发展，甚至可以预算出船舶到达目的地的时间。以前，横渡大西洋要用几个星期甚至几个月的时间，风险很大，现在却有了很大的进步。公元 1910 年，最快的轮船横渡大西洋只需 5 天的时间，并且可以比较准确地预报抵达日期。

在蒸汽机使陆、海运输得到发展的同时，瓦特、法拉第和伽尔瓦尼等人开始研究电现象，导致人类文明史上出现了便利工具。公元 1835 年，电报诞生；公元 1851 年，英国与法兰西之间出现第一条电缆。在短短几年内，电报体系就普及了整个文明世界。以前的信息只能缓慢地从一个地方传到另一个地方，现在却可以瞬间传递到全世界的每个角落。

公元 19 世纪中期，人们认为火车、电报等东西已经很进步了，然而这些发明只是伟大发明过程中最早的一批粗糙成果。以往日的眼光来衡量，这一时期的知识和技术发展速度与广度均超越了以前任何时代。起初，这种作用并不明显，当人类将其应用到各种材料上时，就产生出惊人的作用。公元 18 世纪中期，人们只能从矿石中用木炭提炼出小块铁，再用铁槌捶打，制造成人类所需的形状。铁是工匠的原材料，工匠个人的经验和技术在很大程度上决定了铁的质量和工艺。公元16世纪，最大只能产出两三吨重的铁块，导致大炮的大小受到限制。公元18世纪也出现了鼓风炉，随着焦炭的广泛应用，鼓风炉也越来越进步。公元1728年，出现了轧制的铁板，后来又有了轧制的铁杆。公元1783年，又出现了轧制的铁条。公元1838年，奈史密斯发明了蒸汽锤。

古代社会的冶金技术十分低下，人们无法利用蒸汽的力量。在轧制铁板尚未出现以前，蒸汽机得不到发展，甚至连最原始的抽水机都没有诞生。当时的冶金技术已经处于最高水平，但从现代的角度来衡量，早期的机器只是一些笨拙的铁器。公元1856年，贝西默发明了转炉冶炼法。公元1864年又出现了平炉冶炼法，从而推动了钢铁的炼制、锻造和熔化。可以看到白热的钢水在熔炉中翻滚，如同牛奶在锅里翻滚。就人类实用技术的成果而言，没有什么能与自由制造巨型钢铁，并完全控制钢铁成分与品质相媲美。早期的各种发动机与铁路的发明，只是冶金技术的初步运用而已。不久以后，钢铁船舶、钢铁桥梁等大规模使用钢筋的新型建筑相继出现。这时，人们发现以往建造的铁路过于狭窄，如果把轨道设计得宽一些，旅行将变得更加舒适。

公元19世纪以前，还没有出现装载量超过2000吨的船舶，但现在载重50000吨的巨型轮船到处可见。有人嘲笑这只是体积上的进步，这只能说明他们见识浅陋。大型船舶或钢铁结构等大型建筑，并不只是这些人想象中扩大了的小型船舶和小型建筑。实际上，它们是经过大量精密计算设计而成的，因此更坚固、更精巧、材料更优良，也更耐用，与那种仅凭经验和技术的制造完全不同。以前，人们在建造房屋与船舶时，只能服从材料的特性，因为材料有着决定性的影响。现在，人们可以按照需求随意使用和改造材料。试想一下，从矿井与河岸挖掘出来的煤、铁、沙子，在经过绞、锻、熔、铸之后，终于变成钢铁和玻璃的高大建筑，高达600英尺，它们高傲地矗立在繁华的都市中！

以上讲述的冶金成果只是人类发展过程中的个例。铜、锡和其他很多金属，与公元19世纪以前尚未认识到的镍、铝一样，有着相同的发展过程。机械革命的主要成果，就是这种日渐增强的对各种物质的利用能力，比如对各种石膏、岩石、玻璃、染料、纺织品的利用能力。当然，人们尚处在取得成果的起步阶段。人们拥有力量，但还是要学习如何使用这些力量。人们对于科学赠予的这份礼物，起初有着庸俗、愚昧甚至可怕的做法。当时，各个行业的技术人员还无法自由地利用各种物质。这期间，新电学也得到了迅速发展。公元

19 世纪 80 年代，电学的研究给人们的生活带来了很大的便利。后来，突然出现了电灯与电力牵引。于是，力的转化和输送可以自由地将能量转变成机械能、光和热，正如水管送水一般，能量可以传输的观念被大众普遍接受。

英国人和法国人是这个伟大发明时代的先驱者。德国人在拿破仑的统治下历尽艰难，接着便用极高的热情和不懈的精神开始了科学研究，并超过了英、法两国。英国的科研成果大多是学术中心之外的英格兰人和苏格兰人完成的。那时，英国各个大学的教育水平处于衰退状态，固执地研究着拉丁和希腊古典名著。法国的科学研究也停滞不前，迂腐地探究着耶稣会士学派的古典传统。德国由于没有受到过多限制而轻易建立这类机构，这些机构的规模较小，但科研人员的数量却比英、法两国多很多。英、法两国因科学实验和研究而变成世界上富有、强大的国家，发明家与科学家却没权、没势、没财富，他们只是专心于研究，无暇利用研究来发财致富。后来，一些贪婪的人轻易利用科学家们的发明，获得了巨额利润。英国的每一项发明都使富人得到了益处。他们虽然不像宗教极端分子那样杀鸡取卵，但是当科学家与发明家遭受苦难时，他们却漠不关心。他们认为，科学家与发明家本来就是他们获取利益的工具。

在这方面，德国人显得聪明很多。德国学者不但没有反对和憎恨新学问，反而允许它们自由发展。当然，德国商人也不像英国商人那样鄙视发明家。德国人认为，知识和农作物一样，都需要施肥才能获得大丰收。他们给科学家提供更多的发明机会，并大力资助他们的科学研究。公元 19 世纪后半期，德语已经成为每个立志于本领域最新发展潮流的科研人员的必备语言。德国的某些学科，尤其是化学，与西方邻国相比，有着很高的水平。德国科学家在 19 世纪六七十年代所作出的科学贡献，终于在 19 世纪 80 年代呈现出明显的成果。德国在技术和工业方面明显超越了英、法两国。

公元 19 世纪 80 年代，一种新型的发动机出现了，这标志着人类发明史翻开了新的一页。这种发动机采用的爆发性混合物的膨胀力取代了蒸汽的膨胀力，因此更轻便与高效。汽车上也运用这种发动机，并大大提升了它的轻巧度和效率。人类在很早就预料到的飞行器得以实现。公元 1897 年，华盛顿史密森学会的兰勒教授成功地研制出一架飞机，但因为容积小而无法载人。公元 1909 年，飞机已经应用于交通。铁路和公路越来越完善，交通速度放慢了发展脚步。这时，速度更快的飞机出现了。公元 18 世纪，从伦敦到爱丁堡需要 8 天；公元 1918 年，英国民航运输委员会报告指出：将来有一天，人类可以用 8 天时间从伦敦到达墨尔本，相当于绕地球半圈。

我们无须过分强调从某地到某地所用时间缩短了多少，这只是人类能力向更深远方向发展中的一个方面。公元 19 世纪，农业科学和农业化学都获得了巨大的进步。人们学会了如何使相同面积的土地比 17 世纪多出 4 ~ 5 倍的产量。医学上也取得了充分发展，疾病导致的生命衰退现象明显减少，人类的平均寿命不断延长，日常的工作效率也显著提高。

总之，人类迈进了一个新的历史阶段，生活变得越来越便利。在仅仅 100 多年的时间里，机械革命就获得了巨大的成功。就物质生活状况而言，人类所取得的进步很大，超越了从旧石器时代到农耕时代，或从埃及的斐比时代到英王乔治三世时代所获得的一切成就。如今，人类事务的新物质结构已经形成。这要求我们在经济、社会和政治方面必须作出大幅度调整，前提是机械革命的进一步发展，而此时仅仅处于初级阶段。

第 58 章　工业革命

在许多历史书中，都把前面提及的机械革命与工业革命混为一谈。在人类文明的发展过程中，机械革命是一种新型事物，它成长的基础是有组织的科学发展，是科学发展的新阶段，如同金属和农业的出现一样。但是，工业革命指的是经济和社会的发展，历史上有过类似的发展。两者的本质截然不同。这两个过程虽然同时进行且相互作用，但它们是两种完全不同的概念。即便世界上没有出现煤、蒸汽、机械，某种类似工业革命的事物也会出现。只不过，它会遵循罗马共和国晚期的社会经济发展路线，也许会再次出现失去土地的自耕农民、集体劳动、巨大的地产和金融财富等现象，从而使社会经济遭到破坏。这样的工业生产方式在机械和动力出现之前就已经存在。工厂是劳动分工的结果，而不是机器的产物。那些被压迫的娴熟工人在水轮机投入工业生产之前，就开始研制家具、硬纸箱、女性饰品、彩色地图以及书籍插图等。早在罗马的奥古斯都时代，工厂就已经出现。比如，在出版商的工厂里，抄写者们可以根据口授笔录写成新书。如果某位研究者对笛福的著作和菲尔丁的政治小册子感兴趣，那么他一定会知道，公元 17 世纪末，英国已经开始招募贫民进行集体劳动了。我们也可以从莫尔的《乌托邦》（公元 1516 年出版）中看到有关工厂的设想——它是社会发展的产物，而不是机械发展的产物。

公元 18 世纪中期，西欧的社会和经济史，其实已经回归到公元前最后 300 年的罗马城老模式上来。不过，历史还是转向了一个新方向，其原因很多，比如不统一的欧洲政治、反对君主专制的起义、市民的暴动，也许还因为知识分子懂得了机器的概念，接受了新的发明。这一时期，在这个欧洲新世界里，基督教为人类团结思想的广泛传播奠定了基础，再加上分散的政治权力，那些精力充沛的野心家们非常愿意转变观念，不再关注奴隶和集体劳动，转而关心机器和机械动力。

机器革命是机器发明和发现过程的统称，它是人类生活中的新生事物。它只是向前进展，从来不管对社会、政治、经济及工业带来的可能后果。同时，机械革命又促使工业革命与其他的社会变革对人类生活产生巨大影响。罗马共和国后期的几百年里，人类财富大量积聚，很多小商人和小农阶级因此走向破产，这种现象类似于公元 18、19 世纪的资本积累。但两者之间存在着本质的区别，因为机器革命导致的是劳动性质的深刻变化。在旧世界中，所有的动力都是人力驱动的结果，大多数任务都是通过被压迫者的肌肉苦力完成的，当然也会借助一些兽力，比如牛和马的牵引力。可是，当人们需要抬起重物和凿开岩石时，还是靠人的力量；耕田时，要靠人与牛的联合力量。在罗马时代，要想让船舶行驶，也需要桨手卖力划桨。在人类早期文明进程中，大多数人都被当作机器来劳动。在机器出现的初期，人力依然是笨重劳动中的主要力量。大量劳动者为了开凿运河、修建铁路或筑堤而出卖劳力。矿工的人数日益增多，便利的设备和商品产量却增加得更为迅速。进入公元 19 世纪后，人类不再是被任意滥用的动力源泉，因为靠人工很难完成的事，机器可以更迅速和巧妙地完成。人类只要完成那些需要智慧和能力的工作即可。以前的人们只知道服从和卖苦力，没有智慧可言。所以，对谋求人类的幸福而言，无须动脑的蛮力已经没有用武之地。

在最新的冶金工业中，这种情况曾经出现过，在古老的工业、农业、采矿业中，这种情况也出现过。一旦出现用于播种、耕耘、收获的机器，那么一台机器就可以代替十几个人的工作。在廉价的人力劳动基础上产生了罗马文明，而在廉价的机械动力基础上产生了近代文明。一个世纪以来，机械动力变得越来越廉价，劳动力却变得越来越昂贵。假如某个时期采矿依然依靠人力而非机器，那只能说明人力比机器廉价。

这时人类事务发生了重大转变。在古代文明中，如何维持充分的劳动力来源，成了富人和统治者们很头疼的事情。但到了公元 19 世纪，智者们开始明白，普通贫民比那些纯粹的苦工更有价值。哪怕只是为了保证工作效率，也要让贫民接受教育，因为劳动者必须知道自己在做什么。自从基督教传教以来，欧洲的大众教育一直发展得很缓慢。在亚洲，伊斯兰教传播到何地，那里的大众教育就开始发展。这是因为信奉者们必须要阅读一些关于信仰的书籍，知道一些被拯救的信念。基督教为了争夺信徒而发生纷争，这也在某种程度上推动了大众教育的进程。比如，公元 19 世纪 30~40 年代，英国的教派之间发生了纷争，他们为了争夺年轻教徒，开办一些儿童教育组织，其中包括国立教会学校、不信奉国教的“英国”学校，甚至罗马天主教小学。19 世纪后半期，整个西方世界的大众教育得到了迅猛发展，而上层阶级的教育发展却没有如此迅速。以前知识分子与非知识分子之间的差距，现在仅仅表现为教育程度的高低。从表面上来看，这种变化与机器革命没什么瓜葛，但事实上正是机器革命让世界上的文盲阶层渐渐消失。

普通的罗马平民从来不曾真正了解过罗马共和国的经济变革，他们面对生活环境的变化，也从来不曾理解得像我们一样完善与透彻。公元 19 世纪末期，在受到工业革命的影响之后，普通民众都把这一时期看作一个完整的文明历程。人们已经可以自由读书、彼此交流、互相探讨，此外，人们还开始四处游历、观察事物，这是以前的平民从来不曾做过的事情。

第 59 章　现代政治与社会思想的发展

在无人预测或筹划的自然状态下，古代的文明制度、政治观念和传统风俗在渐渐演化着。公元前 6 世纪，人类历史进入一个伟大的青春期，人们对彼此之间的关系进行了清晰的思考，对那些已经确立的信念、法律和政治提出了质疑和改变方案。

在前面说过，希腊和亚历山大城成为灿烂文化的焦点，不久之后，腐败的奴隶制度、宗教迫害、专制政体的阴云又遮挡了黎明的曙光。公元 15～16 世纪，自由思想尚未在欧洲冲破黑暗。当欧洲逐渐重视自由精神的时候，我们还试图了解匈奴人的远征及阿拉伯人的好奇心理对清除欧洲精神阴云产生的影响。最初，自然知识大量涌入人类的脑海中，人类对物质力量与成就的认识，是恢复理性后的第一批成果。社会心理学、个体心理学与教育经济学等社会科学，本身就微妙而复杂，这还和人类的感情密切相连。所以，这些学科的进展十分缓慢，还经常遇到强大的反对力量。人们通常都愿意倾听有关天文与原子的知识，却不愿意听到有关生活方式的思想。

在古希腊的亚里士多德开始探索事实之前，欧洲就已经出现了柏拉图的大胆哲学。柏拉图《理想国》和《法律篇》中的乌托邦故事，激发智者们开始进行最早的政治探究。托马斯·莫尔爵士的《乌托邦》是对柏拉图作品的直接仿效，但也对英国新的济贫法产生了影响。那不勒斯人康帕内拉的《太阳城》更具想象力，却没有对人类产生过任何实质性的作用。

公元 17 世纪末，出现了很多政治和社会科学方面的著作。约翰·洛克是这些作者中的先驱之一，他是英国一位出版商的儿子，也是牛津大学的学者，曾经在牛津大学从事医药和化学课题的研究。他发表了很多关于政治、信仰自由和教育的论文，他在作品中清晰地指出，他相信社会改造有可能得以实现。法国的思想家和法学家孟德斯鸠（公元 1689～1755 年）比约翰·洛克年纪小，但与他的威望相当。孟德斯鸠对社会、政治和宗教制度进行了根本性分析和探索性研究，彻底驳斥了法国专制君主政体的虚伪。如此一来，孟德斯鸠与洛克一起清除了人们在改造社会过程中的许多错误观念。

公元 18 世纪中后期，新一代探索者们扮演着重要的角色。当洛克、孟德斯鸠清理了道德与理智道路上的障碍物之后，后继者们开始了更加大胆的探索。他们当中的大多数出身于耶稣会，是极具反抗精神的学者，史称“百科全书派”，他们的目标是建立一个新世界。与百科全书派并驾齐驱的是经济学派，他们直接大胆地研究了食物和商品生产与分配方面的课题。《自然法典》的作者摩莱里，是公元 19 世纪集体主义思想家们的先驱，他对私有财产制度进行了严厉的批判，并提出建立共产主义社会的设想。

什么是社会主义？关于这个问题，也许会有成百上千的不同派别与概念。就本质上而言，社会主义就是从大众利益的角度出发，批判私有财产制度。我们可以简短地描述一下历代的财产观念。在人类的政治生活中，社会主义与国际主义是两个基本的概念。

人类具备好斗的本能，因此产生了私有财产权的概念。人类的祖先类人猿在人类进化完成之前就已经占有财产。原始的私人财产指的是动物之间争夺的东西。比如，对于狗而言，骨头就是私有财产；对于母老虎而言，洞穴就是私有财产；对于动物群头领而言，统领的地位就是私有财产。在社会学中，“原始共产主义”是一个十分荒唐的名词。旧石器时代初，头领已经开始占有妻子、儿女、工具等一切具体的私人财产。如果有人想要夺取他的财产，他一定会展开争斗，并尽可能地杀死对方。如此一来，这种互相厮杀的部落传统代代相传。阿特金森在自己的作品《原始法则》中提道：“时间不断流逝，部落长老渐渐认可了年轻人的行为，还允许年轻人将自己制作的装饰品、捕杀的猎物以及从其他部落掠夺的妻子都占为己有。”财产的相互妥协让人类社会得以进步，这也是将其他部落驱逐出境的本能行为。如果某个山脉、丛林、河流不属于你的领土，也不属于我的领土，那么它就是我们共同的领土。每个人都想把它占为己有，但这是一种不可能实现的欲望，因为如果谁想独占它，谁就会遭到其他人的攻击。所以，最初的人类总是互相调和各类财产的占有权。兽类和原始人类比文明社会中的人们具有更强烈的占有欲，也许那是一种本能，而非理性的愿望。

原始人类与今天没有受过教育的人们一样，他们的占有欲永无止境。他们认为，无论是什么，抢到手里就是自己的东西，比如女人、俘虏、野兽、空地、采石场等。随着人类社会的不断进步，出现了防止互相残杀的各种法则，以及化解争夺的简易方法。比如，最先制造出某种物品、最先获取某种东西、最先主张某种事物的那个人，就是所有权的归属人；如果欠债者无法还债，债主就可以理所当然地没收他的财产；如果某个人拥有一块土地，那么这个人就可以向使用该土地的人索取租金。但是后来，人们慢慢接受有组织的生活后，渐渐意识到这种占有欲的坏处。从人类诞生之日起，便有了占有一切财产的权利吗？当然不是这样的。人类诞生之初是一无所有的。现在，若想弄清楚早期文明的社会斗争，那不是一件容易的事。不过，在前文中已经讲过罗马共和国的历史，当时社会已经意识到债权对社会不利，并建议废止它。此外，无限占有土地也会对社会生活造成负面影响。后期的巴比伦限制了占有奴隶的权利。后来，伟大的耶稣也大胆抨击了人类的所有权。他说道："那些大财主们太依赖财富了，因此他们很难进入天堂，这种难度大于骆驼穿过针眼的难度。"在世界范围内，抨击财产所有权的努力一直持续了 2500 ~ 3000 年。1900 多年以前，即在耶稣出现以后，人们逐渐信奉基督教，也相信人类可以没有财产权，大大动摇了"某个人可以随意处置自己私有财产"的理念。

但在公元 18 世纪末，人们尚不能清晰地判断这个问题，只是质疑它，却没有任何解决方法。那个时候，人们只是不希望自己的财产被王侯或国王强占或挥霍。后来爆发了法国大革命，其主要目的就是保护平民的私有财产不被国王的苛捐杂税所剥夺。但是，这次革命中的平等主义思潮批判了它曾经保护的平民财产。穷人们常常这样说："我们没有住所，吃不饱、穿不暖，如果不劳动，就没有吃的和住的。"太过分了！在这种情形下，人类不可能达到真正的自由和平等。

某个重要的团体为了消除这种不平等现象而想出一个好办法——平均分配。同时，某些原始社会主义者也因此主张废除私有财产，让财产归属国家，此处的国家应该是民主主义国家。

追求自由和幸福是两者的共同目的，但是前者提议将私有财产绝对平均化，后者坚持彻底消灭财产私有化，两者互为矛盾。从这个角度来看，所有权不是简单的一件事，而是诸多事物的综合体。

公元 19 世纪，随着社会的不断发展，人们逐渐意识到，财产并不是一件单纯的事，而是一种有着多种不同价值和结果的复杂所有权。社会中有很多事物完全属于个人财产，比如个人的身体、牙刷、衣服、艺术家的工具等。还有很多东西，一方面属于公有财产，另一方面又属于个人财产，可以经过深思熟虑而决定是否由国家管理或出租，比如房屋、花园、铁路、机器、游乐艇等。

这些问题在现实生活中已经属于政治范畴，即如何有效实施国家管理、维持国家发展，同时还涉及教育学和心理学的很多内容。这时，人们对财产的批判是随意而不是科学的。一方面，它属于个人主义，试图用人们的已有财产去保证和扩大自由权；另一方面，它又属于社会主义，试图将国家的财产集中起来去限制个人财富。事实上，我们可以发现，所有阶层的人都处于极端共产主义和极端个人主义之间，前者完全否认对私有财产所有，后者非常排斥政府税收。现在，我们所谓的社会主义者，也即集体主义者，承认部分个人财产，也同意国家占有重要的物质生产权，以及教育、土地、矿产、交通等所有权。近年来，渐渐出现了主张用科学方法进行研究和计划的社会主义者。人们逐渐明白，与目不识丁的人合作开展伟大事业是一件非常困难的事情。因此，人们在国家过渡与接受私人企业的过程中，一定要接受相应的教育，并设立一定的控制与监督机构。就大规模的集团活动而言，当代国家的政治运动与新闻出版物都显得幼稚可笑。

曾经有一段时间，共产主义的基本形式在全世界范围内广泛传播，这是雇主与雇工之间紧张关系的结晶，尤其是自私自利的雇主和懂得反抗的雇工之间的紧张关系。这种共产主义和马克思的名字联系在一起。马克思主义的理论基础是：经济条件制约着人们的思想意识，在现代文明中，雇主阶层与雇工阶层之间存在着必然的利益冲突。机械革命促使教育进一步发展，教育的发展又反过来促使雇工阶层走向更高的阶级觉悟，越来越坚定地同剥削阶级作斗争。马克思曾经这样预言：当工人阶级觉醒以后，一定会以某种方式夺取政权，并建立全新的社会主义国家。这种现象可以理解为反抗、起义和革命，但是，无论如何它都对社会造成了某种破坏性。比如在俄国，马克思主义就体现了这种破坏性，这一点我们将在后文中加以阐述。

马克思曾经试图用阶级斗争代替国际斗争，还提倡建立第一、第二和第三国际工人组织。但是，从近代的个人思想出发，这也许会成为一种世界思潮。人们渐渐发现，自从英国伟大的经济学家亚当·斯密以来，只有在世界范围内实现毫无阻碍的自由贸易，才能让全世界走向繁荣。事实上，个人主义者敌视国家的敌意，就是敌视国界和关税，敌视以国界、关税为法律依据限制各种贸易自由。这两种思想路线大不相同，精神实质也差异颇大，正如在维多利亚女王时代，英国商人主张的个人主义自由贸易哲学与马克思主义者主张的阶级斗争的社会主义思想之间的差距。然而，两者都宣告，要在超越一切国家的边界和制约的基础上处理各种人类事务。这样的对比十分有趣，理论的逻辑性远远逊色于现实的逻辑性。我们逐渐发现，社会主义与个人主义是从相反的两个立场来研究同一个问题，即人类如何共同劳动的问题，提出了更为广泛的政治和社会意义上的解释和解决方案。当人们开始质疑神圣罗马帝国和基督教思想时，当他们的目标从地中海转移到全世界时，他们的探索便在欧洲得到强化。

如果把从古至今的社会、经济、政治思想的发展和斗争情形详细地叙述给读者们，就一定会介绍很多悬而未决的观点，未免有悖于本书的范围与意图。我们应该认识到，从宏观的角度来看，这些指导思想的重建依然没有彻底完成，甚至不足以分辨这项任务的完成程度。然而，某些共同信念还在形成之中，它们对今天的政治事件与公众行动有着明显的影响，只是它们依然很模糊，没有充分的说服力，无法让人们坚定而系统地去执行。人们的行为总是在传统思想与新思想之间摇摆不定，但大致上偏向于传统思想。即便如此，人们的思想还是渐渐形成一种新的趋势。然而，它只是一个大概轮廓，某些局部还很模糊，细节和规则也在不断变化。但是，它正迈向清晰的方向，而且主体轮廓越来越清晰。

在日益广阔的人类事务中，人们正迈向一个日渐清晰的共同目标。在这样的情形下，很多人类事务需要进行世界性的普遍管理。比如，全世界是一个经济共同体，需要全面考虑自然资源的开发事宜，这是一个日趋现实的问题。再如，整个世界开始关注，若想成功处理金融和货币事务，以及疾病、传染病、人口增长和移民的问题，就必须依靠全世界联合起来，共同去对付不断扩大的活动范围和不断增强的活动能力。由于战乱损失会远高于战争收益，从而让人们意识到，为解决政治和民族斗争而发动战争的做法并不可取。要解决上述问题，就需要产生一个新的政治实体，它的规模、控制力和权威性都必须比从前的每个政府都更加优越。

但是，解决这些问题，并不是指依靠征服和联合现存政府去组成一个世界性的超级政府。人们总是凭借现存制度来推测未来，还企图成立世界皇帝、人类议会、世界总统、世界国会，这是我们最初的本能想法。然而，经过半个世纪的实验和探讨，人们已经消除了这些想法。要想沿着这条道路去实现世界统一，需要面临的阻碍太多了。现在，人们的头脑中又出现一个新念头：在世界上成立一个特别的组织或委员会，并赋予其权利，再让现存政府派遣代表前往那里指导自然资源的开发和消耗事宜，并参与解决人口、货币、疾病、健康、劳动条件、世界和平等世界性问题。

全世界依然没有形成世界政府，但是人们已经把人类的共同利益当作一项共同事业来经营。在国际意识战胜爱国主义产生的猜妒与怀疑之前，在人类尚未实现全世界统一之前，人类的观念必须统一起来。人们应该普遍认可并大力传播人类是一个大家庭的观念。

在几千年或更漫长的岁月中，基督教一直努力传播人类皆兄弟的思想。然而迄今为止，各个国家、部落与种族之间的矛盾冲突，导致的猜忌、憎恨、愤怒等情绪，依然阻碍着人类公仆思想的形成。公元 6~7 世纪，基督教在混乱局势中试图支配欧洲人的灵魂。如今，人类皆兄弟的思想也试图支配人类的灵魂。当然，这种观念的传播和普及，需要默默无闻的忠诚传播者们共同努力，任何一个当代作家都不可能推测出这项事业的发展进程和未来前景。

社会经济问题似乎与国际问题无法分割开来。这些领域内问题的解决，需要诉诸那些已经深入人心的服务意识。在公共利益面前，国家间的怀疑、顽固和自私自利，同样存在于雇主与雇工之间。过于膨胀的个人私欲，也存在于国家与统治者身上。它们是同一种本能倾向、愚昧和传统的产物。凡是全神贯注地解决这些问题的人都认为，真正解决人际交往与合作难题的心理学、教育制度和组织机构根本不存在。如今还无法策划出一个真正有效的世界和平组织，就像在公元 1820 年，人们还无法创建一个电气铁路系统一样。但是，我们仍充满信心，也许不久即将实现。

没有哪个人可以超越自身的知识而行事，也没有哪种思想可以超越同时代的思想。所以，我们无法预测，人类还需要多少代人的恐惧、悲痛、战争、消耗，才能结束这漫无目标的生活，迎来全人类的和平。我们想尝试的解决方法模糊又粗略，个人感情和质疑包围着它。人类在进行一项重建知识的伟大任务，虽然不尽完善，我们的观念却日渐清晰与准确。我们依然无法判断这项任务的进展速度如何，然而当这种观念逐渐变得清晰的时候，就会让人类凝聚成一股不可抗拒的力量。随之而来的将是一项伟大的教育工程。

第 60 章　美国的扩张

在北美地区，交通工具的发展让人们的生活方式发生了很大转变，从而成为世界关注的焦点。美国的政治思想属于 18 世纪中期的自由思想，并用宪法进行了明确规定。当时的美国取消了贵族头衔，废除了王权和国教，却小心翼翼地维护着私有财产。在这种制度下，几乎每个成年男性公民都有选举权。起初，这项措施在各州略有差异。因为选举方式还不成熟，具有高度组织化的政党机构掌握了美国的政治生活。然而，这些重获解放的人们，依然可以发挥出前所未有的巨大活力和公共精神。

接着，来关注一下交通工具的速度提升问题。美国是其中受益最多的国家，但美国人对其不屑一顾。他们认为，铁路、电报、轮船的出现不过是美国发展的必然结果。但事实并非如此，这些发明的出现都是为了拯救统一的美利坚合众国。美国之所以能成为当今幅员辽阔的大陆国家，首先是因为轮船，然后是因为铁路。如果没有这些东西，人口西迁的速度会很慢，也许永远抵达不了中部大平原。如果没有这些东西，从东海岸移民到密苏里州，这段不到大陆宽度一半的路程大概要用 200 年的时间。公元 1821 年，"轮船之州"密苏里州最先建立在密苏里河的对岸，移民只用了几十年的时间便走完了太平洋余下的路程。

让我们来作一个有趣的设想，用放映机把公元 1600 年以后的美国地图展示出来。用小黑圈来表示人口，每个黑圈表示 100 个人，用星号代表 10 万人以上的城市。

我们不难发现，在起初的 200 年里，小黑圈顺着水域与海岸地区缓缓前进，当到达印第安纳州、肯塔基州时，速度变得更加缓慢。然而，在公元 1810 年左右，情况发生了变化，小黑圈顺着航道迅速增加与扩散，可能是因为当时出现了轮船。不久以后，开拓者从沿河地区扩散到堪萨斯州和内布拉斯加州。

大约在公元1830年，出现了代表铁路的黑线条。这时，小黑圈开始飞奔向前而不是缓慢爬行。它们的速度之快，仿佛是喷墨机突然间喷出来的。有些区域出现了星号，先是一两个，后来不断增多，而且差不多每个星号都位于铁路网中。

美国的迅速发展，是全世界范围内从来不曾有过的。如果在以前，这种可能性极小，即便成为现实，如果没有铁路，也会很快瓦解。如果没有电报和铁路，那么在北京管理加利福尼亚要比在华盛顿更加容易。美国人口迅速增长，并没有导致国家分裂，而是变得更加统一。新英格兰人与弗吉尼亚人早在一个世纪以前就已经很相似了，然而，今天的纽约人和旧金山人远比以上两者更加相似。这种同化作用在不断进行着。美国在铁路和电报的作用下，逐渐成为一个不断增大的共同体，语言、思想和行动等方面也协调、统一。不久后，航空事业也出现了，它为社会发展作出了巨大贡献。

统一的美国在人类历史上是一个彻头彻尾的新生事物。人类历史上也出现过超过1亿人口的大帝国，可它们都是多民族国家，美国是世界上唯一单一民族达到如此规模的国家。应该用新的词汇来称呼这种新生事物。我们称荷兰、法国为国家，也称美国为国家，但他们之间存在着很大的差别，就像汽车和马匹一样，属于两个完全不同的概念。美国诞生的时代和环境、发展速度和道路与以往的国家截然不同。从规模与可能性来看，美国是介于欧洲式国家与世界性联合国家之间的一种国家。

美国为了让自己变得更强大和安宁，也曾进行过异常激烈的战争。当时，铁路、轮船和电报等相关设施还没有出现，因此无法化解南部与北部各州之间愈演愈烈的思想和利益冲突。美国的南部实行奴隶制度，北部却都是自由人。最初，轮船和铁路反而加深了美国南北之间的冲突。新的交通工具促进了国家的统一，却让南北双方的精神发生了激烈冲突。北方精神注重自由和个人主义，南方精神却鼓励大地主和上流社会役使黑奴，过着不劳而获的优越生活。南北两方的矛盾几乎到了不可调和的地步。

随着人口的大规模西迁，州政府纷纷成立，这种南北之争愈演愈烈。因为这些州组织都面临着一个选择——是拥护自由和个人主义，还是支持等级制度和奴隶制度？两种观念势不两立。自从公元1833年以来，美国反对奴隶制度的协会，为了阻止奴隶制度的发展，在全国范围内举行了废除奴隶制的宣传活动。后来，敌对双方就是否允许德克萨斯州加入联邦产生了公开冲突。德克萨斯州原来是墨西哥共和国的一部分，只是它是奴隶制度下的移民们开辟的土地。公元 1835 年，德克萨斯州脱离了墨西哥共和国而宣告独立。公元 1844 年，它被划为美国的领土。墨西哥的法律禁止德克萨斯州奴役奴隶，可是现在南方又宣布并执行农奴制。

当时，远洋航海事业得到了充分的发展，更多的移民从欧洲来到美国，北方各州的人口明显增多。相关部门将大多数北方农业区也发展到州的水平，比如俄勒冈、爱荷华、明尼苏达、威斯康星等。在参议院与众议院中，反对奴隶制的北方人数量占据了优势。种植棉花的南方人，一方面因日益强烈的废奴运动而受到了巨大威胁；另一方面又因害怕北方在议会中的优势地位，而开始讨论脱离联邦。他们的目的是在吞并墨西哥与西印度群岛之后，创建一个庞大的奴隶制国家——巴拿马。

公元 1860 年，亚伯拉罕·林肯当选为美国总统，他极力反对农奴制，使得南方决定脱离美国联邦。南卡罗来纳州通过了一项脱离法令，并积极准备战事。随后，佐治亚、佛罗里达、德克萨斯、密西西比、亚拉巴马、路易斯安那等南部各州联合起来在亚拉巴马的蒙哥马利举行议会，推举杰斐逊·戴维斯为美国南方各州联盟的总统，并制定了一系列拥护黑人奴隶制的法令。

亚伯拉罕·林肯是美国独立战争之后出现的新一代美国人典范。他年轻时曾经追随过西迁的洪流。公元 1809 年，林肯出生在肯塔基州，少年时就被带到印第安纳州，然后又迁徙到伊利诺伊州。那个年代，印第安纳州边远地区的生活条件十分艰苦，住宅是旷野中随便盖起的小木屋。当时的教育水平很落后，再加上他家境贫寒上不起学，他的母亲亲自教他读书写字，他从小就对读书很感兴趣，一直孜孜不倦地学习。17 岁那年，林肯成为一名强壮的运动员，尤其擅长摔跤与赛跑。林肯曾经在一家商店当雇员，后来又与一个酒徒合伙做生意，结果欠了一笔债，花了 15 年的时间才还清。公元 1834 年，25 岁的林肯成为伊利诺伊州众议院的议员。当时的伊利诺伊州对奴隶制问题议论纷纷，因为主张扩张奴隶制的党派领袖就是道格拉斯——伊利诺伊州的参议院议员。他是一个有能力、有威望的政客。有好几年的时间，林肯总是以演讲和散发小册子的方式与道格拉斯展开论战，成为他的政敌，并最终战胜了他。公元 1850 年，大选伊始，两人之间的对抗就达到了巅峰。公元 1861 年 3 月 4 日，林肯就任总统。同时，美国南部各州积极备战，为脱离华盛顿联邦政府做准备。

接着，美国内战爆发。在这场南北战争中，联邦军队是临时招募的士兵组成的，开始才几万人，后来增加到几十万人，最后竟然达到百万人。内战战场从新墨西哥扩展到东部海洋的辽阔地区，双方争夺的主要目标是华盛顿和里士满。我们在此没有足够的篇幅为读者们详细叙述那些战役，比如田纳西州和弗吉尼亚州的丘陵和森林地带的战斗；密西西比河沿岸的激烈战斗等。在这些战争中，人员死伤惨重，进攻与反攻不断轮回，希望与失望互相交替。有时南方军队差点儿夺取华盛顿，有时北方车队又差点儿攻下里士满。南方军队的人数与资源都不如北方军队，但他们的统帅是能力非凡的李将军。北方军队虽然队伍庞大，但缺少优秀的指挥官，将军更替频繁。直到最后，谢尔曼和格兰特领导北方军队战胜了衣衫褴褛又疲惫不堪的南方军队。公元 1864 年 10 月，谢尔曼的军队攻破了南方军队左翼，从田纳西州出发，经过佐治亚州，抵达海岸，横穿南部，然后北上，越过卡罗莱纳州，攻击了南方军队的后方。与此同时，格兰特在里士满附近牵制了李将军的部队，直到谢尔曼赶到。公元 1865 年 4 月 9 日，李将军和他的军队在阿波马托克斯郡府投降。在随后的一个月内，南方的残余部队纷纷投降，南方军队宣告解体。

这场战争长达 4 年，无论在物质上还是精神上，都给美国人民造成了巨大的伤害。人们已经普遍承认各州自治，北方强迫南方废除黑人奴隶制。在南北交界处，父子或兄弟会因为不同的意见而加入两个对立的军队当中。北方认为它的主张属于正义行为，很多人却认为这不是完全的正义行为。在这种混乱的状态下，林肯时刻保持清醒的头脑，他一方面反对奴隶制，另一方面努力保持社会和平，避免国家分裂。

在内战初期，北方军队和议会首脑急于在短期内解放黑奴，但林肯不同意这种急切的狂热做法。他认为，美国应该一步步解放奴隶，并对奴隶作出一些补偿。公元 1865 年 1 月，议会提出了宪法修正案，宣告永久地废除奴隶制。当此项法令在各州执行时，美国内战已经结束。

公元 1862～1863 年，内战有了拖延之势。人们在内战初期的战斗激情渐渐消失，反而对战争产生了巨大反感和抵触情绪。林肯发现，他周围都是一些战争叛徒、阴险政客与罢官将军，美国人民已经疲惫不堪，甚至开始怀疑战争，战争前线的将领和士兵都毫无生机和士气。此时里士满的杰斐逊·戴维斯的战斗情形也不容乐观。在这个关键时刻，英国政府却派出海军对南方联邦提供援助，给他们配备了 3 艘快船和适量的航海人员。在海上，英国海军赶走了美国船舶，其中“阿拉巴马”号给人留下了深刻印象。此时，墨西哥的法军成为威胁。里士满的军队提议美国暂停内战一致对外，南方军队和北方军队联合起来，共同抵御墨西哥的法军。然而，林肯认为，美国应该作为一个统一的国家来对抗法军，也就是说，当联邦军队享有最高统帅权时才可以接受此项提议。

在这段充满沮丧、挫败、疲劳的时间，林肯竭尽全力把美国紧紧凝聚在一起，从来不曾有过动摇的信念。每当闲暇时刻，林肯就会坐在白宫里静静地思考，就像一尊刚毅的雕像。当然，他有时也讲些玩笑和有趣的事，以缓解紧张气氛。

最后，林肯终于迎来了联邦的胜利。南部军队投降的第二天，他来到里士满接受李将军的投降，然后回到华盛顿。4 月 11 日，林肯发表了最后的公开演说，标题为《两方和解与战败诸州重建忠实联邦政府的问题》。4 月 14 日晚，林肯前往华盛顿的福特剧院观看演出。在他看戏的时候，一个对他政见不满的演员布恩，悄悄进入包厢，开枪射中了他的后脑。林肯牺牲了，但他完成了他毕生的事业，联邦和美国都得救了。

战争开始的时候，还没有出现通向太平洋海岸的铁路；战争结束的时候，全国各地到处都是铁路网，紧紧连接着美国庞大的领土。当今的美国幅员辽阔，无论在物质上还是在精神上都无法分割，这要得益于当时铁路的发展。

第 61 章　德国的崛起与对欧洲的统治

上文已经讲过，当法国大革命爆发，拿破仑的军事行动造成了大混乱以后，欧洲正处在一种动荡不安的和平状态，50 年前的政治局面又重新出现了。公元 19 世纪中期，轮船、铁路以及炼钢技术都没有对政治产生重大影响。城市的工业化迅速发展，社会的压力越来越大，让法国一直陷入动荡局势。公元 1830 年的革命之后，公元 1848 年的革命又开始了。法国的首任总统是拿破仑·波拿巴的侄子拿破仑三世，公元 1852 年，他登基为帝。

拿破仑三世开始实施重建巴黎的计划，将到处布满绘画和垃圾的公元 17 世纪风格的旧城，改造成拉丁风格的新城市，到处都是大理石建筑和宽敞的街道。除此之外，他还致力于重建法国秩序，将法国改造成光辉灿烂的现代帝国主义国家。他还企图重建欧洲，希望欧洲各国全部陷入 17~18 世纪的混战中。当时，野心勃勃的俄国沙皇尼古拉一世，大举向南进攻，逼近土耳其帝国，虎视眈眈地盯着君士坦丁堡。

公元 19 世纪后半期，欧洲为了均衡势力和争夺霸权而开始了新的战争。为了保护土耳其，英国、法国和撒丁与俄国在克里米亚展开战争；为了获取德意志的掌控权，奥地利和意大利的同盟普鲁士发动了战争，法国趁机解放了意大利北部，并获得了萨瓦。于是，意大利渐渐成为一个统一的王国。拿破仑三世趁着美国南北战争之际，对墨西哥实施了鲁莽的入侵，并在此扶植了傀儡皇帝马克西米利安。后来，当联邦政府提出抗议与威胁时，拿破仑三世立刻放弃了对傀儡皇帝的扶持，于是墨西哥人俘虏并枪毙了马克西米利安。

法国和普鲁士为争夺欧洲霸权而进行了长时间的斗争。公元 1870 年，两国之间的斗争再次爆发。普鲁士早已料到会有这场战争，因此做了充分的准备，法国却因国内财政不断恶化而大大削弱了战斗力量。法国很快就战败，这种失败极富戏剧性。8 月，普鲁士向法国进军；9 月，拿破仑三世的军队在色当投降；10 月，另一支法国部队在梅斯投降。公元 1871 年 1 月，巴黎遭到围攻和轰炸，并落入普鲁士手中。

法国和普鲁士在法兰克福签订了和平条约，阿尔萨斯和洛林割让给了普鲁士。于是，整个德意志变成了一个统一的帝国（奥地利除外），普鲁士国王当上了德国皇帝，成为欧洲皇帝中的一员。

在接下来的43年中，德国一直是欧洲大陆最强的国家。公元1877～1878年，俄国和土耳其之间爆发了战争。此后的30年里，除了巴尔干地区的版图得到局部调整之外，欧洲其他各国的版图都一直保留着原样。

第 62 章　轮船与铁路时代的新海外帝国

公元 18 世纪末，各个帝国纷纷呈现出分裂局面，扩张主义者的梦想也相继破灭。英国和西班牙等国与各自在美洲的殖民地相距太远，交通也不便利，从而大大影响了各国与各自殖民地之间的自由来往。于是，各国的本土与殖民地分离开来，久而久之，它们之间的意识形态、风俗习惯和语言都有了明显的不同。于是，这些殖民地成了新的独立的社会实体。随着殖民地的不断发展壮大，连接彼此的航运也越来越脆弱。英国设在印度的贸易公司、法国设在加拿大的商站以及设立在荒原之上所有的贸易站，只能依赖其所在国家而生存。因此，公元 19 世纪初，很多思想家认为，海外殖民地已经达到极限。公元 1820 年以后，在欧洲国家中，只有俄国还在向东扩张势力，甚至要跨越整个亚洲。其他国家在公元 18 世纪中期曾经创建了欧洲范围之外的帝国，后来却不断缩小势力范围。

公元 1815 年，不列颠帝国的领土包括：人烟稀少的加拿大沿海；多湖泊和多河流域地区；设有唯一移民点哈德逊湾公司的皮货交易站的广阔内陆；具有反抗精神的黑色人种和荷兰人居住的好望角沿海地区；东印度公司控制的三分之一的印度半岛领地；西非海岸的几个贸易站；牙买加、马耳他岛、直布罗陀、西印度群岛和南美英属圭亚那的一些小领地；在世界另一端的澳大利亚，还有两个囚犯流放地——博塔尼湾与塔斯马尼亚岛。与此同时，西班牙掌控着古巴和菲律宾岛的某些领地，以及它以前在非洲征服的某些土地；在印尼群岛和荷属圭亚那，荷兰拥有几个领地和岛屿。西印度群岛上有一两个岛屿属于丹麦；法国也拥有西印度群岛上的一两个小岛及法属圭亚那。欧洲列强需要的似乎就是这些从世界其他地方夺取的土地。如今，继续呈现扩张趋势的只有东印度公司。

当欧洲忙于拿破仑战争时，英国东印度公司在历任总督的率领下，从印度出发，大肆入侵其他国家——就像以往的土库曼人和其他北方侵略者一样。在《维也纳和约》之后，东印度公司呈现出半个独立国的姿态，多次发动战争，并强行征税，还派遣使者前往亚洲各国。但是，它还是要把夺来的财富进贡给西方列强。

在此无法详述这个英国公司如何与各种势力达成同盟，以及如何击败对手赢得霸权的全过程。东印度公司的势力一直延伸到阿萨姆、信德、乌德等地。此时的印度版图开始呈现出当今英国中小学生所熟知的轮廓：由英国直接管制的各个大省包围、连接、拼凑而成的众多土邦的综合体。

公元 1859 年，印度士兵发动了一次大规模的叛乱，最终被英王镇压下去。接着，东印度公司“帝国”被并入英国的统治范围。根据《改善印度政府管理法案》的相关规定，印度总督成为代表英王的副王，并设立了印度事务大臣，代替公司向英国国会负责。公元 1877 年，贝肯斯菲尔德勋爵为了完成这项法令，拥立英国维多利亚女王兼任“印度女皇”。

于是，英国和印度凭借这种非常手段达成同盟。印度的名字还是莫卧儿帝国，实际地位却被大不列颠君主国取代。印度成了一个没有独裁君主的专制国家，既有君主专制的弊端，又有民主制度的无情和不负责任。印度人无法诉说自己的不满与痛楚，因为他们没有真正的君主，只有一个金色徽记。印度人只好在英国散发传单，或在英国下院提出抗议。但是，英国议会忙于解决英国的内部问题，愈发冷落了印度，最后，只有少数高级官吏左右着印度的事务。

在铁路和轮船派上用场之前，欧洲列强并没有大肆扩张，除了在印度的扩张。英国某些政治思想家认为，英国趋于衰落的主要原因之一就是在海外扩张领土。澳大利亚的殖民地发展缓慢，直到公元 1842 年发现了铜矿，公元 1851 年发现了金矿，才显现出它的重要性。运输条件得到了改善，澳洲羊毛在欧洲越来越畅销。公元 1849 年以前，加拿大因受到英、法移民纠纷的困扰，发展也很缓慢，还发生过几次重大叛乱。公元 1867 年，加拿大颁布了新宪法，成立了联邦自治政府，从而缓和了内部混乱的局势。铁路的出现给加拿大带来了巨大变化，加拿大因有了铁路而成功向西扩展，其谷物和商品也得以在欧洲市场上销售，这一点跟美国很相似。此外，铁路的发展促进了加拿大各地人民在言语、情感、利益等方面的一致性。轮船、铁路和电报也对殖民地的发展发挥了重要作用。

公元 1840 年以前，英国已经在新西兰创建了殖民地，还成立了新西兰公司，从事岛上所有可利用资源的开发工作。公元 1840 年，新西兰成为英属殖民地。

正如上文所述，加拿大是第一个采用新运输方式，并表现出新经济能力的英国殖民地。后来，南美洲的各个共和国，尤其是阿根廷共和国，交通条件不断改善，开始发展同欧洲的贸易。在此之前，香料、象牙、奴隶、黄金等一直是吸引欧洲列强进入这片野蛮地区的重要物质。但是，在公元 19 世纪最后的 25 年中，欧洲各国人口急剧增加，粮食供给必须依赖海外，科学工业的发展又需要各类油脂、橡胶等一直未受重视的原料。英国、荷兰和葡萄牙因经营大量的热带与亚热带产品而获得了巨大收益。公元 1871 年以后，德国、法国和意大利相继开始觊觎这些尚未吞并的原料产地，或者那些有利可图的现代东方国家。

接着，整个世界开始了一场针对没有政治庇护地区的新的争夺战。美国幸而因门罗主义的限制而躲过这次劫难。

欧洲大陆的近邻就是非洲大陆，欧洲对非洲充满了各种发财的幻想。公元 1850 年以前，非洲还是一个如梦如幻的神秘大陆，欧洲人只是稍稍了解埃及和沿海地区。由于篇幅限制，在此不能详细介绍首次抵达非洲大陆中心的探险家和冒险家，以及随后的官吏、政客、商人、移民、殖民者和科学家的传奇故事。但是，我要告诉各位读者，非洲大陆以一种崭新的精神面貌出现在人们面前。这里有俾格米矮人等奇异人种；有俄卡皮鹿等奇特野兽；有罕见的鲜花、水果、昆虫以及可怕的疾病；还有神奇的森林和高山、广阔的内海、巨大的河流和壮观的瀑布。欧洲的探险家甚至（在津巴布韦）发掘出某一绝迹的古代文明遗址。在欧洲纷纷入侵这个新世界时，此处的阿拉伯奴隶贩子已经会用来福枪，黑人生活却混乱不堪。

19 世纪后半期，欧洲列强在对非洲进行测绘、勘察、估计与瓜分。在这场争夺战中，没有人顾及当地居民的利益。欧洲列强没有将阿拉伯人驱逐出境。欧洲列强贪得无厌，迫使比利时殖民地刚果的土著居民去采集野生橡胶。这些缺乏管理经验的欧洲官员与刚果人民的矛盾进一步恶化，还时常发生惨剧。在非洲大地上，没有欧洲列强称得上清白无辜。

我们不能逐一介绍如下的历史事件：公元 1883 年，英国占领名义上属于土耳其的埃及，并在那里建立政权；公元 1898 年，马钱德上校率军从西岸出发，经过中非，试图在法绍达夺取尼罗河上游，差点引发了英法之间的战争。

我们也不能逐一介绍如下的历史事件：英国政府首次承认了奥兰治河地区

与德兰士瓦地区的布尔人，即荷兰移民，并允许他们在南非内陆成立独立共和国，但是后来，英国政府又反悔了。公元 1877 年，英国吞并了德兰士瓦共和国。公元 1881 年，德兰士瓦人民为了重获自由而发动了反抗英国军队的朱巴山战役，并赢得了胜利。英国的媒体对此进行了连续报道，这是英国人心中挥之不去的黑色记忆。公元 1899 年，英国向这两个共和国再次宣战，英国人苦战 3 年，损失惨重，最终战胜了这两个共和国。

但这两个共和国的屈服是暂时的。公元 1907 年，英国殖民政府垮台，自由党开始处理南非问题。这两个共和国最终获得自由，并愿意与好望角及纳达尔殖民地结成一个南非诸国联邦，成为一个英王管辖的自主共和国。

在这 25 年的时间里，非洲几乎被瓜分一空。只有 3 个小国没有被瓜分：利比里亚——西海岸解放了的黑奴居住地；摩洛哥——穆斯林苏丹统治下的小国家；阿比西尼亚——一个古老而特殊的基督教国度，它是在公元 1896 年阿杜瓦战役中击败意大利而维持独立的国家。

第 63 章　欧洲在亚洲的侵略及日本的崛起

公元 19 世纪，欧洲人的思想中只是某些浅显的历史知识，根本没有深入批判的思维习惯。他们认为，西方机械革命给欧洲带来的暂时优势是欧洲持久主宰人类事务的证据，从来不曾重视人类伟大的征服事件，比如匈奴人的入侵。他们没有意识到其他国家也可以发明创造，中国和印度也可以像英国与法国那样进行科学研究。他们的思想很片面，总是认为东方人天生就很保守和懒散，西方人天生就很智慧，并敢于冒险，欧洲人可以永远主宰这个世界。

欧洲人的盲目观念造成了一个严重后果，欧洲各国的对外机构努力和英国争夺世界上的蛮族区域，同时还要瓜分人口众多的亚洲文明国家，就好像这些国家是可以随意开采的原材料。英国统治阶级在印度建立了貌似强大的帝国，荷兰在东印度群岛夺取了有利可图的广阔属地，这些成就让列强们萌发了一系列野心——占领衰落的波斯，征服解体的奥斯曼帝国，入驻东印度、中国和日本。

公元 1898 年，德国人抢占了胶州湾，英国人占领了威海卫。第二年，俄国占领了旅顺港。中国大地上掀起了反对欧洲人的热潮。公元 1900 年，中国人民围攻欧洲驻北京大使馆，欧洲联军打着援救使者的幌子，对北京发动了报复性进攻，还掠夺了大量财宝。公元 1904 年，俄国人强占了中国东北，英国人占领了西藏……

在这些强盗中，突然出现了一个新兴势力——日本。在以往的历史中，这个遥远而与世隔绝的国家对人类命运几乎没有任何影响，也不曾占有过重要的历史地位。从严格意义上讲，日本民族属于匈奴种系，它的文字、文学、艺术传统，都源自中国。日本的历史意义深远又富传奇色彩。在公元纪年的前几百年中，日本已经有了封建制度和武士传统；日本人入侵中国和朝鲜的战争，简直就是英国人进攻法国的翻版。公元 16 世纪，日本首次接触欧洲。公元 1542 年，几个葡萄牙人搭乘中国帆船到达日本；公元 1549 年，耶稣会传教士弗朗西斯·萨维尔前往日本传教。有一段时间，日本人非常喜欢和欧洲人接触，很多日本人在欧洲传教士的影响下改信了基督教。当时，日本人非常信赖一个名叫威廉·亚当斯的欧洲顾问，因为他把建造大型船舶的方法传授给了日本人。不久以后，日本人驾着自制的船舶来到了印度。后来，葡萄牙的耶稣会、英国与荷兰的新教徒和西班牙的多明我会，都聚集到日本，它们互相斗争，互相揭发其他教派的政治野心。后来，处于优势地位的耶稣会残酷地侮辱和迫害佛教徒。最后，日本人终于清醒过来，明白欧洲人全是祸害，尤其是天主教，它只是教皇与西班牙国王之间争夺的政治阴谋组织，而西班牙国王已经占领了菲律宾群岛。接着，日本展开了一场规模宏大的清理基督教徒的活动。在公元 1638 年以后的 200 多年里，日本不再欢迎欧洲各国进驻国内，还禁止日本官员去海外，他们好像生活在另一个星球上，与其他国家不相往来。此外，日本政府还禁止建造大型船舶，只允许建造一些沿海使用的小船。

在这 200 年的时间里，日本一直处于世界历史的主流之外，武士、贵族及其家族大约占总人口的 5%，他们大肆对平民实施暴政。此时，外面的世界却得到了迅速发展，出现了很多新兴的力量，并有了更广阔的视野。越来越多的奇异船舶从日本海峡经过，偶尔还会有遇难的船舶和船员漂泊到日本。马岛上有荷兰人的居住地，那是日本与外界联系的唯一桥梁，日本人通过此处时，渐渐发现自己的国家落后于西方国家。公元 1837 年，一艘挂着奇异星条旗的轮船，载有几个日本水手，驶进了江户湾，他们是在遥远的太平洋被救上来的。然而，日本却炮轰了这艘轮船，迫使其离开江户湾。不久，又出现了挂着相同旗子的轮船。公元 1849 年，挂着相同旗子的船舶再次出现，并迫使日本释放 18 名被扣押的美国水手。公元 1853 年，美国首席舰长佩里，不顾日本政府禁止外国船舶在近海停泊的禁令，率领 4 艘美国军舰强行进入日本海域，并写信交给当时的两位日本执政者。公元 1854 年，佩里率领 10 艘军舰开进日本，这些军舰由蒸汽机推动，上面还装有大炮。佩里提出通商的提议，日本人被迫同意。于是，佩里和 500 名士兵登上日本岛，并签订了通商条约。日本人看着这些耀武扬威的美国人从大街上经过，眼睛里充满疑虑和诧异。

不久以后，俄国、荷兰和英国相继进入日本。下关海峡的一个贵族指挥官炮击外国船舶，接着，英国、法国、荷兰及美国的船舰一起炸毁了炮台并击退了武士。公元 1865 年，各国联军舰队停在了东京的海面上，并强迫日本签订向全世界开放经商的条约。

日本人因此深感耻辱。接着，日本先是爆发了明治维新运动和资产阶级民主运动，他们凭着惊人的智慧和顽强的意志，提高了国家的文化和制度水平，并逐步赶上了欧洲。在人类历史上，没有任何一个国家曾经取得跟日本人一样快的进步。公元 1866 年，日本还宛如中世纪时代一幅浪漫奇妙的封建漫画；公元 1899 年，日本就已经成为一个完全西方化的国家，赶上了欧洲最发达国家的水平。如此一来，日本消除了亚洲比欧洲差的偏见，相比之下，欧洲的进步似乎不如日本迅速。

在此无法详述公元 1894 ~ 1895 年的日本侵华战争，这次战争呈现出日本西化的特征。此时日本的陆军和海军舰队均已达到西方的高超水平。英、美两国已经把复兴的日本看作是欧洲国家，那些忙于抢占亚洲新领地的其他国家却没把日本放在眼里。俄国正准备通过中国东北攻入朝鲜，法国已经迈出了向安南扩张的步伐，德国虎视眈眈地寻找合适的殖民地。三大列强勾结起来，使日本人在侵华战争中除割让台湾和赔款外，收益颇微。

日本暂时屈服，接着开始养精蓄锐。日本为了向俄国宣战而准备了 10 年。这场日俄战争意味着亚洲历史新纪元的到来，欧洲的独自霸权时代已经消亡。当然，俄国人民并不知晓他们发起的这场绕过半个地球的战争的恶劣后果。某些目光远大的俄国政治家认为，这场战争愚不可及；但是，沙皇的周围是一些大公和表亲等目的不纯的政客，他们梦想在中国掠夺大量财富，因此不肯撤退。后来，大批日本士兵从海上抵达旅顺港和朝鲜，不计其数的俄国农民沿着西伯利亚铁路奔赴遥远的战场，并战死他乡。

俄国军队由于指挥不力，加上后方支援失利，在海上和陆上都没能战胜日本。俄国波罗的海舰队绕道非洲而来，却在对马海峡被击毁。这场徒劳的远征激怒了俄国人民，引发了一场普通百姓的革命运动。公元 1905 年，沙皇只好停止远征战争，他把公元 1877 年占领的库页岛南半部交给日本，还把在朝鲜夺来的特权转让给日本。从此，欧洲人开始撤回侵略的触角，结束了入侵亚洲的进程。

第 64 章　公元 1914 年的大英帝国

在此要简要地叙述公元 1914 年大英帝国统治下各个组成部分的不同性质，尽管铁路和轮船将它们紧密联系在一起。英国可谓一个拥有独特政治联邦形式的国家，人类历史上从来不曾出现过这样的国家。

首先，在整个联邦中居于首要和中心地位的，是不列颠联合王国的“立宪君主国”，其中包括爱尔兰，但这一点违反了很多爱尔兰人民的意愿。爱尔兰议会、苏格兰议会、威尔士议会组成了不列颠国会。国会选举的多数决定了政府的性质、政策和内阁首脑。这些议案则大多出于国内政治的考虑。其实，内阁就是掌管帝国各个部分的最高政府，统揽了宣战和议和等多种特权。

其次，就政治重要性而言，在大英帝国当中，排在不列颠之后的依次是澳大利亚、加拿大、纽芬兰（英国最早的属地，公元 583 年获得）、新西兰以及南非，其实它们都是与大不列颠达成联盟的独立自治国，但是每个自治国都有一个伦敦政府任命的国王代表。

再次，印度帝国是大莫卧儿帝国的延伸，连同它保护的属国一起扩张，势力范围已经从俾路支斯坦扩展到缅甸，还包括亚丁地区。

接下来，埃及是所属关系不明确的属地。名义上，埃及依然是土耳其的一部分，并有着自己的君王；实际上，埃及的统治权却落在近乎专制的英国官员手中。

再接下来，所属关系更不明确的“盎格鲁—埃及”苏丹省，是由英国政府和英国政府控制下的埃及政府共同管辖。

另外，大英帝国还包括大量的半自治地区，比如马耳他岛、牙买加、巴哈马群岛、百慕大群岛。它们设有选举产生的立法机构和由上面任命的行政长官。这些地方有些本来就属于英国，有些却不是。

大英帝国还包括直辖的殖民地。英国政府（通过殖民部）进行统治，其性质类似于君主专制。这些地区包括锡兰、特立尼达、斐济（那里有一个英国任命的政务会议）、直布罗陀和圣赫勒拿（那里有一名总督）。

最后，还有广大的热带地区，即原材料的产地。因为这里生活着土著居民，政治性相对比较薄弱。这里名义上属于被保护地，统治者却是职位高于土著酋长（比如在巴苏陀兰）或特许公司（比如在罗德西亚）的高级官员。我们很难弄清楚到底是谁管制这些地方，有的是殖民部管辖，有的是印度事务部管理，有的是外交部管制。但是，殖民部管理着大部分事务。

显而易见，没有某个机构或某个人把英国看成一个简单的整体。事实上，英国确实是一个在发展中逐渐拼凑起来的混合国家，这与以前所谓的帝国完全不同。大英帝国保证了广泛的和平与稳定；这就是它可以赢得众多“隶属”国民的支持和容忍的原因——尽管英国官方有着各种苛政和弊端，“国内”百姓对此也很冷漠。大英帝国与雅典帝国一样，是一个海上帝国；它走的是海路，日常联系靠的是不列颠的海军。就像所有的帝国一样，大英帝国的凝聚力依赖的是发达的交通。公元 16～19 世纪，航海技术、造船技术、蒸汽轮船技术的发展，让“英国式和平”成为可能，或许有一天，航空运输和高速陆地运输取得的新进展会让“英国式和平”变得不合时宜。

第 65 章　欧洲的军备时代与第一次世界大战

在轮船和铁路的基础上，随着自然科学的发展，美国逐渐成长为一个强大的国家，海上主宰英国也得以扩张。欧洲大陆上的其他国家却没有因此而发展。那些国家的人们被限制在马道或公路时代所划定的界限之内，当英国在海外不断扩张时，他们只能望洋兴叹、徒叹奈何。那时，只有俄国打算继续向东扩张。俄国修建了一条直通西伯利亚的大铁路，与日本展开了一场激烈的战争，同时又向东攻击了波斯和印度，这激怒了英国。欧洲其他国家正处在人口过剩的状态，人类正准备迈进一种新的生活——在一个更加广泛的基础上重新调整各国事务。但这种基础的前提是，各国自愿联合起来或者某个强国强迫各国联合起来。当然，从近代思想的角度来看，人们更愿意接受前者，但是，各国的传统势力让欧洲倾向于后者。

拿破仑三世帝国的灭亡和新德意志帝国的兴起，让所有的希望或担忧都集中在一点——欧洲在德国的领导下实现统一。大约在 40 年的时间里，欧洲一直处于动荡不安的和平状态中，欧洲政治的焦点是德国有可能成为主宰者。自查理曼帝国分裂以后，法国一直阻碍着德国成为欧洲主宰，并与俄国达成联盟，以弥补自己的实力。德国尝试和奥地利结成联盟，后者在拿破仑三世时代已经脱离了神圣罗马帝国。德国还试图和意大利的新王国结成联盟，但以失败告终。起初，英国保持着一贯的作风，对欧洲事务的态度时而热情，时而冷漠。后来，德国海军的势力越来越强，英国便与法国、俄国结成联盟。德皇威廉二世野心勃勃，迫不及待地实行海外冒险策略，于是把英国甚至日本和美国都推向了敌营。

所有这些国家都进行了武装工作。它们制造出越来越多的军事设备、枪炮和战舰。局势动荡不安，战事一触即发。最后，战争终于爆发了。德国和奥地利向法国、俄国、塞尔维亚发动了进攻。德国又向比利时发起了攻击，英国立即援助比利时，并与日本结成同盟。不久之后，土耳其与德国结成联盟。公元1915年，意大利向奥地利宣战；同年10月，保加利亚与德军结成同盟。公元1916年，罗马尼亚对德国宣战；公元1917年，美国与中国被迫向德国宣战。在此不便过多地批判这次大战的责任，我们关注的不是大战的导火线，而是为什么无人预料并制止这场战争。对于少数人挑起的战争，我们憎恨不已，但令我们更为痛心的是，人类竟然没有形成一个公开而广泛的欧洲统一运动来制止大战的爆发。

在此无法详述大战的细节，但有一点值得注意，在短短几个月的时间里，现代科学技术的发展让大战的性质发生了明显的变化。物理学的发展让人们充分认识到它的力量，它被用来克服疾病、冶炼钢铁以及维持国际联系。然而，这种进步是有利于人类还是有害于人类，取决于人们的政治理解力和道德水准。欧洲各国政府受到了旧政策的猜忌和仇恨的影响与控制，因此让大战产生了前所未有的破坏力。整个世界都弥漫着战争气息，战胜国和战败国都损失惨重。在大战初期，德军进攻巴黎，遭到了反攻，俄军猛攻东普鲁士，也遇到了抵抗；接着，各国都修建了坚固的战壕，加强了防御力量。交战双方的力量都很强大，在某个时间段之内，它们固守在横贯欧洲的战壕中，每向前推进一步都得付出巨大的代价。在军队的后方，民众组织起来把粮食和军需品送往前线，国内几乎停止了一切生产活动，全国人民奋力为战争服务。欧洲所有的健康成年男子都参加了战斗，有的参加陆军，有的参加海军，还有的前往临时工厂从事军需生产工作。在大战期间，欧洲交战国有一半以上的国民都集体改行去为战争服务。教育与科学研究工作转而为直接的军事目的服务，新闻业改变了原来的工作内容，转而进行军事审查和武力宣传活动。

交战双方长期对峙，甚至还互相捣毁彼此的后方部署，空袭或捣毁对方的粮草或武器装备。此外，他们还加快研制武器，改进枪炮的口径和射程，发明了毒气弹和坦克，为的是镇压战壕中士兵的反抗。在这些新的方法当中，空袭可谓最具革命性的发明，它让战争变得更加立体化。过去的战争都是发生在交战双方邂逅的地方，如今的战争却可以发生在任何地方。首先是齐柏林飞行器，接着是轰炸机，它们把战争从前线延伸到非战斗区域。这场战争不再将士兵和平民区分开来，而是攻击一切人士，比如农民、裁缝、樵夫、瓦匠等，都成了战争袭击的对象，甚至连车站和仓库都不能幸免。空袭的范围越来越大，人们的灾难也越来越大。欧洲的很多地方都成为空袭的对象。巴黎、伦敦等重要城市每天夜里都会遭到轰炸，高射炮的怒吼声划破夜空，救护车和消防车在漆黑无人的街上疾驰而过。战争如此残酷，对老人和小孩的身心造成了极大的伤害。

过去的战争通常会引发出一系列的瘟疫，这次战争却没有与瘟疫结伴同行，直到公元 1918 年大战结束也没有发现疫情。在 4 年的战争中，发达的医学阻止了流行瘟疫，却没有制止流行性感冒的汹涌来袭。这次流行感冒的范围十分广泛，葬送了几百万人的生命。世界各国曾经几次延缓了大战引发的饥荒。但是，公元 1918 年年初，欧洲大部分地方的人民依然过着饥寒交迫的生活。全世界的粮食产量大幅下降，因为世界各地的农民奔赴战争前线；加之潜水艇活动盛行，导致各国边界封锁，使得世界运输系统陷入混乱局面，粮食供应变得难上加难。各国政府的粮食不断减少，只能给人们定期、定量分配粮食。4 年的战争让人们吃不饱、穿不暖，还缺少住房和生活用品。各国的商业和经济都陷入混乱之中，人们生活在水深火热当中。

公元 1918 年 11 月，大战正式结束。这场战争让德国及其同盟国彻底崩溃。这些国家的精力和资源都消耗殆尽。

第 66 章　俄国革命与饥荒年代

在同盟国瓦解的前一年，半东方国家——俄国的沙皇曾经公开宣称要继承早已灭亡的东罗马帝国皇帝。早在大战开始前的一年，沙皇俄国已经出现了败落的迹象；政府处于宗教骗子拉斯普津的统治之下，军事和民事都呈现出腐败无能的状态。在战争初期，爱国主义气息弥漫在俄国境内，人们迅速组建了一支庞大的军队，只是他们没有充足的武器装备，也没有精干的大将与军官，但这支队伍依然走上了反抗德国和奥地利的战争前线。

毋庸置疑的是，公元 1914 年 9 月，就在德军即将占领巴黎之际，俄国军队突然出现在东普鲁士，从而转移了德军的注意力和精力。这次出征的俄军中没有卓越的指挥官，农民军承受着极大的痛苦，还有几万人不幸丧生。但是，他们最终帮助法国脱离了险境，整个欧洲人民都对这个伟大而悲惨的民族感激涕零。这场战争已经远远超越了这个组织涣散的庞大帝国的承受能力。俄国士兵没有足够的步枪子弹，也没有炮火援助，他们在狂热的军国主义分子的欺骗下白白地牺牲了性命。长期以来，忠诚的他们一直独自承受着巨大的痛苦，但是他们的忍耐力也是有限的。一个强烈的想法萌生在这些被出卖和被屠杀的军人当中，他们开始憎恨沙皇政府，并决定反抗沙皇政府。公元 1915 年以后，西方盟国已经对俄国深感担忧。公元 1916 年的大部分时间，俄国一直处于守势状态，还出现了它要单独与德国议和的流言。

公元 1916 年 12 月 29 日，拉斯普津在彼得堡的一次晚宴上遇刺身亡。随后，人们开始了亡羊补牢式的整顿沙皇政府的计划。公元 1917 年 3 月，事态迅速发展，彼得堡的粮食骚乱引起了一场革命。起义军迫切希望推翻国家立法机构杜马，并试图逮捕自由派领袖，成立一个以里沃夫亲王为首的临时政府。3 月 15 日，沙皇被迫退位。曾经有一段时间，人们似乎只是希望进行一场温和而受控的革命，比如换一个新皇帝。不久以后，势态越发明显，沙俄彻底失去了民心，无论什么改革都不奏效。俄国人民十分痛恨战争、沙皇统治以及欧洲秩序，他们只希望早日摆脱这种忍无可忍的痛苦。协约成员国不了解俄国现状，连他们的外交官也不甚了解俄国实情，因为这些貌似高雅的外交官，总是关注俄国的宫廷生活，从来不曾在意俄国下层人民的境遇。因此，他们对俄国作出了极其错误的评估，还因憎恶共和政治而不择手段地阻碍新政府的事务。善于雄辩而风度翩翩的克伦斯基领导了俄国共和政府，但他受到两个难题的困扰：第一，某种更彻底的革命运动“社会革命党”；第二，国外各个协约国政府的拆台。协约国不同意他把俄国边界土地交给俄国农民，也不同意他争取和平的做法。英国和法国在报纸上大发言论，甚至强迫俄国重新发动战争。但是，当德军从海上进攻并登陆里加时，英国海军却没有远征波罗的海去支援俄军。俄国只好单枪匹马、垂死作战。值得注意的是，各个协约国在海上处于优势，伟大的英国海军上将费希尔勋爵（公元 1841 ~ 1920 年）也曾经积极抵抗。但是，英国和协约国只是发动了几次潜艇大战，整个波罗的海的管辖权落入了德国手中。

俄国人民愿意为结束大战而付出任何代价。苏维埃政权在彼得堡成立，这是一个代表普通工人和士兵的组织。它号召社会主义者在斯德哥尔摩召开国际大会。在这期间，柏林又闹饥荒，德国与奥地利人民的厌战情绪更加高涨。后来发生的事情表明，公元 1917 年，国际大会促成了民主原则基础上的正义和平，还引发了德国革命。克伦斯基曾经恳求西方同盟批准召开这次会议，英国劳工党以微弱的多数通过了这项要求。但是，同盟国因担心引发世界规模的社会主义与共产主义革命而拒绝了这项提议。这个不幸的“温和俄国”，在没有物质援助和协约国道义支持的情况下，仍然继续战斗。7 月，他们展开了一场猛烈的攻击，并获得几次胜利，但还是以失败告终，俄国人民再次遭到了血腥杀戮。

俄国人民忍无可忍。军队中经常发生兵变，这种情况在北方前线更为明显。公元 1917 年 11 月 7 日，苏维埃推翻了克伦斯基政府，并夺取了政权。列宁领导下的布尔什维克社会主义者掌控了政权，他们毫不理睬西方列强的警告，下定决心要让和平变为可能。公元 1918 年 3 月 2 日，它单独与德国签订了《布列斯特—立托夫斯克和约》。

在本质上，布尔什维克社会主义者与口头上的立宪主义者、克伦斯基革命党人完全不同，他们的特点很快呈现出来。他们所信奉的马克思主义，为推动全世界社会主义的革命起了主导作用。他们靠着美好的信念，在没有任何经验的情况下，致力于改造社会和经济秩序的建设。西欧帝国和美国政府都不能预见这个新政府的未来，也没有力量干预它，更没有智慧引导苏俄的这个非凡实验。媒体并不信任这个新势力，统治阶级为了攻击它愿意付出一切名义和代价。全世界的媒体都公开进行着无耻、虚伪的宣传活动。某些媒体还把布尔什维克领袖形容成为一群荒淫、恐怖、血腥的恶魔。相比之下，拉斯普津时期的沙皇宫廷显得更为清白。在如此境况之下，这个国家变得筋疲力尽，那些奸细和强盗反而得到了鼓励、武装和资助。为了让布尔什维克政权陷入困境，敌对势力用尽了一切卑鄙而恐怖的手段。公元 1919 年，这个国家变得千疮百孔，布尔什维克政权不得不带领国家和人民在各条战线上苦苦战斗：他们与俄国旧军官高尔察克在西伯利亚交战；与日本入侵部队在东西伯利亚交战；与英国干涉军在阿尔汉格尔斯克交战；与罗马尼亚、希腊和法国的军队在南方交战；与法国舰队庇护下的邓尼金在克里米亚交战。同年 7 月，一支爱沙尼亚军队在尤登尼奇的带领下，几乎攻下彼得堡。公元 1920 年，法国挑拨波兰军队对苏俄展开了新的进攻。还有一个反动的将军弗兰格尔，他继承了邓尼金，带领一支新成立的反动叛军袭击自己的祖国。公元 1921 年 3 月，喀琅施塔得海军要塞的士兵发起了暴动。苏俄政府在列宁的领导下，成功地打败了来自四面八方的敌对势力，这个新生的政府有着令人惊叹的顽强生命力。无论环境多么艰苦，苏俄人民都坚信自己的政权。公元 1921 年年底，英国和意大利首先认可了这个共产党政权。

布尔什维克政府成功反抗了外国侵扰与本国叛乱，但是，要想在俄国建立一个基于共产主义信念的新社会秩序，还有待于更加艰辛的奋斗。俄国农民只有很少的土地，他们的观念与共产主义理念悬殊太大，就像鱼和鸟之间的差距。革命的胜利带给他们的只是大地主的土地，种地只是交换流通货币的手段，而货币早就因战争而贬值。战争让铁路瘫痪，让农业产量大减，粮食只能维持农民自己的生活，城镇居民陷入饥荒，老百姓苦不堪言。布尔什维克政府根据共产主义理念，制订出恢复工业生产的计划，可惜此计划漏洞百出，以失败告终。公元 1920 年，俄国陷入崩溃的乱局当中。铁路和城镇都变成了废墟，到处是一片颓败景象。与此同时，整个国家在边界与各方敌对势力交战。公元 1921 年，战争让东南几省变得伤痕累累，再加上干旱和饥荒，整个国家摇摇欲坠。不计其数的人民在饥饿的死亡线上挣扎。

有关俄国境况和经济恢复问题，各界人士各持己见，我们对此不作详细讨论。

第 67 章　重建世界政治与社会新秩序

这本历史书的写作意图和写作范围，让我们无法深入讨论各种条约引发的复杂又激烈的争论，尤其是《凡尔赛条约》，它是对第一次世界大战的总结。现在，我们终于发现，这场令人痛恨的战争没有开始，也没有结束，更没有解决任何问题。这场大规模的战争彻底摧毁了沙皇俄国，还让全世界几百万人民不幸丧生，让世界局面变得颓废不堪。然而，这场悲剧战争也让人们意识到，战争的根源是帝国主义的无限贪欲，这个明显的特点也是这场战争带给人们的最大价值。可惜，战后的帝国主义势头并没有遭到任何削弱。如果战后的世界恢复了疲倦局面，帝国主义就会引发一场更大的灾难。对于人类而言，革命和战争的最大作用，就是摧毁旧事物的阻碍，而帝国主义却选择了最野蛮、最悲剧的方式来摧毁这些障碍物。这次大战的贡献，是将德国帝国主义驱赶出欧洲，瓦解了俄国帝国主义政体，还废除了很多君主体制。但是，还有许多旗帜放肆地飘扬在欧洲的上空。各国边界依然处于紧张的局面，军队依然在壮大，武器依然在改进。

《凡尔赛条约》的责任是总结大战的原因和战败的时间，它却超越了此权限。德国、土耳其、保加利亚和奥地利等国家没有参加会议的资格，只能听凭会议的裁决。就人类幸福而言，这次会议的地点并不合理。1871 年，狂傲的德意志帝国在凡尔赛的明镜大厅宣告了自己的诞生；这次会议选择了同样的地址，剧情却完全相反，这是违背人们正常思维的举动。

各国在战争初期所表现的宽容已经消失殆尽，战胜国一味强调自己国家的损失与人民的痛苦，而完全不考虑战败国的灾难。大战爆发的原因是欧洲各国民族主义盛行，各国之间存在着激烈的冲突，却没有采取有效的协调措施。如此多的主权独立国家盯着如此小的一块地盘，加之各国的强大军力，必然会导致战争；即便没有战争，也会出现其他类似于战争的状态。因此，我们可以判断，如果不采取政治统一来预防战争，那么在接下来的 20~30 年里，就会爆发灾难更加深重的战争。国家加强军备会引发战争，这种情况就像母鸡下蛋一样。在战争中受到伤害的国家和人民却没有注意到这个事实。如果战争的结果相反，那么战胜国人民是否要像战败国人民一样承担这场灾难的物质赔偿呢？英国和法国认为，德国人民应该承担战争的主要责任；德国认为，俄国、英国和法国应该承担战争的主要责任；只有少数有志之士认为，战争爆发的真正原因，是欧洲大地上那些四分五裂的政治结构。《凡尔赛条约》的主要宗旨是惩罚战败国，迫使那些已经支离破碎的国家再度担负起巨额债务。坦率地讲，《凡尔赛条约》通过建立国际联盟的方法来制止战争和改善国际关系，这种方法不够真诚也不妥当。

值得怀疑的是，欧洲国家是否曾经试图建立一个永久和平的国际关系。美国总统威尔逊提出了建立国际同盟的建议，并将其引入政治实践当中。美国是这一建议的主要支持者。之前，这个新兴的近代国家只提出了保护新大陆不受欧洲干预的门罗主义，从来不曾明确诠释过国际关系。如今，美国突然提出在精神上援助当代的重大政治问题，这是一件前所未有的事情。美国人民一直质疑并远离“旧世界”政治纷争，他们向往一个永久和平的世界。当美国人正要宣告如何解决世界问题的时候，德国潜艇进行了海底攻击，美国不得已卷入这场战争，并加入反抗德军的联军阵营。威尔逊总统提出的国际联盟组织，是在尝试建立一个美国式的世界，这种尝试欠考虑，而且危险重重。欧洲各国却以为这是美国政府经过深思熟虑之后的提案。公元 1918 ~ 1919 年，各国人民疲于这场战争，似乎愿意付出任何代价来阻止它，旧世界的政府却不会为了和平而放弃任何权力。威尔逊发表了有关建立国际联盟的公开演说，曾经一度越过欧洲，直接引起了世界各国人民的共鸣。各国人民都表现出十分强烈的反应，认为这项提议是美国深思熟虑之后的提案。然而，这项提案的直接交涉对象是各国政府，而非各国的人民百姓。虽然威尔逊富有非凡的想象力，他却处处为自己的利益着想，于是，他的提案很快就破灭了。

狄龙博士在他的《和平会议》一书里曾经提道：“当威尔逊总统来到此处的海岸时，欧洲就像一块被一位极具创造性的制陶匠捧在手里的黏土。各国人民怀着迫切的心情，跟随摩西前往那个没有战争和封锁的理想王国，而在人民的心中，那个伟大的摩西正是威尔逊先生。法国人民充满敬仰和热情地向他鞠躬。一位巴黎的劳工领袖告诉我，见到威尔逊的时候，他们欣喜若狂、热泪盈眶。他和同仁们也表示过，为了实现威尔逊的崇高计划，就算是赴汤蹈火也在所不辞。在意大利劳动人民的心中，威尔逊的名字就像预报新世界来临的号角。德国人民认为，威尔逊及其提案就是和平的保障。英勇的米尔伦说：‘如果威尔逊在德国演讲，即便他严厉地批判德国，德国人民也毫无怨言，还会马上投入到支持他的工作中来。’对德意志和奥地利人民来说，威尔逊的名字如同救星一般，悲伤的人听了会得到安慰，苦难的人听了会得到解脱……”

威尔逊唤起世界人民的无限希望，结果却又令他们无限失望与悲伤。他所创建的国际联盟真是不堪一击！威尔逊夸大了人类的悲剧，他的梦想十分伟大，他为梦想作出的努力却十分微小。美国人民渐渐明白，他们已经卷入了一场毫无准备的纠纷当中，开始反对威尔逊的行动，不同意加入欧洲人期待的国际联盟。同时，欧洲各国人民也渐渐发现，美国的提案并没有解决世界的混乱局面。国际联盟精心设计的章程根本不成熟，也不切实际，其权力还受到限制，从而阻碍了国际关系的重建。如果没有国际联盟，也许有的问题反而更容易解决。然而，当初欢迎这个提案的世界热情，标志着全世界人民都加入到了反战行列当中，这是任何历史著作都应该特别强调记载的内容。就在那些鼠目寸光的各国政府错误地估计人类事务并制造分歧的时候，出现了一支新的力量，它实现了世界统一，并建立与维护了国际世界新秩序。

公元 1918 年以后，世界进入了一个会议时代。当然，其中最成功和最具创意的就是由美国总统哈丁召集的华盛顿会议（公元 1921 年）。此外，还有备受瞩目的日内瓦会议（公元 1922 年），它召集了俄国和德国的代表团。在此不详述关于这类会议的漫长过程和各种努力。我们越来越明确，如果没有发生世界大战和世界性的大屠杀，人类就会进行大范围的重建活动。国际联盟是临时建立而成的，其中的某些协调机构是国家集团之间临时拼凑而成的，表面上解决了所有问题，实际上却没有解决任何问题，因此根本不符合新时代政治的复杂要求。金融学、教育学、经济学、人事关系学、个性心理学、团体心理学等新兴学科都需要系统的发展，并迅速进入应用阶段。世界需要一种更加明朗与简洁的思想——人类有着共同的起源与共同的命运——来取代那些已经灭亡或即将灭亡的狭隘、过时的道德和政治观念。

但是，科学给人类带来前所未有的力量的同时，也给人类带来巨大的危险、困惑和灾难。无所畏惧的科学方法、头脑清醒的阐明叙述、彻头彻尾的批判计划都赋予人类前所未有的强大力量，同时也赋予人类控制这些力量的希望。人类依然处在青春期。他们的困境并非来自疲惫与衰老，而是源自日益增强却不受控制的力量。如果我们可以像这本书一样，把历史当作一个过程，那么，当看到人类为了理想和愿景而发愤图强时，我们就会发现希望和危险之间的真正比例。目前，我们尚未看到人类伟业的第一道曙光。但是，在花朵或夕阳的美丽当中，在可爱小生灵的嬉戏当中，在美轮美奂的风景当中，我们将感悟到生命赋予我们的某种暗示。在雕刻与艺术作品当中，在伟大的音乐中，在宏伟的建筑和快乐的庭院当中，我们将感悟到人类物质赋予我们的某种暗示。我们拥有梦想，也拥有不断壮大的力量；毋庸置疑，我们将实现自己最勇敢的想象力，世界将变得统一与和平，我们的子孙将生活在一个更加灿烂辉煌的世界当中——那是任何宫殿与花园都无法比拟的美好世界。我们是否应该变得更加强大，从而进行更广泛的冒险，并取得更伟大的成就呢？迄今为止，人类的成就只是一些小小的胜利；我们讲述的整个历史只是人类伟业的前奏而已。

大事年表

公元前

800 年　兴建迦太基

790 年　埃塞俄比亚人征服埃及（建立第 25 王朝）

776 年　第一届奥林匹亚竞技会

753 年　罗马建立

745 年　提格拉特・帕拉萨三世征服巴比伦，创建新亚述帝国

722 年　萨尔贡二世用铁制武器武装亚述部队

721 年　萨尔贡二世将以色列人驱逐出境

680 年　亚述王爱沙哈顿攻占埃及的底比斯（埃塞俄比亚人的第 25 王朝被推翻）

664 年　萨姆提克一世恢复埃及自由，创建第二十六王朝（至公元前 610 年）

608 年　在米吉多战役中，埃及王尼科击败犹太王西亚

606 年　米提亚人和迦勒底人征服尼尼微，创建迦勒底帝国

604 年　尼科攻击幼发拉底河，被尼布甲尼撒二世打败（尼布甲尼撒将犹太人带往巴比伦）

550 年　居鲁士继承米提亚人塞克萨里斯，并征服克罗伊斯

550 年　大概生活在这个时期的有释迦牟尼、孔子和老子

538 年　居鲁士夺回巴比伦，创建波斯帝国

521 年　大流士一世征服了从多瑙河至印度河的广大地区，并远征斯基泰

490 年　马拉松战役

480 年　塞莫皮莱战役与萨拉米斯战役

479 年　普拉多战役与麦卡利战役，结束了波斯进攻之患

474 年　西西里的希腊人歼灭伊特鲁里亚船队

431 年　伯罗奔尼撒战争（至 404 年）

401 年　万人军班师回国

359 年　菲利普成为马其顿的君主

338 年　克罗尼亚之战

336 年　马其顿军队抵达亚洲；菲利普遭暗杀

334 年　格拉尼卡斯河之战

333 年　伊苏斯之战

331 年　埃尔比勒之战

330 年　大流士三世遇害

323 年　亚历山大大帝去世

321 年　旃陀罗笈多在旁遮普兴起；萨谟奈人在科丁山路之战大败罗马人

281 年　皮洛士向意大利进军

280 年　赫拉克利亚之战

279 年　阿斯库路姆战役

278 年　高卢人进入小亚细亚，在加拉太定居

275 年　皮洛士离开意大利

264 年　第一次布匿战争的开始（阿育王开始统治比哈尔，直到公元前 227 年）

260 年　米勒战役的开始

256 年　埃克诺穆之战

246 年　秦始皇成为秦国的统治者

221 年　秦始皇统一中国

214 年　中国开始修筑长城

210 年　秦始皇去世

202 年　札马之战

146 年　迦太基沦陷

133 年　阿塔罗斯将王国交给罗马人

102 年　马略战胜日耳曼人

100 年　马略凯旋（中国汉武帝征服西域）

89 年　意大利人全部成为罗马市民

73 年　斯巴达克率领奴隶起义

71 年　斯巴达克奴隶起义兵败而亡

66 年　庞培带领罗马军来到里海及幼发拉底河，与阿雷奈人交战

48 年　恺撒在法尔萨拉斯战胜庞培

44 年　恺撒遇刺身亡

27 年　奥古斯都·恺撒成为执政元首（直到公元 14 年）

4 年　耶稣的出生公元（西历纪元由此开始）

公元

14 年　奥古斯都去世，提比略成为罗马皇帝

30 年　耶稣因遭受十字架刑而去世

41 年　卡利古拉遭暗杀后，克罗狄乌斯（罗马军团首位皇帝）被禁卫军拥立为帝

68 年　尼禄自杀，加尔巴、奥托、维泰利乌斯相继登上罗马皇位

69 年　韦斯帕西安成为皇帝

102 年　班超通过西域抵达里海

117 年　哈德良继图拉真成为皇帝，此时罗马帝国的势力范围达到顶峰

138 年　印度斯基台破坏希腊人统治印度的最后痕迹

161 年　马可·奥勒利乌斯继承安东尼·庇护称帝

164 年　大瘟疫开始，一直持续到奥勒利乌斯逝世（公元 180 年），整个亚洲也因此遭殃（罗马帝国开始将近一个世纪的战乱）

220 年　汉朝灭亡，中国进入 400 年的四分五裂状态

227 年　阿尔达希尔一世（萨珊波斯第一个国王）消灭波斯的安息王朝

242 年　摩尼开始传教

247 年　高卢人越过多瑙河，大肆劫掠

251 年　高卢人获得胜利，罗马皇帝德西厄斯战败逝世

260 年　萨波一世——第二个萨珊波斯国王，占领安提阿，并掳走奥勒良皇帝，在小亚细亚回来的路上被帕尔米拉的奥迪尼林斯消灭

277 年　摩尼在波斯遇难去世

284 年　戴克里先成为罗马皇帝

303 年　戴克里先虐杀基督教徒

311 年　伽莱里乌斯停止虐杀基督教徒

312 年　君士坦丁大帝担任罗马统治者

323 年　君士坦丁大帝召开尼西亚宗教大会

337 年　君士坦丁大帝临终前接受洗礼

361～363 年　背叛者尤里安下令禁止基督教，恢复拜日教

392 年　狄奥多西成为东、西罗马帝国的统治者

395 年　狄奥多西去世；雷诺留及阿卡丢把罗马帝国再次瓜分为东、西两部分，以斯底利哥与阿拉列作为其保护者

410 年　阿拉列带领西哥特人攻占罗马城

425 年　汪达尔人在西班牙南部定居；匈奴人攻占潘诺尼亚；哥特人定居达尔马提亚；苏维汇人与西哥特人抵达葡萄牙和西班牙北部；盎格鲁人向不列颠入侵

439 年　迦太基被汪达尔人占领

451 年　阿提拉向高卢进军，在特鲁瓦被罗马人、法兰克人、西哥特人打败

453 年　阿提拉去世

455 年　汪达尔人洗劫罗马

476 年　鄂多亚克向君士坦丁堡报告西方已经没有皇帝，西罗马灭亡

493 年　意大利被东哥特人狄奥多西征服，成为意大利国王，但在名义上称臣于君士坦丁堡

527 年　查士丁尼称帝

529 年　查士丁尼关闭已有 1000 年历史的雅典学校，他的将领贝里撒留斯占领拿波里

531 年　科斯洛埃斯一世继承王位

543 年　君士坦丁堡瘟疫蔓延

553 年　查士丁尼将哥特人驱逐出意大利

565 年　查士丁尼逝世；伦巴德人征服意大利大部分地区

570 年　穆罕默德出生

579 年　科斯洛埃斯去世，伦巴德人控制了意大利

590 年　瘟疫在罗马横行；科斯洛伊斯二世继承王位

610 年　赫拉克利乌斯继承王位

619 年　科斯洛伊斯二世占有埃及、大马士革、耶路撒冷，驻兵海拉斯庞

特；中国唐朝建立

622年　穆罕默德从麦加流亡到麦地那

627年　赫拉克利乌斯在尼尼微大败波斯军；唐太宗成为中国皇帝

628年　卡瓦特二世杀死其父科斯洛伊斯二世并篡位；穆罕默德写信致各国君主

629年　穆罕默德荣返麦加

632年　穆罕默德逝世，艾卜·伯克尔成为哈里发

634年　亚莫克河之战；穆斯林占领叙利亚；奥马尔成为第二位哈里发

637年　卡迪西亚战役

638年　耶路撒冷向奥马尔投降

642年　赫拉克利乌斯逝世

643年　奥斯曼成为第三代哈里发

655年　穆斯林战胜拜占庭

668年　摩阿维亚哈里发从海上攻打君士坦丁堡

711年　穆斯林军队从非洲向西班牙入侵

715年　哈里发瓦利德一世的势力范围西抵比利牛斯山，东达中国

717~718年　苏里曼向君士坦丁堡进攻，但以失败告终

732年　查理·马尔泰尔于普瓦捷大破穆斯林军队

751年　丕平成为法兰克国王

768年　丕平去世

771年　查理曼成为法兰克君主

774年　查理曼征服伦巴底

786年　哈伦·阿尔·拉西德成为巴格达阿巴斯王朝的哈里发（直到809年）

795年　利奥三世成为教皇（直到816年）

800年　利奥教皇为查理曼举行加冕仪式

802年　埃格伯特被查理曼封为威塞克斯王

814年　查理曼逝世

828年　埃格伯特成为第一个英格兰国王

843年　加洛林王朝瓦解

850年　北欧人留里克开始在此时统治诺夫哥罗德和基辅

852年　包里斯成为保加利亚首位基督教国王

865 年　俄国（诺曼）人的舰队威胁着君士坦丁堡

904 年　俄国舰队撤离君士坦丁堡

912 年　罗伦成为诺曼底大公

919 年　“捕鸟者”亨利被选为德意志国王

936 年　奥托一世继承亨利的德意志王位

941 年　俄国舰队再次对君士坦丁堡构成威胁

962 年　德意志国王奥托一世由约翰十二世加冕为皇帝（为撒克逊王朝之始）

987 年　休·卡佩成为法兰西国王，加洛林王朝覆灭

1016 年　卡努特统治英格兰、丹麦和挪威

1043 年　俄国舰队对君士坦丁堡构成威胁

1066 年　英格兰被诺曼底公爵威廉占领

1071 年　伊斯兰教在塞尔柱突厥人中复兴；莫拉斯格德战役

1073 年　希尔德布兰德成为教皇（格雷哥里七世），直到 1085 年

1084 年　诺曼人罗伯特·奎斯卡特掠夺罗马

1087 年　乌尔班二世成为教皇（直到 1099 年）

1095 年　乌尔班二世发动第一次十字军东征

1096 年　民众十字军惨遭屠戮

1099 年　布永的戈弗雷占领耶路撒冷

1147 年　第二次十字军东征开始

1169 年　萨拉丁成为埃及苏丹

1176 年　弗里德里希·巴巴罗萨认可教皇亚历山大三世在威尼斯的领导权

1187 年　萨拉丁征服耶路撒冷

1189 年　第三次十字军东征开始

1198 年　英诺森三世成为教皇（至 1216 年），并成为 4 岁的弗里德里希二世的监护人

1202 年　第四次十字军向东罗马帝国进攻

1204 年　君士坦丁堡被拉丁人占领

1214 年　成吉思汗占领北京

1226 年　圣方济各逝世

1227 年　成吉思汗去世（势力范围从里海延伸到太平洋），之后窝阔台继

承王位

1228 年　弗里德里希二世发动第六次十字军东征，夺取耶路撒冷

1240 年　匈奴人击毁基辅，俄国向匈奴部族进贡

1241 年　在西里西亚的利埃格尼兹战役中，匈奴人取得胜利

1250 年　霍亨斯陶芬家族的最后君主弗里德里希二世去世，日耳曼时代开始，直到 1273 年

1251 年　蒙哥成为大汗，忽必烈在 9 年后继承王位

1258 年　旭烈兀进攻巴格达

1261 年　希腊人从拉丁人手中夺取君士坦丁堡

1273 年　鲁道夫被选为皇帝；瑞士建立永久性联盟

1280 年　忽必烈建立元朝

1292 年　忽必烈去世

1293 年　实验科学的提倡者罗杰・培根去世

1348 年　黑死病流行

1368 年　中国元朝灭亡，明朝建立（直到 1644 年）

1377 年　教皇格雷哥里十一世回到罗马

1378 年　教会开始分立，乌尔班六世在罗马，克勒芒七世在阿维尼翁

1398 年　胡斯在捷克传播威克利夫的教义

1414～1418 年　康斯坦茨宗教大会，胡斯在 1415 年被烧死

1417 年　教会结束了分立

1453 年　奥斯曼突厥人在穆罕默德二世的率领下夺取君士坦丁堡

1480 年　伊凡三世（莫斯科大公）摆脱匈奴的统治

1481 年　苏丹穆罕默德二世在准备攻打意大利时去世

1486 年　狄亚斯绕过好望角

1492 年　哥伦布越过大西洋，抵达美洲

1493 年　马克西米利安一世成为神圣罗马帝国皇帝

1498 年　达伽马绕过好望角，抵达印度

1499 年　瑞士成为独立共和国

1500 年　查理五世诞生

1509 年　亨利八世成为英格兰君主

1513 年　利奥十世成为教皇

1515 年　弗朗西斯一世成为法兰西国王

1520 年　苏里曼成为苏丹（直到 1566 年），统治范围从巴格达到匈牙利；查理五世成为皇帝

1525 年　在尼巴特之战中，巴布尔取得胜利，夺回德里，创建莫卧儿帝国

1527 年　在意大利的日耳曼军队由波旁族的将军统率，占领并掠夺罗马

1529 年　苏里曼围攻维也纳

1530 年　查理五世由教皇加冕，亨利八世与教皇发生争执

1539 年　耶稣会成立

1546 年　马丁·路德去世

1547 年　伊凡四世称俄国沙皇

1556 年　查理五世退位，阿克巴成为莫卧儿帝国君主，直到 1605 年

1558 年　查理五世去世

1566 年　苏里曼去世

1603 年　詹姆士一世成为英格兰及苏格兰君主

1620 年　“五月花”号到达美洲，创建新普利茅斯，黑奴在弗吉尼亚詹姆斯敦首次登陆

1625 年　查理一世成为英格兰君主

1626 年　弗朗西斯·培根去世

1643 年　路易十四继承王位，在位 72 年

1644 年　满族推翻明朝

1648 年　威斯特法里亚和约；瑞士与荷兰被承认为自由共和国；普鲁士逐渐强大；皇帝与国王都没赢得彻底胜利；福隆德战争爆发，法兰西国王赢得全胜

1649 年　英王查理一世被处死

1658 年　奥朗则布成为莫卧儿帝国君主；克伦威尔去世

1660 年　查理二世成为英格兰统治者

1674 年　新阿姆斯特丹根据条约成为不列颠领地，改名纽约

1682 年　彼得大帝统治俄国，直到 1725 年

1683 年　突厥人最后一次向维也纳发起进攻，被波兰约翰二世击败

1701 年　弗里德里希一世成为普鲁士国王

1707 年　奥朗则布去世，莫卧儿帝国解体

1713 年　弗里德里希大帝诞生

1715 年　路易十五成为法兰西统治者

1755~1763 年　不列颠与法兰西争夺印度和美洲，法兰西联合奥地利、俄国抗击普鲁士和英格兰，于 1756~1763 年间发动了 7 年战争

1759 年　不列颠将军沃尔夫占领魁北克

1760 年　乔治三世成为英王

1763 年　签订《巴黎和约》，加拿大归英国，英国管理印度

1769 年　拿破仑·波拿巴诞生

1774 年　路易十六继承王位

1776 年　美利坚合众国发表独立宣言

1783 年　英国和美国签订和约

1787 年　费城宪法会议成立联邦政府；法兰西面临破产危机

1788 年　在纽约召开第一次美国联邦会议

1789 年　召开法兰西各级会议，巴士底狱被攻克

1792 年　法兰西宣战奥地利；普鲁士宣战法兰西；瓦尔米之战；法兰西共和国成立

1793 年　路易十六被处死

1794 年　罗伯斯庇尔被处死，雅各宾共和国瓦解

1795 年　督政府成立，拿破仑平定暴乱，任总司令率大军抵达意大利

1798 年　拿破仑出征埃及；尼罗河之役

1799 年　拿破仑返回法国，成为第一执政官，掌管大权

1804 年　拿破仑称帝

1805 年　弗朗西斯二世赢得奥地利皇帝称号

1806 年　"神圣罗马帝国皇帝"不复存在，自此神圣罗马帝国消亡；耶拿战役中，普鲁士被彻底打败

1808 年　拿破仑的哥哥约瑟夫成为西班牙君主

1810 年　西班牙的美洲属地都改成共和制

1812 年　拿破仑向莫斯科发动进攻

1814 年　拿破仑退位，路易十八继承王位

1824 年　法兰西查理十世继承王位

1825 年　俄国尼古拉一世成为沙皇；最早的铁路开始通车，起点为斯托科顿，终点为达灵顿

1827 年　纳瓦里诺战役

1829 年　希腊独立

1830 年　一年的混战；路易·菲利普赶走查理十世，自封为王；比利时从荷兰划分出来；萨克斯·科堡·哥达的列奥波特成为新邦比利时国王；俄属波兰革命失败

1835 年　第一次使用“社会主义”

1837 年　维多利亚女王继承王位

1840 年　维多利亚女王和萨克斯·科堡·哥达的列奥波特亲王步入婚姻的殿堂

1852 年　拿破仑三世成为法兰西皇帝

1854~1856 年　克里米亚战争

1856 年　亚历山大二世成为俄国沙皇

1861 年　伊曼纽尔成为意大利首位国王；林肯当选为美国总统；美国南北战争爆发

1865 年　美国南方军队投降；日本对外开放

1870 年　拿破仑三世向普鲁士宣战

1871 年　巴黎投降，普鲁士国王成为德意志皇帝，签订《法兰克福和约》

1878 年　签订《柏林和约》，西欧开始了 36 年的和平时期

1888 年　威廉二世成为德意志君主

1912 年　“中华民国”成立

1914 年　第一次世界大战爆发

1917 年　两次俄国革命开始，在俄国建立布尔什维克政权

1918 年　第一次世界大战结束

1920 年　国际联盟首次会议，德、奥、俄、土被排斥在外，美国缺席

1921 年　希腊不顾国际联盟的调解，发动侵略土耳其的战争

1922 年　在小亚细亚，土耳其大败希腊